La renaissance des campagnes

VINCENT GRIMAULT

La renaissance des campagnes

Enquête dans une France qui se réinvente

ÉDITIONS DU SEUIL
*57, rue Gaston-Tessier, Paris XIXe*

Ce livre est édité sous la direction de Christian Chavagneux

ISBN 978-2-02-144225-0

www.seuil.com

Localisation des terrains de reportage et villes importantes voisines

■ Lieux de reportage
● Villes importantes pour les lieux de reportage

Introduction

« Les technocrates rendent invivable la France rurale pour que les gens aillent dans les mégalopoles » (Jean-Luc Mélenchon).

« Avec l'abandon du rural, c'est une culture qui disparaît [...] on est en train de détruire un pays qui est magnifique » (Natacha Polony).

« L'État a abandonné les campagnes et la France véritable » (Marine Le Pen).

« Le vote Macron, celui des gagnants de la mondialisation, est surreprésenté dans toutes les métropoles et le vote Le Pen, surreprésenté dans la France périphérique, celle des petites villes et du rural[1] » (Christophe Guilluy).

Dirigeants politiques, éditorialistes et experts en tout genre le martèlent : nos campagnes sont en danger. Pour beaucoup, elles seraient abandonnées par « la France d'en haut », cette élite qui ne rêve que de métropoles puissantes et modernes, et n'a de projet pour le rural que d'en faire son jardin, le lieu de ses week-ends ou de sa maison de retraite. Pour d'autres, les campagnes souffrent simplement de la recomposition de la

1. Christophe Guilluy, « Macron, le candidat des métropoles mondialisées », *Le Monde*, 26 avril 2017.

production économique sous l'effet de la mondialisation et de la révolution numérique, moins bien placées que les métropoles pour en tirer parti. Un processus contre lequel il est inutile de lutter, et qu'il faut au contraire encourager, en redistribuant aux campagnes les fruits de la croissance récoltés par les métropoles.

Ces analyses, souvent émises par des personnalités et des chercheurs vivant à l'intérieur du périphérique parisien, trouvent un écho chez les habitants des territoires ruraux. Les maires des zones les moins denses dénoncent depuis des décennies un abandon de leurs territoires. Les habitants, quant à eux, témoignent souvent, au fil des reportages dans la « vraie France », du sentiment de ne pas compter pour les gens de « là-haut », à Paris.

D'apparence simple et définitivement tranchée, la question du rural offre pourtant d'étonnants paradoxes. Car les campagnes, par de nombreux aspects, vont bien ! Ces vingt dernières années, les territoires peu denses ont en moyenne connu la croissance démographique la plus favorable. Un puissant mouvement de mobilité des villes vers les campagnes est à l'œuvre, et il ne concerne pas que les retraités : les actifs, et notamment les cadres, effectuent le même voyage. Grâce à une protection sociale nationale très développée, les inégalités régionales sont faibles, et ne se creusent guère. Si on constate certes un recul des services publics en milieu rural, la situation de ces territoires reste confortable, mieux dotés en argent public que les villes proportionnellement au nombre d'habitants. Enfin, les territoires ruraux sont nombreux à créer des emplois, de la valeur ajoutée et des activités économiques innovantes. De ce point de vue, le potentiel du rural est supérieur à celui des métropoles, largement exploitées et congestionnées.

Lorsque l'on s'intéresse à ce qui se passe en France au-delà des villes, plusieurs pièges sont à éviter. D'abord, imaginer une opposition binaire entre territoires urbains et ruraux. Ensuite, considérer qu'il existe un seul « rural », alors que, pendant que les littoraux ruraux de la côte atlantique font face à la pression immobilière, les campagnes des Vosges tentent désespérément de remplir des logements vides. Enfin, faire preuve d'un excès d'optimisme en ce qui concerne l'avenir du monde rural sous prétexte qu'il ne se porte pas si mal.

Reste que le constat est clair : le rural a toute sa place dans la France moderne s'il tire profit des évolutions économiques et s'inscrit dans une relation équilibrée avec les métropoles. Cette place, certes, n'est pas acquise. Prenons l'exemple du Cantal et de la Franche-Comté : alors que l'un et l'autre disposent d'une même ressource, le lait, les paysans du premier département survivent à peine quand ceux du second ont su la transformer en un produit (le comté) haut de gamme et rémunérateur. Aucun territoire rural n'est sauvé, mais aucun, non plus, n'est condamné.

Ce livre est l'enquête d'un journaliste. Il s'articule autour de plusieurs reportages, notamment dans la Drôme, le Cantal, le massif vosgien, la Vendée et le Tarn. Ces expériences de terrain permettent d'illustrer la documentation universitaire, les données chiffrées et des rencontres directes avec une quinzaine de chercheurs. Il s'agit de prendre le meilleur de ces mondes : le reportage et les rencontres pour entrer dans le sujet, les données économiques et géographiques pour le cadrer, la recherche universitaire pour le comprendre, l'analyser et l'expliquer.

Le monde rural souffre d'un grand malaise. Persuadé d'être oublié, voire abandonné, il cultive parfois la nostalgie, regrettant une époque supposée bénie où l'égalité territoriale était la norme et où on aurait mieux vécu à la campagne qu'à la ville. Il sous-estime, ce faisant, ses atouts et ses réussites, et s'interdit de croire en ses ressources pour le futur. Déconstruire les idées reçues, changer le regard sur le rural et révéler ses potentiels : voilà les objectifs de ce livre.

Chapitre 1

À la recherche de la France rurale

Un livre sur les campagnes ? D'accord, mais lesquelles ? Où s'arrête la campagne ? Où commence la ville ? La distinction n'est pas si simple.

Un impensé négatif

La définition officielle du rural est donnée par l'Insee, l'institut français de la statistique : « L'espace rural regroupe l'ensemble des petites unités urbaines et communes rurales n'appartenant pas à l'espace à dominante urbaine. » Est rural, donc, tout ce qui n'est pas urbain…

Encore faut-il savoir ce qui est urbain. Depuis le milieu du XIXe siècle, le terme désigne toute agglomération qui compte au moins 2 000 habitants et dont les habitations forment une zone bâtie compacte. Ce seuil de 2 000 habitants, fixé il y a près de deux siècles, est nettement inférieur à celui aujourd'hui retenu par l'ONU : 5 000 habitants. Il surestime l'urbain, laissant penser que le rural disparaît.

Ce sentiment est conforté par la nouvelle classification du territoire en « zones urbaines » adoptée par l'Insee en 2010, afin de mesurer les déplacements domicile-travail et les fonctions de chaque territoire (qui attire qui pour le travail ? pour le logement ?) : cette méthode, dite fonctionnelle, établit que 95 % de la population vit sous l'influence des villes, seuls 5 % des habitants français résidant dans ce que l'on appelle les « communes isolées »[1]. Un « meurtre géographique[2] » : c'est ainsi que le géographe Gérard-François Dumont a défini cette disparition du « rural » !

L'Insee crée au passage des catégories étranges, telles que « grand pôle urbain », une unité offrant au moins 10 000 emplois et concernant des villes qui vont de Paris à Verdun. Inversement, un « petit pôle urbain » offre entre 1 500 et 5 000 emplois : sont ainsi concernés Saint-Chély-d'Apcher, en Lozère (4 156 habitants), ou Ruffec, en Charente (3 477 habitants), alors que rares sont sans doute les Lozériens à se considérer comme urbains – la population totale de la Lozère ne remplirait même pas le Stade de France, où il resterait encore 5 000 sièges inoccupés...

La méthode de l'Insee est en outre très extensive. Pour chaque pôle urbain, elle prend en compte la couronne périurbaine (les communes dont au moins 40 % des actifs travaillent dans la ville principale), mais aussi une deuxième couronne (où 40 % des actifs travaillent dans une ville qui appartient elle-même à la couronne périurbaine). Ainsi, l'aire totale de Bordeaux comprend à la fois la banlieue bordelaise et la banlieue de la banlieue (par exemple la banlieue de Mérignac).

Ajoutons une autre limite à cette méthode, bien repérée par les géographes Pierre Pistre et Frédéric Richard : « Dans la mesure où la population active occupée ne représente la plupart du temps

1. Chantal Brutel et David Levy, « Le nouveau zonage en aires urbaines de 2010 », *Insee Première*, n° 1374, 2011.

2. Gérard-François Dumont (sous le pseudonyme de Sherlock Holmes), « Un meurtre géographique : la France rurale », *Population et avenir*, n° 707, 2012, p. 3.

qu'une minorité de la population communale, il est difficile de considérer qu'un seul type de mobilité (domicile-travail) d'une minorité (40 % des actifs occupés) d'une minorité (les actifs occupés dans la population totale) permettrait de synthétiser la dynamique spatiale du périurbain[1]. » Si M. Martin, qui vit à Hostens (à une heure de Bordeaux), travaille, comme beaucoup, à Pessac (banlieue sud de Bordeaux), cela ne fait pas d'Hostens une commune « urbaine ». Car à Hostens (1 360 habitants) résident aussi des retraités, des enfants, des chômeurs, mais aussi des boulangers, des instituteurs, des agriculteurs et des ouvriers qui se rendent à Bordeaux de temps en temps mais se passent de cette métropole au quotidien.

Ces précisions méthodologiques ne relèvent pas que du débat entre spécialistes. En effet, ce zonage s'est largement imposé dans les médias comme au sein des organismes guidant les politiques publiques[2]. Par ailleurs, la définition quantitative « en creux » avancée par l'Insee a trouvé un écho auprès de chercheurs qui lui ont donné une dimension « qualitative ». Dès 1974, l'écrivain Georges Perec affirmait : « Je n'ai pas grand-chose à dire de la campagne, la campagne n'existe pas, c'est une illusion[3]. » Tandis que le géographe Michel Lussault peut écrire aujourd'hui : « Le mouvement d'urbanisation est si accompli qu'on pourrait estimer que le territoire rural n'existe plus à l'heure actuelle en tant que modalité spécifique d'organisation et de fonctionnement de la société[4]. »

1. Pierre Pistre et Frédéric Richard cités dans Laurent Rieutort, « Les enjeux de définition des ruralités », *in* Yves Jean et Laurent Rieutort (dir.), *Les Espaces ruraux en France,* Malakoff, Armand Colin, 2018, p. 41.

2. *Ibid.*

3. Georges Perec, *Espèces d'espaces*, Paris, Galilée, 1974.

4. Michel Lussault, « Le rural, de l'urbain qui s'ignore ? », *Tous urbains,* n° 14, 2016, p. 36-43.

Sous l'effet de l'arrivée des néoruraux, le monde rural, « ses valeurs, ses références sociales et culturelles sont désormais étalonnées par le fait urbain », précise-t-il. Et la revue urbaine *Lumière de la ville* de commenter ainsi l'arrivée nombreuse d'urbains dans les campagnes : « La campagne se réinvente quotidiennement et collectivement, et l'urbanité se profile dans un cadre rural. Bref, les communes rurales deviennent de plus en plus “smart”[1]. »

Guère besoin de grossir le trait pour lire dans cette approche la description des ruraux comme des citoyens en retard sur la modernité, en train de disparaître au bénéfice d'un univers urbain par nature plus intelligent et à la page. Ainsi que l'indique l'urbaniste François Taulelle, « de nombreuses analyses actuelles tendent à homogénéiser les territoires et les modes de vie du fait de la mobilité de la population et du rétrécissement des distances [...]. La France serait un ensemble urbain quasi intégral et la ruralité ne serait qu'une forme d'urbanité, définie par gradients[2] ». Frédéric Vasse, qui dirige un cabinet de conseil auprès des collectivités locales, va plus loin : « Ces analyses sont souvent perçues comme une agression à l'encontre des territoires ruraux. C'est une négation même de leur existence, de leur singularité. Et même un coup porté à notre imaginaire français[3]. » Ce mépris se trouve au cœur du malaise rural. « En faisant l'éclipse conceptuelle du rural, ces discours sont non seulement violents pour les ruraux, ajoute la géographe

1. « La campagne est-elle la ville de demain ? », *Lumières de la ville,* 2018, https://www.demainlaville.com/campagne-ville-de-demain/

2. François Taulelle, préface, *in* Gwénaël Doré, *Hors des métropoles, points de salut ? Les capacités de développement des territoires non métropolitains,* Paris, L'Harmattan, 2017, p. 13.

3. Cette citation a été directement recueillie auprès de son auteur. Pour la suite de l'ouvrage, ce sera le cas chaque fois que les citations ne seront pas sourcées.

Valérie Jousseaume, mais surtout ils nous empêchent de penser notre avenir et notre territoire avec largeur de vue. » Comme le soulignent les chercheurs Yves Jean et Laurent Rieutort, les représentations actuelles sont « celles d'une société urbanisée, hors-sol, qui mythifie le rural, dans sa globalité, comme espace de nature, de repos, de loisirs ponctuels, de tourisme, mais rarement comme des espaces économiques, lieux de création d'emplois, lieux d'innovations sociales et culturelles[1] ».

Conscient des limites de ses définitions, l'Insee propose depuis 2015 une nouvelle méthodologie fondée sur le degré de densité de population[2]. « Le point de départ de cette typologie est bien l'urbain », note l'institut, mais le découpage du territoire en carrés de 1 km, inspiré de la catégorisation européenne, permet de dégager quatre types de territoire et de « rééquilibrer » l'ensemble. Selon cette définition, environ un tiers des Français vit dans une commune densément peuplée ; un tiers dans une commune de densité intermédiaire ; un tiers dans une commune peu dense ; au sein de ce dernier tiers, 4 % des Français vivent dans une commune très peu dense – une catégorie inexistante à l'échelle européenne, ajoutée par l'Insee pour la France, « pays où la densité est presque partout réduite ».

Autre initiative pour y voir plus clair, l'Insee découpe depuis 2003 la France en bassins de vie, définis comme « le plus petit territoire sur lequel les habitants ont accès aux équipements et services les plus courants[3] » (collège, gendarmerie, supermarché,

1. Conclusion *in* Yves Jean et Laurent Rieutort (dir.), *Les Espaces ruraux en France, op. cit.*, p. 486.

2. Christel Aliaga, Pascal Eusebio, David Levy, « Une nouvelle approche sur les espaces à faible et forte densité », in *La France et ses territoires*, Insee Références, 2015.

3. Chantal Brutel et David Levy, « Le nouveau zonage en bassins de vie de 2012 », *op. cit.*

médecin...). Sur les 1 666 bassins de vie repérés par l'Insee sur le territoire, 1 287 seraient ruraux selon les critères adoptés par la Commission européenne (soit, sur un espace de 200 m de côté, une population de moins de 5 000 habitants avec une densité inférieure à 300 hab./km^2). On est loin des 95 % d'urbains de la définition de 2010 !

On le voit, impossible de définir le « rural » ou l'« urbain » avec un simple indicateur. D'autant que les territoires ruraux sont très différents les uns des autres.

Une grande variété

Comment vont les campagnes ? Même si l'on s'accorde sur une définition, la réponse est complexe. « Il est difficile de dresser un tableau global, car les territoires ruraux offrent toute la palette des dynamiques, du territoire très en difficulté à celui à forte croissance », note la géographe Magali Talandier.

Ainsi que nous le verrons dans les chapitres suivants, dans la vallée de la Drôme, l'arrivée de populations souvent jeunes, actives et diplômées a permis de créer de nouvelles entreprises et de rouvrir des classes dans les écoles. Aux Herbiers, en Vendée, l'économie est parmi les plus florissantes du pays, pas tant du fait de nouveaux habitants, mais parce que les locaux ont mis en place un terreau industriel fertile. À Saint-Flour, dans le Cantal, même taux de chômage qu'aux Herbiers, autour de 4,5 % ; mais ce sont davantage les actifs qui reculent que les emplois qui se créent, même si les élus locaux se démènent depuis que l'arrivée de l'autoroute A75 a ouvert des perspectives. À l'inverse, à Saales, dans le massif vosgien, la plupart des signaux économiques et sociaux sont au rouge, et, là, pas d'autoroute pour se rapprocher de Strasbourg. Enfin, autour d'Albi, les campagnes accueillent de nouveaux habitants grâce à la lente renaissance de la ville. Cependant, au sein même de ces communes rurales qui entourent Albi, la situation peut changer radicalement en quelques kilomètres : à l'ouest de Gaillac, on regarde vers Toulouse, et la plupart des actifs affrontent tous les jours les bouchons toulousains ; à l'est, on se rend surtout à Albi.

Pour appréhender cette variété, de nombreux chercheurs se sont essayés à des typologies. En 2003, la Délégation interministérielle à l'aménagement du territoire et à l'attractivité régionale (Datar) avait observé trois grandes France rurales : les campagnes des villes (rassemblant *grosso modo* toutes les campagnes périurbaines), les campagnes fragiles et les nouvelles campagnes (regroupant les territoires ruraux touristiques et les territoires en transition). En 2012, le Commissariat général à l'égalité des territoires (CGET), successeur de la Datar, a revu sa copie et observé trois types principaux de territoires ruraux : « campagnes des villes, du littoral et des vallées urbanisées », « campagnes agricoles et industrielles » et « campagnes vieillies et à très faible densité » ; ces trois catégories étaient ensuite déclinées pour aboutir à une typologie en sept groupes.

Dans une étude portant sur la région Auvergne-Rhône-Alpes, l'Insee observe pour sa part cinq types de rural[1]. Les deux auteurs croisent approches morphologique et méthodologique et concluent qu'un quart de la population de la région et trois quarts de la superficie du territoire sont ruraux. Ils distinguent le rural « isolé », le rural « très peu dense », le rural « bourg », le rural « couronne éloignée » et le rural « périphérique ». « D'une commune rurale à l'autre, la densité, l'isolement, la présence agricole et la structure sociologique sont très variés », note l'Insee.

1. Bruno Balouzat et Philippe Bertrand, « Du rural éloigné au rural proche des villes : cinq types de ruralité », *Insee analyses Auvergne-Rhône-Alpes*, n° 77, 2019.

Une nouvelle preuve, s'il en fallait, que le rural n'a rien d'une catégorie homogène.

« Rural isolé », « campagnes vieillies et à très faible densité », « campagnes fragiles »... : quel que soit le nom que leur donnent les chercheurs, les campagnes les moins denses et les plus isolées sont au cœur des préoccupations sociales et politiques. Romans, films, discours politiques les décrivent comme périphériques, défavorisées, fragiles... « Comme dans le champ des études urbaines à propos des quartiers sensibles, ces notions font appel à des représentations marquées par le vocabulaire du soin, parfois de la psychologie sociale[1] », note Laurent Rieutort. Ces représentations finissent par résumer l'ensemble des campagnes. Les « campagnes des villes » ? Si elles vont bien, c'est parce que ce ne sont pas de « vraies » campagnes. Les campagnes touristiques dynamiques ? La montagne, la mer ou un grand site touristique n'est pas loin. Une campagne hyper-rurale qui se porte bien ? Des néoruraux s'y sont installés. Une campagne reculée siège d'une industrie ? Une heureuse particularité, liée à une histoire locale...

Bref, pour la théorie dominante, le rural va mal, et les campagnes qui vont bien restent des exceptions. Or, si on projette sur les campagnes d'autres représentations que celles du rural très isolé, la perspective se modifie. Ce changement de représentation est d'autant plus indispensable que la « diagonale du vide », cette zone qui court du Pays basque à la Lorraine et qui a longtemps servi de matrice à la lecture des fractures géographiques françaises, tend à s'estomper au profit d'autres divisions. Mais aussi parce que des territoires donnés comme perdus connaissent une renaissance.

1. Laurent Rieutort, « L'hyper-ruralité et le développement local », *in* Yves Jean et Laurent Rieutort (dir.), *Les Espaces ruraux en France*, *op. cit.*, p. 381.

Des frontières de moins en moins nettes

Où passent les limites entre campagne et ville ? Compliqué à établir hier, encore plus délicat aujourd'hui. Les frontières s'estompent, avec plusieurs nuances de villes et de campagnes qui se succèdent, dans le plus simple des cas, comme un dégradé. Depuis le cœur de ville on va vers la ville, puis sa banlieue. Viennent ensuite le périurbain et les campagnes des villes, à moins que ce ne soit ce que le géographe Martin Vanier appelle le « tiers espace[1] ».

Mais les configurations sont souvent plus complexes, avec plusieurs villes proches fonctionnant en réseau. Autour de Toulouse, les choses sont simples : une métropole régionale organise le territoire et, à une heure de route dans toutes les directions, une ville moyenne tisse le maillage secondaire et étend sa zone d'influence. Autour de Lyon, la situation est moins hiérarchisée. Au sud-ouest, pas de périurbain, mais une vallée urbaine et industrielle (la vallée du Gier) qui mène à une métropole voisine (Saint-Étienne). Le long de cet axe, des espaces périurbains qui dépendent non d'un centre mais de plusieurs pôles. Au sud-est et au nord, un réseau de villes secondaires proches (Vienne, Bourgoin-Jallieu, Villefranche) modifie la donne, entre « périurbain sous influence lyonnaise » et « périurbain sous influence de Vienne, Bourgoin ou Villefranche ». À l'ouest, une périurbanisation plus classique, mais un peu contrariée par le relief. Bref, un cas (fréquent) d'organisation territoriale complexe.

1. Martin Vanier, « Qu'est-ce que le tiers espace ? Territorialités complexes et construction politique », *Revue de géographie alpine*, vol. 88, n° 1, 2000, p. 105-113.

Dans cette mosaïque, le périurbain, qui a attiré à lui le quart de la population française, constitue un objet particulier. Longtemps invisible, il a été mis sous la lumière médiatique par Christophe Guilluy, qui y voit un espace de relégation au cœur de la « France périphérique[1] ». Pour l'essayiste, les habitants vivant en dehors des métropoles sont méprisés, abandonnés et globalement condamnés par les choix politiques et économiques d'une élite métropolitaine. Ce tableau est très peu documenté par des statistiques géographiques solides, insuffisamment rigoureux dans la façon de mobiliser certaines sciences sociales, et bascule parfois dans l'ethnicisme et le complotisme, comme l'ont montré de nombreux chercheurs[2] et journalistes[3]. Un malaise entoure cependant ces territoires. « Ni rural ni urbain, le périurbain est traditionnellement défini en creux comme un débordement incontrôlé de la ville, davantage que par ses caractéristiques propres[4] », explique la géographe et urbaniste Lucile Mettetal. Pire, ces espaces sont souvent dépréciés par les urbains au motif qu'ils grignoteraient la nature et la défigureraient. « Halte à la France moche ! » titrait ainsi en 2010 le magazine *Télérama* dans un numéro qui fit polémique.

« Les communes périurbaines peuvent être tout autant rurales qu'urbaines selon qu'elles comptent plus ou moins de 2 000 habitants dans leur zone bâtie principale[5] », souligne Claire Aragau, maîtresse de conférences en géographie à

1. Christophe Guilluy, *La France périphérique. Comment on a sacrifié les classes populaires,* Paris, Flammarion, « Champs », 2015.

2. Voir notamment Aurélien Delpirou et Achille Warnant, « La France périphérique un an après : un mythe aux pieds d'argile », *AOC*, 12 décembre 2019.

3. Voir notamment Enzo et Xavier Molénat, « La France périurbaine a-t-elle été abandonnée ? », *Alternatives économiques*, 11 mai 2016.

4. Lucile Mettetal citée dans Aude Martin, « Des frontières qui s'estompent », *Alternatives économiques,* 1er décembre 2018.

5. Claire Aragau citée dans *ibid.*

l'université Paris-Ouest. La couronne périurbaine francilienne, par exemple, qui couvre presque toute la région Île-de-France, compte près de deux tiers de communes rurales. Plus étonnant encore, relève l'urbaniste Éric Charmes, « près des deux tiers des exploitations agricoles françaises se trouvent dans le périurbain[1] ». Bref, le périurbain reste difficile à saisir, plutôt urbain pour certains, plutôt rural pour la plupart de ceux qui y vivent... Mais, comme le rappelle Éric Charmes, au Royaume-Uni, jusqu'à 10 000 habitants, une agglomération est encore considérée comme rurale.

Les chercheurs Hervé Marchal et Jean-Marc Stébé, guère satisfaits des concepts à disposition, parlent quant à eux de « pré-urbain[2] », à partir du territoire autour de Nancy. Ce pré-urbain se situerait entre les couronnes périurbaines traditionnelles et les territoires ruraux, dans un rayon de quinze à trente-cinq kilomètres autour de la ville-centre. Il serait plus dynamique démographiquement que le rural, mais moins dense que la banlieue et non directement organisé autour de polarités dédiées au sport, à la restauration ou à la culture, comme c'est le cas pour le périurbain classique. Il aurait vu le jour « à la suite de l'augmentation des prix du foncier et de l'immobilier dans les zones plus densément peuplées et de l'appauvrissement d'une partie des classes moyennes qui trouvent de quoi réaliser leur idéal résidentiel dans des zones plus éloignées de la centralité urbaine[3] ».

1. Éric Charmes, *La Revanche des villages. Essai sur la France périurbaine*, Paris, Le Seuil, 2019, p. 18. Éric Charmes reconnaît que la définition du périurbain retenue pour présenter ce chiffre est un peu plus extensive que la définition de l'Insee, mais sans que cela invalide l'argument présenté.

2. Hervé Marchal et Jean-Marc Stébé, « Le pré-urbain : un territoire refuge aux confins du périurbain éloigné », *Métropolitiques*, 30 octobre 2017.

3. *Ibid.*

Alors, existe-t-il encore des villes et des campagnes ? « La dichotomie urbain-rural n'est quasiment plus opérante nulle part[1] », tranche l'urbaniste Daniel Béhar. La preuve ? La crise des « gilets jaunes » : l'occupation des ronds-points montre selon lui que la population est de plus en plus mobile, que les territoires fonctionnent de plus en plus en réseau et que nous sommes tous successivement urbains et ruraux ; elle « donne à voir une France de la mobilité [...], de la multi-appartenance géographique et du “zapping” territorial ». Une analyse confirmée par Éric Charmes, pour qui « la vieille opposition entre villes et campagnes est dépassée[2] ».

« Il n'existe pas deux mondes séparés mais une interpénétration spatiale et symbolique entre ville et campagne, confirme Laurent Rieutort. Les limites s'effacent, les transitions et interstices sont complexes, à l'image de ces “espaces flous” périurbains à la fois urbains dans leur fonctionnement (emplois, mode de vie) et ruraux par leurs “paysages” et par les perceptions de leurs habitants qui considèrent qu'ils vivent dans le rural[3]. »

Le rural est-il un concept désormais vide de sens ? Même chose pour l'urbain ? S'ils reconnaissent la complexité des catégories et des dynamiques territoriales, la plupart des chercheurs ne vont pas jusqu'à franchir ce pas.

Le rural existe quand même

La catégorie « rural » s'impose malgré tout, et naturellement, estime l'historien Pierre Cornu : « Remise en cause dans le discours académique aussi bien qu'en tant que catégorie de l'action

1. Daniel Béhar, « La France des ronds-points enterre la France des territoires », *Libération,* 11 décembre 2018.

2. Éric Charmes, *La Revanche des villages, op. cit.,* p. 8.

3. Laurent Rieutort, « Les enjeux de définition des ruralités », *op. cit.,* p. 48.

publique, la “ruralité” ne cesse pourtant de resurgir, jusque et y compris dans les questions urbaines, par l’envahissement mal contrôlé d’objets hybrides de faits sociaux et biologiques – enjeux liés à la question animale, à l’alimentation, à la santé, aux affirmations identitaires, et à l’impact du changement global sur les paysages et sur les productions. Il ne suffit pas, en effet, de juger obsolète la partition duale entre le “rural” et l’“urbain” pour faire disparaître les pratiques et les représentations qui la mobilisent depuis des siècles[1]. »

Outre les représentations, comment expliquer que le « rural » perdure ? D’abord, beaucoup de territoires ruraux, malgré leur hétérogénéité, partagent de nombreux points communs : dépendance à la voiture individuelle, vieillissement des médecins, sentiment d’être méprisés par l’élite urbaine, mais aussi bonne qualité de l’environnement, relations sociales développées au sein du territoire, etc. Reste que des traits communs ne suffisent pas à constituer une identité commune.

Est-ce alors le rapport à l’espace ? Les territoires ruraux, par définition, sont peu urbanisés, mais pas pour autant naturels. Les campagnes et les terroirs sont le fruit d’un long remodelage par l’homme, et les espaces sauvages sont quasi inexistants en France, délimités presque partout par l’agriculture. Cette agriculture, cependant, a perdu le rôle central qu’elle avait au XIXe siècle. La « société rurale » est désormais plus mobile, et souvent à la fois urbaine et rurale.

Pour le sociologue Bernard Kayser, « la ruralité n’est ni le contraire de l’urbanité, ni son prolongement, ni la dégradation de son état ancien, ni sa résurgence » mais une inscription

1. Pierre Cornu, « La géographie rurale de la France en perspective historique et épistémologique », *in* Yves Jean et Laurent Rieutort (dir.), *Les Espaces ruraux en France, op. cit.*, p. 33.

dans le « local », grâce à une « familiarité des lieux[1] ». La campagne, comparée à la ville, serait donc marquée par une attache plus forte au territoire et le désir que celui-ci se porte bien.

Cet aspect se double aujourd'hui d'une image positive, celle de territoires aux sociétés harmonieuses où on connaît son voisin et où on veut le faire travailler, l'aider si besoin. Une société où on mange bien, où on prend le temps de vivre et de trouver du sens. Ces valeurs que beaucoup associent désormais aux campagnes rejaillissent sur les villes, avec des urbains cherchant à recréer des circuits courts et un « esprit village » dans certains quartiers (on peut penser au nouveau centre commercial « Bercy village », installé à Paris Bercy). Cette vision séduisante relève toutefois d'une histoire probablement fantasmée : de nombreuses campagnes agro-industrielles sont tournées vers l'exportation, et les circuits courts et certaines formes de décroissance n'ont pas (encore ?) pris le dessus sur le modèle dominant et la consommation de masse.

Où réside alors la singularité du rural ? Le sociologue Henri Mendras assurait en 1984 qu'une culture rurale bien particulière avait résisté à l'urbanisation : « Les campagnes se sont complètement urbanisées dans leur mode de vie [...]. [Mais] les citadins s'échappent de la ville dès qu'ils le peuvent pour retrouver à la campagne et en petites villes les aménités urbaines plus un je ne sais quoi d'autre qui paraît donner du sens à leur vie[2]. » Rien de très précis, finalement...

Un « je ne sais quoi » traîne donc toujours dans l'air. La disparition des frontières rural/urbain n'a pas vidé de leur spécificité

1. Bernard Kayser, « Permanence et perversion de la ruralité », *Études rurales*, n° 109, 1988, p. 75-108.

2. Henri Mendras, *La Fin des paysans*, postface, « Vingt ans après », 2e éd., Le Paradou, Actes Sud, 1984.

les campagnes. « La ruralité, n'est pas un "donné" mais une construction sociale du monde [...], résume Laurent Rieutort. Dans leurs caractères et les imaginaires qu'ils suscitent, ces espaces peu denses se recomposent rapidement [...] et conduisent à une formidable diversité géographique[1]. » Une diversité que nous observerons dans les trois chapitres suivants.

1. Laurent Rieutort, « Les enjeux de définition des ruralités », *op. cit.*, p. 53.

Chapitre 2

Des campagnes fragiles

Les campagnes vont mal : ce constat, assez largement partagé, est exagéré. Pour autant, les zones rurales accumulent nombre de fragilités. Le massif vosgien et l'Auvergne, où nous allons nous rendre dans ce chapitre, permettront de les passer en revue. Et de découvrir que, même dans les territoires supposés en crise, des pistes de développement sont activées.

Entre Saales et Saint-Flour

Début 2018, un courrier de lecteur parvient à *Alternatives économiques,* journal dans lequel je travaille. Le maire de la commune de Saales (Bas-Rhin), Jean Vogel, se plaint du traitement trop positif des campagnes par le journal, et m'invite à venir constater les dégâts. Me voici donc entre Nancy et Saint-Dié-des-Vosges, dans un train qui circule sur une voie unique et s'arrête dans des gares qui n'ont pour bâtiment qu'une maison fermée depuis longtemps. Ces fameuses petites lignes que les gestionnaires de Bercy observent avec intérêt, rêvant des gains que leur fermeture apporterait aux comptes publics.

À mon arrivée à Saint-Dié, Jean Vogel m'attend avec sa voiture électrique. Direction Saales, village de 830 habitants posé sur le col entre les départements du Bas-Rhin et des Vosges. Sur la route, l'édile m'expose les difficultés du territoire : la désindustrialisation du massif vosgien, la résignation des élus, l'arrivée de populations précaires fuyant les villes, les services publics menacés. Avant de s'installer à Saales, Jean a travaillé en Afrique, dans le développement. Il ose une comparaison provocatrice : « Nous avons ici les trois caractéristiques du sous-développement : nous exportons des matières premières, comme le bois, sans les valoriser, nos jeunes et leur matière grise partent en ville, et les capitaux du territoire fuient, parce que les gens investissent dans l'immobilier à Strasbourg. » Pas de doute, me voici bien dans cette France des campagnes qui souffre, même si, comme on le verra, le problème, ici, ne tient pas à la faible densité de population mais réside plutôt dans la dynamique régionale.

À sept cents kilomètres de là, la cathédrale de Saint-Flour, sous-préfecture du Cantal, domine la ville haute et surplombe la ville basse. La « cité des quatre vents » a vu passer des tempêtes, depuis des siècles. Et si ses remparts ont presque disparu, l'habitude de résister est toujours là. Aux hivers glacials, d'abord, qui font passer Aurillac, star des bulletins météo pour ses températures basses, pour une ville où il ferait doux. Aux conflits historiques, ensuite, entre guerres médiévales et Seconde Guerre mondiale, pendant laquelle le massif de la Margeride, qu'on peut contempler depuis la ville haute, a été un haut lieu de la Résistance. Aujourd'hui, une crise peut-être moins spectaculaire mais plus lancinante semble à l'œuvre : la commune de Saint-Flour a perdu près de 20 % de sa population en quarante ans et ne compte plus que 6 630 âmes, contre près de 8 000 dans les années 1980. Toute la région ne se désertifie pas pour autant car, comme tous les centres-villes, Saint-Flour a subi une périurbanisation favorable aux communes avoisinantes. Reste que la zone d'emploi a perdu 2 % de sa population entre 2010 et 2015, alors même que la France connaît en moyenne une croissance démographique régulière.

Autour, la situation n'est pas plus rose : la population du Cantal poursuit sa baisse. Le département dans son ensemble a connu presque exclusivement le recul démographique depuis sa création sous la Révolution française. Il n'a pas bénéficié de l'inversion démographique de sa voisine la Haute-Loire, qui a renversé la vapeur dans les années 1980. Depuis Saint-Flour, la préfecture, Aurillac est loin, surtout en hiver, quand la neige ralentit la circulation au passage du Lioran, et Clermont-Ferrand et Montpellier encore plus, même si l'arrivée de l'autoroute, au début des années 1990, a un peu désenclavé la région. Même le fromage cantal est descendu du podium des fromages AOP (appellation d'origine protégée) les plus vendus de France pour passer au cinquième rang. *A priori* donc, Saint-Flour serait emblématique de cette « France périphérique » décrite par certains.

Autour de Brioude, l'autre ville importante de la région (6 740 habitants), à quarante kilomètres au nord de Saint-Flour, on se tourmente aussi. On y vit bien, mais tout semble fragile. Défi Mode, enseigne de vêtements bon marché, est née ici en 1986. À son apogée, en 2007, elle comptait presque 200 magasins dans toute la France et une centaine de salariés à son siège, à Brioude. Après des années de difficultés financières, elle joue sa survie devant les tribunaux du Puy-en-Velay, où les derniers 55 employés brivadois tentent de sauver ce qui peut l'être avec un projet de reprise du groupe sous forme de Scop (société coopérative et participative).

À Saales, Saint-Flour ou Brioude, la même inquiétude s'est doucement et profondément installée. On regarde Strasbourg ou Clermont-Ferrand avec fascination, jalousie, désillusion, voire colère. Fascination, car tout semble y être plus facile. Jalousie, parce qu'on estime que les élus y ont plus d'influence et qu'ils parviennent à capter plus de subventions ou attirer plus d'activités. Désillusion, parce qu'on considère comme inéluctable que l'hôpital du centre-ville soit un jour absorbé par le CHU de la métropole. Colère, parfois, surtout depuis le 17 novembre 2018 et le premier samedi des « gilets jaunes », parce que le sentiment qu'on ne compte pas pour les élites de Clermont, Strasbourg et Paris est profondément enraciné.

Nous nous trouvons ici dans les campagnes les plus en difficulté. À Saales, Jean Vogel en a bien conscience : « J'ai la conviction que la France est en train de se dessiner en quatre grands espaces. » Les trois premiers (Île-de-France, métropoles et campagnes à environnement favorable) vont de mieux en mieux, estime le maire. « Le reste comprend ce qui reste du pays. Saales en fait partie et c'est l'avenir de cette ruralité qui me préoccupe. » Laurent Rieutort parle quant à lui pour ces campagnes d'« hyper-ruralité[1] ». Ces territoires, dont la définition n'est guère arrêtée, rassembleraient 5,4 % de la population et se caractériseraient, selon le géographe, par une « forme de marge géographique et sociale, avec des populations généralement à faibles revenus, une moyenne d'âge élevée et un vieillissement nettement accentué, des taux d'emploi significativement plus faibles que dans les autres campagnes ».

Laurent Rieutort relève pour ces espaces douze indicateurs de fragilité, parmi lesquels les pertes de population, la faible diversification des activités économiques, le taux de chômage, la part des logements vacants, etc. Résultat, cette « hyper-ruralité » « suit la diagonale courant des Ardennes jusqu'aux Pyrénées, en passant par le Massif central, avec des excroissances en

1. Laurent Rieutort, « L'hyper-ruralité et le développement local », *op. cit.*, p. 383.

Basse-Normandie, en Bretagne intérieure, dans les Alpes du Sud ou en Corse[1] ». Laurent Rieutort confirme ainsi une géographie bien connue, même s'il ne la mentionne pas explicitement : celle de la « diagonale du vide », cette France peu dense et vieillissante qui préoccupe tant les décideurs publics.

Recherche emploi désespérément

Le nerf de la guerre, à la campagne probablement encore plus qu'ailleurs, est évidemment l'emploi. À Saales, Jean Vogel y pense tous les matins en se rasant. « On a fait de Saales un pôle d'emploi, alors que pendant longtemps nous étions surtout un lieu de vie, depuis lequel on allait travailler à Saint-Dié ou dans la plaine alsacienne », se félicite le maire. « C'est un combat permanent, où l'on tente de faire du sur-mesure, en rencontrant le plus de gens possible, et où on a besoin d'un peu de chance. »

L'histoire de la maison familiale rurale de Saales, centre de formation pour jeunes, raconte bien ce qui se joue ici. À la fin des années 2000, la Porte d'Alsace, un centre de loisirs hébergé dans un grand bâtiment à l'entrée de Saales, met la clé sous la porte. Le bâtiment respecte alors les normes en vigueur, mais il se retrouve vide et inutilisé. « J'ai mobilisé tout mon réseau pour trouver rapidement une nouvelle fonction au bâtiment. J'ai même envoyé, en toute illégalité, des agents municipaux entretenir les extérieurs pour montrer que nous n'abandonnions pas le bâtiment à d'éventuels squatteurs. » Coup de chance, la maison familiale rurale de Saint-Dié cherche à l'époque de nouveaux locaux, et s'installe donc dans l'ancien centre de loisirs, avec des emplois sauvés à la clé. Une anecdote qui dit tout de la

1. *Ibid.*, p. 387.

situation : les incertitudes de l'initiative, d'abord, qui dépend un peu de la chance et beaucoup de la détermination de quelques élus. Sa réussite en trompe-l'œil aussi, parce que, souvent, un emploi qui arrive, c'est un emploi qui, venu d'un territoire voisin, disparaît là-bas.

« Se lancer n'est pas simple », confirme Luc Reuiller, patron de Turlupain, une boulangerie artisanale installée à Saales où le pain, cuit au feu de bois, est d'une qualité exceptionnelle et attire des clients de tous les environs. « Sans la détermination de Jean, à la mairie, et celle de la communauté de communes, je n'aurais jamais pu réussir à démarrer mon activité », explique-t-il. « Luc avait déjà lancé une boulangerie à Orbey, en Alsace, avec des résultats économiques excellents, mais aucune banque pour le suivre », se désole Jean Vogel. Là encore, tout est parti d'une discussion anodine sur le marché de Saales, où Jean Vogel vend ses confitures artisanales. « Luc était venu en vacances à Saales et avait apprécié le lieu. Je lui ai dit d'installer sa boulangerie ici », se rappelle Jean Vogel. « Notre philosophie est simple : tout emploi est important, tout projet doit être étudié », explique Éric Muziotti, chargé du développement économique à la communauté de communes de la vallée de la Bruche. « On ne part pas avec une stratégie très poussée, fondée sur des filières jugées stratégiques, même si nous essayons de développer une articulation agriculture-agro-industrie de qualité. Mais, dans la plupart des cas, le maintien ou la création d'un emploi, c'est la rencontre entre deux personnes, et des élus qui essaient de les accompagner sur le plan pratico-pratique. » Un cocktail rencontre-chance-volontarisme, donc, qui, par nature, reste fragile, surtout lorsque les élus ont sombré dans le fatalisme.

Ce fatalisme n'a rien d'étonnant dans un environnement où, depuis des décennies, les usines ferment, abandonnant leurs squelettes au bord des routes. La désindustrialisation, dans le

Nord-Est, ne date pas d'hier. Mais la crise de 2008 est venue appuyer encore un peu sur la tête de la région. Dans la zone d'emploi de Saint-Dié, le nombre d'emplois privés a reculé de 16 % entre 2008 et 2018 et celui des demandeurs d'emploi a grimpé de 25 % rien qu'entre 2011 et 2015. Territoire plus industriel que la moyenne d'une région (Grand-Est) déjà très industrielle, le bassin de Saint-Dié a encaissé les vagues de coups sans pouvoir offrir de plan B à une population active où ouvriers et employés peu diplômés sont surreprésentés.

À Saint-Flour, le sentiment de déclin est moins prégnant, car des usines, il n'y en a jamais eu beaucoup. « Mais le territoire est très fragile car il subit un puissant mouvement de déprise agricole », explique Pierre Jarlier, maire de Saint-Flour et président de Saint-Flour Communauté. « Quand vous perdez chaque année inéluctablement des dizaines et des dizaines d'emplois agricoles, c'est très compliqué de compenser par ailleurs grâce aux autres secteurs. » D'autant que, dans les autres secteurs aussi, l'agriculture a une influence forte : le secteur agroalimentaire pèse près du tiers de l'emploi salarié dans l'industrie, contre 12 % dans la région Auvergne-Rhône-Alpes. Certes, dans le Cantal, le bois et l'ameublement comptent quelques centaines d'emplois et le plastique se défend bien. Mais, ici, contrairement au Puy-de-Dôme voisin qui a son Michelin, pas de géant économique capable de tirer la région : seules 74 entreprises dépassent les 50 salariés. Reste qu'avec pas mal d'agriculture, du tourisme, un peu d'industrie, des services à la personne pour accompagner une population qui vieillit, la zone d'emploi de Saint-Flour affiche le plus faible taux de chômage du pays (4,5 %) ! Mieux, dans le Cantal, le taux d'emploi, c'est-à-dire la part des personnes en emploi par rapport à la population en âge de travailler, s'élève à 68,1 %, contre 65,7 % dans l'ensemble du pays, ce qui signifie que les habitants du Cantal sont un peu moins qu'ailleurs retirés du marché du travail.

Ce « miracle » social n'est pas anodin pour le territoire dans son ensemble et la cohésion de sa population, nous y reviendrons. Mais ce n'est pas pour autant un miracle économique absolu : il s'agit d'un avant-goût de ce qui attend la France dans son ensemble ; ou, pour être encore plus provocant, le Cantal fait ici office d'enclave allemande. Comme en Allemagne aujourd'hui, et comme dans toute la France demain, les bons chiffres du chômage s'expliquent en partie par le vieillissement de la population. Une population qui vieillit, ce sont des postes qui se libèrent mécaniquement et des besoins en termes de services, notamment de services à la personne. Voilà qui aide les départements du Cantal et de la Lozère voisine à afficher les taux de chômage les plus bas de l'Hexagone (6,3 %).

Difficultés de recrutement : le manque de bras

Malgré les bons chiffres du chômage, la guerre pour l'emploi sévit aussi à Saint-Flour. Notamment parce que les candidats ne sont pas toujours faciles à trouver, en particulier parmi les jeunes. Les 15-29 ans ne représentent en effet que 13 % de la population, contre 17,8 % en moyenne en France en 2015. Et ce déficit se poursuit sur la classe d'âge 30-44 ans, avec un écart de 2,6 points par rapport à la moyenne nationale. Les populations dans la force de l'âge sont sérieusement amputées.

Ce creux démographique a créé un paradoxe : dans ces régions où chaque emploi modifie la face du territoire, de nombreux employeurs ont du mal à recruter. « Nous avons des difficultés à attirer du personnel qualifié », regrette Patrick Gillman, un des administrateurs de la maison de retraite de Saales. « Trouver une infirmière ici, c'est très compliqué. Même chose pour les médecins. Les jeunes préfèrent la ville », poursuit-il. « Les compétences requises pour un travail ont beaucoup augmenté, mais le niveau de formation des gens n'a pas suivi », souligne Perrine Krencker-Hilberer, patronne des Confitures du Climont. « Même un ouvrier sur un poste apparemment basique a besoin de nouveaux savoir-faire, notamment numériques. »

Dans le Cantal, cela fait bien longtemps que les difficultés de recrutement constituent un sujet majeur. « Le plein-emploi, c'est bien sûr un point positif, mais c'est aussi un handicap pour nous, d'autant plus qu'il est lié au départ de nombreux actifs », explique Pierre Jarlier. Un gâchis, alors que certaines entreprises qui souhaitent s'agrandir ont du mal à trouver du personnel. Ainsi, l'entreprise Fleurus (300 salariés) a failli ne pas pouvoir répondre aux commandes de ses clients, des maroquiniers de luxe. Les élus locaux et Pôle emploi l'ont heureusement aidée à trouver plusieurs dizaines de salariés. « Qui plus est, des emplois essentiellement féminins, ce qui n'est pas le plus fréquent sur notre territoire agricole », se réjouit le maire.

Derrière un emploi à Saint-Flour, à Brioude ou à Saales, il y a souvent une famille. Une famille, c'est parfois une classe supplémentaire qui reste ouverte dans une école. Une classe sauvée, c'est le centre du petit village qui soupire de soulagement, ainsi que sa boulangerie et son bar-tabac. Inversement, un emploi perdu, c'est un grain de sable qui peut rapidement enrayer la machine. Surtout que, à la campagne, un emploi ferme rarement seul : beaucoup de territoires ruraux sont dépendants de seulement un ou deux gros employeurs. Lorsqu'en 2017 l'équipementier automobile GM&S a mis la clé sous la porte à La Souterraine, en plein cœur du Limousin, les 150 salariés restés sur le carreau se préparaient au pire... et ils avaient raison : deux ans plus tard, un tiers d'entre eux demeurait sans activité.

Difficile en effet à La Souterraine de se recaser dans le même secteur d'activité : un ex-salarié de GM&S qui se rendra à Pôle emploi ne trouvera guère de postes auxquels candidater. C'est tout un territoire qui tremble lorsque son entreprise principale tousse.

Populations fragiles

« La vie en montagne demande du courage, des efforts et parfois des renoncements » : lorsqu'il décrit la vie à Saales, Jean Vogel prend des accents churchilliens. Mais on n'a pas envie de se moquer de lui quand il fait visiter son exploitation, sur laquelle il s'échine à cultiver des fruits rouges avant de les transformer en confitures, entre deux permanences ou réunions à la mairie. Une vie difficile, donc, et une population fragile qui la subit. À Saales, près de 45 % des habitants ne sont pas en âge de travailler, parce que trop jeunes (18 % de la population) ou trop vieux (27 %). Parmi les 55 % restants (15-60 ans), 27 % sont dits « inactifs », parce qu'en études ou déjà en retraite (ceux qui ont commencé de travailler très jeunes par exemple). Et, parmi les 73 % d'actifs, 14 % sont au chômage. Une majorité de la population, donc, n'a pas d'emploi ou d'activité rémunérée. Ce n'est pas une tare, ni une spécificité : le phénomène se retrouve ailleurs en France, quoique dans une proportion un peu moindre. Et ne pas occuper un emploi salarié ne signifie évidemment en rien qu'on ne travaille pas : les jeunes retraités, par exemple, sont souvent aussi actifs que les « actifs », à travers le bénévolat associatif, la garde des petits-enfants ou la culture d'un potager. Le niveau d'emploi ne suffit pas pour évaluer la bonne santé d'un territoire. Il faut observer d'autres indicateurs socio-économiques.

À Saales, la question est centrale. « Vivent ici surtout ceux qui n'ont pas le choix », lâche, désabusé, Jean-Louis Simonin, gérant de ReSys AlterEco, cabinet d'études en énergie. Avant d'expliciter : « On a du mal à retenir les jeunes actifs. » Du coup, restent à Saales « les personnes âgées et celles socialement fragiles, qui ont tendance à s'isoler ». S'y ajoutent depuis quelques années, explique Jean Vogel, « de nouvelles populations très précaires, chassées des villes par la hausse des prix. Elles sont pour beaucoup coupées du monde du travail et dans une position d'attente des aides financières procurées par les collectivités ». Cela expliquerait, selon lui, le score inquiétant de 48,3 % obtenu par Marine Le Pen dans sa commune au second tour de l'élection présidentielle de 2017. « Les gens ne sont pas racistes. Ils sont juste dérangés par le fait que les nouveaux arrivés attendent les aides publiques sans se mettre au travail », assure-t-il. Les propos restent pudiques mais le mot est sur plusieurs lèvres : assistanat.

L'assistanat, c'est, en Auvergne, le carburant électoral de l'homme politique le plus en vue. Laurent Wauquiez, natif de Lyon, a choisi la Haute-Loire et le Puy-en-Velay comme fief électoral. Il sait, comme tous les élus ici, que le travail est une valeur cardinale dans le rural auvergnat : la campagne, on s'y lève tôt, et si on ne se lève pas, on se fait discret…

Dans le Cantal, le revenu annuel moyen par foyer fiscal s'élevait à 21 372 euros en 2015, contre 27 075 pour la moyenne nationale. Ainsi, quand un Français, en moyenne, gagne 100 euros, un Cantalien, en moyenne, n'en gagne que 78. Et même, en moyenne, 66 euros dans la zone d'emploi de Riom-ès-Montagne, à une trentaine de kilomètres au nord de Saint-Flour. Pour trouver plus bas, il faut aller en Seine-Saint-Denis, dans les zones d'emploi d'Aubervilliers et de la Courneuve (57-58 % du revenu moyen national).

Mais ces faibles revenus ne sont pas non plus synonymes de pauvreté rampante. Le taux de pauvreté (à 60 % du niveau de vie médian de la population) s'élevait en 2015 à 16,5 % dans l'arrondissement de Saint-Flour, contre 14,2 % en France métropolitaine, loin des records nationaux (23,9 % à Valenciennes, dans le Nord, par exemple). À Saint-Flour, les emplois sont globalement peu qualifiés, ils ne paient pas très bien. Mais, avec un salaire (même faible) à temps plein et un autre salaire (même faible) souvent à temps partiel, une famille peut s'en sortir grâce à un coût de la vie moins élevé qu'en ville. Les Auvergnats, on le sait, ont la réputation d'être radins. Le procès est probablement injuste ; ils sont surtout prudents, et très économes. Dans la région de Saint-Flour, on ne vit pas sur un grand train, mais l'existence ne relève pas non plus de la survie, sauf pour les populations vraiment précaires. Un voyageur qui n'aurait considéré que la statistique « revenus » de l'Auvergne serait sans doute surpris des belles maisons, des voitures récentes, et s'étonnerait de l'étendue de la zone commerciale de Saint-Flour Montplain, qui n'en finit pas de mordre sur la commune voisine d'Andelat.

Reste qu'à Saint-Flour le niveau des revenus constitue un frein financier pour les collectivités publiques. « Notre base fiscale (habitants et entreprises) n'est pas riche, souligne Pierre Jarlier : les recettes des impôts locaux ne sont donc pas élevées. Dans ce contexte, difficile d'investir dans les coûteuses infrastructures dont a besoin un territoire rural. » Le problème est particulièrement frappant dans la ville-centre. À Saint-Flour comme ailleurs, les populations aisées ont tendance à migrer dans les communes périphériques, laissant les personnes pauvres habiter dans les petites villes-centres. Or ces dernières doivent continuer de payer des charges élevées, « notamment pour entretenir des réseaux d'eau ou de chauffage devenus surdimensionnés[1] », explique le chercheur Yoan Miot.

De plus, la ville-centre supporte souvent des coûts pour des équipements (médiathèque, théâtre, etc.) utiles à l'ensemble de l'agglomération. En 2015, 55 % des recettes des communes françaises venaient des impôts locaux. Or ceux-ci sont pour la plupart assis sur les habitants et les activités. Résultat, quand les habitants (notamment les plus riches) et les magasins (notamment les plus gros) s'installent en périphérie, la ville-centre s'appauvrit, sans que ses dépenses baissent symétriquement. Certes, les communes transfèrent une part toujours plus large de leur fiscalité aux intercommunalités, mais, regrette Pierre Jarlier, un peu abattu, « le centre de Saint-Flour, qui était jusque dans les années 1980 le poumon de la vie locale, se paupérise et se vide. Nous le portons à bout de bras, mais c'est un travail de longue haleine, et les résultats peinent à se faire sentir ».

De façon plus générale, les territoires ruraux sont ceux où, globalement, la population vit avec le moins d'argent. Le niveau de vie médian des ménages résidant dans des espaces peu denses (20 554 euros) et plus encore très peu denses (19 194) était en 2014 inférieur à la moyenne des Français (20 743). À l'inverse, les espaces de densité intermédiaire (21 145) et les espaces urbains (20 889) s'en sortaient mieux que la moyenne des Français.

Habiter à la campagne ne signifie pas pour autant automatiquement être pauvre, et la vie en ville n'implique pas qu'on est plus productif et donc plus riche. Ces différences s'expliquent par la composition économique et sociale des territoires. À la

1. Yoan Miot cité dans Vincent Grimault, « Des centres-villes en mode survie », *Alternatives économiques*, n° 376, 2018.

campagne, les agriculteurs – en moyenne assez pauvres – sont surreprésentés, tout comme les retraités agricoles aux petites pensions. Même chose pour les ouvriers : ils composent 29 % de la population rurale (contre 20 % en moyenne en France)[1]. À ces classes populaires « historiques » s'ajoutent des arrivants exilés des villes à la recherche d'une vie moins chère, nous le verrons au chapitre 5.

Les jeunes : une denrée rare

Autre fragilité de la population rurale : son âge. Dans la plupart des campagnes, les jeunes sont une denrée rare : seuls 14 % des 15-29 ans habitent dans l'espace à dominante rurale, alors que celui-ci accueille 18 % de la population totale. Ce taux est même de 13 % pour les 18-24 ans. Logique : pour les études supérieures, la ville est un horizon quasi obligatoire. En France, trois quarts des étudiants de 18-24 ans sont regroupés dans 30 villes. Mais le déficit de jeunes dans la population se prolonge au-delà de cet âge, parce que beaucoup d'emplois, notamment qualifiés, se trouvent en ville : trois ans après la fin de leurs études, un tiers des jeunes ruraux se sont installés dans un pôle urbain, et, parmi eux, la moitié sont diplômés du supérieur[2]. On pourrait ainsi considérer que le rural perd deux fois : d'abord parce que ses jeunes font leurs études en ville, ensuite parce que les plus diplômés reviennent moins que les peu qualifiés. Une « fuite des cerveaux » qu'on observe souvent dans les pays en développement, et qui restreint leurs perspectives. Même si

1. Ivan Bruneau, Julian Mischi et Nicolas Renahy, « Les Gilets jaunes en campagne, une ruralité politique », *AOC,* 13 décembre 2018.

2. Yvette Grelet et Céline Vivent, « La course d'orientation des jeunes ruraux », *Céreq Bref,* n° 292, 2011.

le phénomène est ici beaucoup plus limité, on comprend le fatalisme de certains élus quant à l'avenir des campagnes.

Symétriquement, la population rurale est beaucoup plus vieille que la moyenne française. Avec des taux impressionnants dans certains départements du Massif central : 15,4 % de la population a plus de soixante-quinze ans dans la Creuse, contre 9,3 % en France. Difficile, dans ces conditions, d'amortir facilement les crises ou d'enclencher un rebond rapide.

Des services publics qui reculent

À Saales, Saint-Flour et Brioude, le constat ne fait même pas débat : l'État abandonne les campagnes. L'évolution de la présence des services publics est ici plus surveillée que les cours de la Bourse. C'est que, comme dans l'immense majorité des départements français, les plus gros employeurs sont publics. Le principal hôpital du département est souvent le premier pourvoyeur d'emplois. Et une étude a montré que les conseils départementaux faisaient partie des 5 principaux employeurs dans 88 départements sur 94 étudiés[1].

Mais l'État fait aussi travailler indirectement beaucoup de monde. Lionel Yongbloutt est artisan à Saales, et s'est spécialisé dans l'isolation, le chauffage solaire et la biomasse. Volontairement tourné vers les chantiers de demain, il constate que « ce sont surtout les communes qui me font travailler. Dès que les dotations de l'État baissent, je le ressens ».

Quand l'État se désengage, c'est aussi l'activité économique qui en pâtit. Spontanément, lorsqu'on pense services publics, on

1. Alexis Toulon, « Quels sont les cinq plus gros employeurs dans chaque département ? », *Alternatives économiques*, 17 mars 2015.

pense services aux citoyens. Mais les entreprises, elles aussi, ont besoin d'eux, pour la conformité à la législation, les autorisations diverses (extensions de site, convois exceptionnels, etc.), le lien avec les établissements de formation, ou encore les aides économiques. « Les services publics se retirent dans les villes. On ne trouve plus d'interlocuteurs locaux présents dans des permanences physiques pour des démarches telles que la carte grise ou le permis poids lourd, regrette Perrine Krencker-Hilberer. Cela nous complique la tâche et constitue un frein à notre compétitivité. »

Le rôle clé du numérique

Cependant, l'infrastructure publique centrale, ici, n'est pas la préfecture, mais l'accès à une connexion internet de qualité. À Saales, Perrine Krencker-Hilberer bénit l'opérateur Free, qui a installé une antenne-relais sur les hauteurs du village grâce à laquelle elle capte une connexion mobile 4G, à défaut de bénéficier d'une connexion « en dur » satisfaisante. « Ce qu'il faut comprendre, c'est que le numérique n'est plus une option ou un élément de confort : c'est une nécessité absolue, insiste-t-elle. Déjà, la majorité de l'administratif se fait désormais en ligne. Mais, surtout, quasiment aucune activité économique ne peut aujourd'hui s'en passer. Nous, on fait des confitures. *A priori,* pas besoin de numérique. Sauf que c'est indispensable pour générer des étiquettes avec code barre. »

À cela s'ajoute évidemment le développement des services en ligne, qui facilitent le télétravail. Marie-Rose et Philippe Gaudin travaillent ainsi pour une centrale d'achat en circuits courts. Après avoir habité dans l'Essonne, en banlieue parisienne, ils se sont installés à Saales. Et assurent que la tendance ne fait que commencer chez les travailleurs du numérique. À condition que le numérique suive. Et c'est bien ce qui inquiète Pierre Jarlier, à Saint-Flour : « Le numérique va radicalement changer les perspectives pour notre région, parce qu'il va offrir des opportunités d'emploi, mais aussi un accès beaucoup plus équitable au savoir et à l'offre culturelle entre villes et campagnes », assure-t-il. Sauf que l'arrivée du haut débit est beaucoup trop lente, et, quand il est mis en place, c'est en fonction d'une mauvaise hiérarchie des priorités, estime le maire : « Les villes-centres sont équipées en premier, alors que les zones d'activité sont généralement situées sur les communes voisines. »

Mais, avant la fibre, il faudrait déjà du réseau mobile 2G de bonne qualité. Ce qui n'est pas le cas aujourd'hui. Face à la persistance de nombreuses « zones blanches », le gouvernement a mis début 2018 la pression sur les quatre grands opérateurs de télécom. Ceux-ci se sont engagés à investir 3 milliards d'euros pour la construction de 5 000 installations et la couverture de tout le territoire en 2G et 4G en trois ans. Côté fibre, l'équipement du territoire est plutôt rapide. Fin mars 2019, près de 15 millions de logements et locaux à usage professionnel étaient raccordables, une progression de 32 % en un an, selon l'Arcep, le gendarme des télécoms.

Dans son rapport 2018, le Défenseur des droits Jacques Toubon observe que l'accès aux services publics et aux démarches administratives est de plus en plus dématérialisé. *A priori,* c'est plutôt un progrès pour les territoires ruraux, où on n'a plus besoin de parcourir trente kilomètres pour déposer une demande d'allocation à la CAF (caisse d'allocations familiales). Mais « plus de 7,5 millions de personnes sont privées d'une couverture internet de qualité », note le Défenseur des droits. « La persistance de ces “zones blanches et grises” entrave l'accès aux droits des personnes domiciliées en zone rurale », poursuit-il. Avant de tacler plus sévèrement : si « l'intérêt de la dématérialisation pour une meilleure efficacité des services publics est indéniable, elle est aussi parfois un palliatif à la réduction des services d'accueil du public guidée par une logique budgétaire ». Le Défenseur des droits plaide donc pour un maintien d'accueils physiques ponctuels. À l'image de l'expérimentation de la SNCF, qui propose dans trois régions (Occitanie, Nouvelle-Aquitaine, Pays-de-la-Loire) des « gares mobiles », petits camions tout équipés qui stationnent une demi-journée par semaine dans les communes privées de guichet de vente.

Le train en panne

Les autres inquiétudes en matière de service public sont plus classiques. Il y a d'abord le train, au cœur des discussions – alors même que la voiture reste la reine des déplacements… Mais le train, c'est tout un symbole : celui que le territoire compte encore, qu'il n'est pas condamné, et qu'il demeure relié au reste du territoire. À la campagne, on lui accorde souvent l'importance d'un cordon ombilical, et d'ailleurs, hors considérations environnementales, il est aussi facile à couper, car la plupart de ceux qui y sont attachés ne l'utilisent pas. Mais il est rassurant de le savoir là, prêt à servir.

Au niveau national, le rapport Spinetta, rendu en février 2018, a une nouvelle fois interrogé l'intérêt du maintien de nombreuses lignes UIC 7 à 9, ces petites lignes à faible cadence, faible vitesse et, souvent, faible fréquentation[1]. À Saales, on sait que l'avenir de la ligne 18, qui relie Strasbourg à Saint-Dié, est compromis. En 2016, elle a été ralentie entre Saales et Saint-Dié. La SNCF

1. Vincent Grimault, « Faut-il enterrer le train ? », *Alternatives économiques*, 20 mars 2018.

juge que la voie, qui date de plus d'un siècle, est dangereuse. Alors il a fallu supporter les ralentissements ou le remplacement des trains par le bus. Pas la meilleure incitation pour l'abandon de la voiture. Treize millions d'euros d'investissement plus tard, la ligne a rouvert, en attendant la prochaine rumeur qui annoncera sa fermeture. Proximité de l'Allemagne oblige, la culture train est restée forte dans la région. La ligne est donc plutôt bien fréquentée, défend Jean Vogel. Selon la SNCF, 33 908 voyageurs ont utilisé la gare de Saales en 2017, soit 93 par jour (contre 60 par jour à Saint-Flour par exemple). C'est 6,5 % de plus que l'année précédente (seules années données par la SNCF).

« Si vous fermez le train, c'est la catastrophe », assure Jean-Louis Simonin, gérant de ReSys AlterEco. Sur le plan écologique, c'est évident. Sur le plan économique, c'est moins sûr. Quelles seraient les conséquences ? Personne ne le sait. Et puis, si l'on renverse le point de vue, la catastrophe est peut-être déjà là. Les petites lignes semblent prises dans un cercle vicieux. Suite à la réduction de leur remplissage du fait du tout-voiture, la SNCF a diminué leur fréquence, encourageant encore la baisse de la fréquentation et les désinvestissements, avec pour conséquence des ralentissements réguliers, voire des coupures, qu'on tarde à réparer... Acheter un billet de train a cessé d'être un geste ordinaire pour devenir un acte écologique militant. Dans les Cévennes, au sud de Saint-Flour, on peut s'interroger sur la volonté des pouvoirs publics et de la SNCF de maintenir la ligne Nîmes-Clermont-Ferrand[1]. Quand on veut tuer son chien, on dit qu'il a la rage, s'agacent les habitants des campagnes.

À Saint-Flour, il y a longtemps qu'on s'est habitué au bus. En train, seuls quelques directs rejoignent Clermont-Ferrand, avec

1. Marie Astier, « Le Cévenol : la SNCF s'acharne contre un train vital », *Reporterre*, 3 janvier 2018.

l'Intercités : il faut compter deux heures. En bus de la SNCF, c'est une heure trente. En voiture, une heure quinze par l'A75 (sans péage)… Il faut être motivé pour laisser son véhicule au garage.

Manque de soins

L'école fait aussi partie des grands motifs d'inquiétude des habitants des campagnes isolées. Elle constitue souvent un facteur important dans la décision des classes moyennes de s'installer, de rester ou de partir. « Un mythe insupportable laisse croire que les écoles rurales sont de mauvaise qualité », s'exaspère Jean Vogel. Il manque peut-être surtout des alternatives à l'Éducation nationale, estiment des chefs d'entreprise et entrepreneurs de Saales, qui rappellent que les écoles type Montessori se trouvent surtout en ville.

Mais le principal frein à l'attractivité des campagnes et à leur qualité de vie réside dans la désertification médicale, estime Pierre Jarlier. « Pour une famille, l'offre de soins est un critère majeur dans la décision de s'installer ou pas. » Les campagnes souffrent notamment d'un déficit de spécialistes. C'est simple, Saint-Flour ne compte plus d'ophtalmologue. Pour en trouver un, il faut se rendre à Aurillac, à une heure quinze de route (un jour sans neige), avec des délais d'attente de plusieurs mois. Concernant les médecins généralistes, la situation n'a rien de catastrophique. Mais, explique Pierre Jarlier, « nos médecins approchent pour la plupart de la retraite. Nous avons tout tenté, en créant par exemple un réseau de maisons de santé, lui-même adossé à l'hôpital de Saint-Flour. Mais nous sommes sur la corde raide. Nous pourrions très bientôt manquer de médecins généralistes ».

Cette inquiétude est déjà une réalité dans de nombreux territoires ruraux. À Laval, en Mayenne, depuis mi-2017, une dizaine de médecins généralistes retraités consultent aux côtés d'internes de la faculté d'Angers. L'Ordre des médecins espère que ce dispositif original de tutorat incitera les internes à s'installer dans le département[1]. La Mayenne n'est pas un cas isolé : début 2017, 749 généralistes retraités exerçaient dans les déserts médicaux.

Le gouvernement a mis en place des incitations à s'installer dans les territoires privés d'une offre de soins suffisante, et a desserré légèrement le *numerus clausus*, qui régule le nombre d'étudiants admis en deuxième année de médecine. Mais ces aménagements mettront des années à produire des effets. Et, juge Pierre Jarlier, « les mesures incitatives sont loin de suffire : il faut passer à la régulation des installations ». Même constat de l'autre côté des monts du Cantal, à Aurillac, où Vincent Descœur, député (LR) et ancien président du conseil départemental du Cantal (2001-2017), explique : « On a tenté beaucoup de choses : maisons médicales, accueil des internes en médecine, etc. Pendant des années, on a patiemment écouté des arguments sur la supposée efficacité des politiques d'incitation. Je suis aujourd'hui convaincu qu'on ne résoudra pas la question sans être directif. »

Et quand beaucoup de cabinets de médecins auront mis la clé sous la porte, il ne faudra probablement pas compter sur les petits hôpitaux de campagne pour les suppléer. Depuis des années, les maternités, les blocs de chirurgie ou d'autres spécialités ont fermé leurs portes dans les campagnes. En 1996, on comptait 814 maternités en France métropolitaine ; elles n'étaient plus que

1. Anne Fairise, « Quand les déserts médicaux innovent », *Alternatives économiques*, 14 février 2019.

491 en 2016. Officiellement, les fermetures de maternités sont liées à des questions de sécurité : « En aucun cas, ces transformations ne sont faites pour des raisons financières. C'est toujours lié à des problèmes de sécurité pour l'accouchement des femmes », répétait inlassablement Agnès Buzyn, alors ministre de la Santé. Des propos qui font rire jaune dans le Diois, région rurale isolée de la Drôme.

Le 18 février 2019, un enfant y est mort *in utero*. Sa mère, enceinte de huit mois, souffrait d'un décollement du placenta. Le drame fait polémique car la maternité de Die a fermé ses portes le 31 décembre 2017. Pour les parents, le nouveau protocole a connu plusieurs dysfonctionnements, avec pour conséquence une arrivée en hélicoptère à l'hôpital de Montélimar plus de trois heures après l'appel aux urgences. Sous pression, l'agence régionale de santé (ARS) a diligenté une enquête, puis a reconnu « un défaut de coordination entre les professionnels libéraux et les structures hospitalières ». Mais « le dispositif était en place et fonctionnel ». Le retard de l'hélicoptère ? L'ARS écrit qu'« une mauvaise appréciation de la disponibilité de l'hélicoptère [*sic*] a abouti à un retard du décollage, mais cela n'a pas eu d'incidence sur le pronostic », car le bébé était déjà décédé, assure-t-elle. Insuffisant pour faire retomber la colère des habitants, qui ont aussi en mémoire la naissance d'un autre bébé, quelques mois auparavant, dans la voiture de ses parents, sur la route entre Die et la maternité de Valence. Cette fois-là, tout s'était bien passé…

Isolement

Les habitants du Diois, de Saales et de la région sanfloraine dressent le même constat quant aux espèces en voie d'extinction dans les campagnes françaises : les bureaux de poste, les centres des impôts et, plus globalement, les services en tous genres (banques, boulangeries, commerces, etc.). Sur les 375 000 personnes qui ont apporté une contribution sur la plate-forme en ligne du Grand Débat, 52 % ont déclaré avoir accès aux services publics dont ils avaient besoin ; un résultat qui tombe à 36 % pour les contributeurs résidant dans une zone rurale. Le sujet est sensible, et fait donc l'objet d'interventions idéologiques, regrette l'urbaniste François Taulelle, qui rappelle que « disposer d'un état exhaustif des services publics et de leur évolution en France est une gageure[1] ». Les partisans de l'idée que les territoires ruraux sont abandonnés se focalisent sur les services physiques qui ferment, sans tenir compte de l'ensemble du soutien public. Tandis que les experts se retranchent derrière de savants calculs et discours sur l'optimisation du partage de la dépense publique entre les territoires, sans prendre la mesure du ressenti local.

Les chercheurs Aleksandra Barczak et Mohamed Hilal ont tenté d'objectiver la question[2]. Incontestablement, « la majorité des services publics, parmi les quinze qu'il est possible de suivre entre 1980 et 2013, connaissent un net repli de leur présence sur le territoire, dû à un nombre de fermetures généralement bien supérieur à celui des ouvertures[3] », indiquent-ils. Une commune sur quatre a perdu son école, une sur trois son bureau de poste et une sur deux sa maternité. Ce recul n'a pas été homogène sur

1. François Taulelle, « Services publics et territoires ruraux », *in* Yves Jean et Laurent Rieutort (dir.), *Les Espaces ruraux en France, op. cit.*, p. 158.

2. Aleksandra Barczak et Mohamed Hilal, « Quelle évolution des services publics en France ? », *in* Thibault Courcelle, Ygal Fijalkow, François Taulelle (dir.), *Services publics et territoires. Adaptations, innovations et réactions,* Rennes, Presses universitaires de Rennes, 2017.

3. *Ibid.*, p. 33.

le territoire, et les auteurs observent « une dédensification des services publics plus marquée dans les espaces de faible densité que dans les pôles urbains[1] ».

Dans son intéressante enquête au long cours « Une année en France », le journal *Le Monde* a par exemple mis en lumière la ville de Lure, troisième de Haute-Saône avec ses 8 200 habitants[2]. En 1999, l'hôpital perd sa maternité, puis, deux ans plus tard, le centre de soins intensifs. En 2003, les urgences sont remplacées par des unités pour soins non programmés qui s'arrêtent à minuit. La cardiologie puis la chirurgie disparaissent rapidement ensuite. En 1997, le régiment avait fermé. En 2005, c'est le cas du commissariat, puis en 2008 du tribunal de grande instance. En 2011, la sous-préfecture renonce à son guichet ouvert au public, éloignant les démarches pour la carte grise par exemple. Enfin, la ligne de train Intercités Paris-Belfort souffre depuis que la ligne de TGV est-européenne a ouvert. En quelques années, tous les services publics de second niveau ont ainsi disparu, ne reste plus que la maison d'arrêt…

À Saales, on s'inquiète aussi de la disparition des cafés/bars, qui ont longtemps joué le rôle de piliers sociaux du territoire. « Heureusement, les associations ont pris le relais des bars pour créer du lien », entend-on. Mais, dans ces territoires où l'un des avantages comparatifs réside dans la connaissance de son voisin et l'échange régulier avec les acteurs locaux, la disparition des lieux de socialisation constitue un handicap également économique. C'est pour cela que Jean Vogel a lancé à Saales un « stammtisch », une réunion mensuelle informelle entre les entrepreneurs du coin. « Ça semble anodin, mais c'est précieux,

1. *Ibid.*
2. « À Lure, quand les services publics s'en vont », *Le Monde,* 5 novembre 2012.

ce que Jean a instauré. On crée du lien, on échange des informations, c'est important pour nous, expliquent les entrepreneurs. Ce type d'initiative est trop rare dans les campagnes. »

Ce Jean Vogel est-il un ovni ? Lui revendique simplement le bon sens, et une connaissance certaine du monde rural. Habitué à ne pas se faire que des amis, il assure que chaque territoire a un potentiel mais que « les préfets ne connaissent pas les moteurs du territoire. Ils n'ont pas de vision et appliquent des politiques indifférenciées décidées à Paris. Et qui font ces politiques ? Des hauts fonctionnaires qui ne connaissent plus les campagnes, et qui n'y viennent plus ». Pour lui, l'abandon du monde rural est aussi là. Les élus locaux ne sont pas pour autant plus pertinents. « Très peu d'entre eux ont des visions économiques parce qu'on n'enseigne plus, nulle part, le développement, et que la plupart sont des ex-cadres du public, résignés. »

Le rural ne compterait donc plus ? Jean-Baptiste Gass, éleveur laitier à Saales, en est convaincu. « Avant, on voyait assez souvent les élus. Avec l'agrandissement du canton, ils se déplacent de moins en moins. Maintenant, les élus, on les voit surtout sur les réseaux sociaux », ironise-t-il avec un sourire triste. Avant de poursuivre la critique : « Ici, il faut batailler pour tout. On doit se battre pour maintenir la voie ferroviaire, alors qu'à Strasbourg, ils trouvent tout de suite de l'argent pour le contournement ouest [une nouvelle rocade qui fait polémique] et pour le tram. C'est évident : ils mettent l'argent là où il y a le plus d'électeurs. »

Le constat est probablement sévère. Mais il est ancré dans les campagnes, comme le prouve sa dénonciation incessante par les « gilets jaunes ». Beaucoup d'analystes ont résumé le mouvement à un vaste ras-le-bol fiscal. Et ont même parfois raillé des manifestants demandant plus de services publics tout en réclamant de payer moins d'impôts. Mais beaucoup d'habitants ont effectivement le sentiment de payer toujours plus (ou en tout cas pas moins) pour des services publics locaux qui ne cessent de reculer (et cela est visuellement indiscutable).

Les « gilets jaunes » : un mouvement rural ?

Tous les matins, c'est un ballet infernal qui s'élance sur les routes. Bien avant les premières lueurs du jour, les campagnes sont traversées de paires d'yeux jaunes et rouges toujours plus nombreuses, toujours plus pressées. Le cœur du village de Saales n'y échappe pas. Point de passage commode pour basculer entre Saint-Dié-des-Vosges et la plaine alsacienne, il voit passer un flot quotidien de voitures et de camions.

Dans les environs de Saales comme ailleurs, il a suffi de quelques centimes de hausse à la pompe et les ronds-points, ces nouveaux totems des campagnes, se sont colorés en plein mois de novembre 2018. Il y a eu du jaune partout, celui des gilets qu'on porte sur les épaules, et du vert, pendant quelques semaines, celui de l'espoir de « faire changer les choses ». Mais c'est bien le noir, celui du pétrole, dont le spectre continue de planer au-dessus des ronds-points : plusieurs mois après la mobilisation, les « gilets jaunes », comme tout le monde, ne sont pas sortis de sa dépendance.

Bien sûr, le mouvement n'est pas uniquement lié au coût des carburants. Celui-ci n'a été que l'élément déclencheur, l'étincelle qui ne demandait qu'à jaillir, a-t-on beaucoup entendu. L'étincelle de quoi ? Les avis ont été aussi nombreux que les chercheurs, mais, parmi les géographes ou les experts autoproclamés qui ont osé des analyses en direct, beaucoup ont vu dans les « gilets jaunes » la preuve de la fameuse fracture territoriale entre villes et campagnes. Pour l'essayiste Christophe Guilluy, le mouvement était inespéré, comme matérialisation de sa théorie d'une petite France rurale et périurbaine qui se lève tôt sacrifiée par les élites métropolitaines. Le démographe Hervé Le Bras lui a emboîté le pas, dégainant, dès les premiers jours de la protestation, une carte qui prouverait que la mobilisation est particulièrement forte dans les départements de la « diagonale du vide », cette ligne rurale entre Biarritz et Metz. Cause unique et géographique qui expliquerait tout, cette carte est devenue en quelques jours la grille de lecture territoriale la plus communément acceptée.

Certains chercheurs en sciences sociales, comme Sylvain Genevoix, ont cependant rappelé que les cartes pouvaient être trompeuses. Prenant comme exemple une carte des points de blocage, il explique : « Cette carte n'a pas vraiment de sens tant la distinction rural-urbain est complexe et ne peut être visible à l'échelle des départements. Il convient de souligner le cas des départements hyper ruraux du Massif central qui semblent peu touchés par les appels au blocage alors que les habitants sont très concernés par le coût élevé des trajets domicile-travail qui s'effectuent souvent en automobile[1]. » D'autres, comme Aurélien Delpirou, ont invité à ne pas sous-estimer le caractère urbain de la mobilisation[2]. D'autres encore, comme Mathieu Chassignet, ont rappelé que, contrairement à une idée reçue, ce sont les plus riches qui, en moyenne, vivent le plus loin de leur domicile[3] : les ménages qui gagnent plus

1. Sylvain Genevoix, « Comment interpréter la carte des gilets jaunes ? », blog *Cartographie(s) numérique(s)*, 4 novembre 2018.

2. Aurélien Delpirou, « La couleur des gilets jaunes », *La Vie des idées*, 23 novembre 2018.

3. Mathieu Chassignet, « Carburants : qui sont les perdants ? », *Alternatives économiques*, 13 novembre 2018.

de 48 000 euros par an vivent en moyenne à 16,9 kilomètres de leur lieu de travail, contre 8,4 kilomètres pour ceux qui gagnent moins de 9 000 euros par an. De quoi relativiser l'idée d'une France rurale pauvre et fragile qui aurait unanimement enfilé son gilet jaune.

Reste que le prix du carburant a bien été au cœur de la mobilisation des « gilets jaunes », puis largement responsable de son essoufflement. Une fois l'annonce par Emmanuel Macron de l'annulation de la hausse de la taxe carbone, qui devait renchérir les prix à la pompe, les « gilets jaunes » se sont faits moins nombreux, même si leur noyau dur est demeuré fortement mobilisé.

Ce mouvement constitue un signal fort de ce qui attend les campagnes si l'on ne prépare pas la sortie de la dépendance au pétrole et à la voiture individuelle. Même si les prix du pétrole ne devraient pas exploser dans les années à venir, en raison de l'abondance relative des stocks conventionnels et surtout du développement de l'extraction du pétrole de schiste aux États-Unis, l'urgence est là. La moindre hausse des prix des énergies fossiles crispe les campagnes, qui en sont, plus qu'ailleurs, dépendantes pour se déplacer et se chauffer.

La dépendance au pétrole

Il ne s'agit pas là de prédictions catastrophistes, mais de tendances déjà à l'œuvre. À Saales, Jean-Louis Simonin, gérant d'un cabinet spécialisé dans les économies d'énergie, le constate au quotidien : « Dans nos campagnes déjà assez pauvres, chaque hausse des prix de l'énergie paupérise encore davantage le territoire. » Cet appauvrissement se fait principalement par deux biais.

Le premier, ce sont évidemment les transports : « On a du mal à retenir les jeunes actifs car ils sont obligés de se rapprocher de leur travail, notamment lorsque le coût de l'énergie augmente », assure Jean-Louis Simonin. Un coût qui, souvent, se double d'une fatigue et d'une lassitude des trajets, complète Jean Vogel : « Ceux qui font Saales-Strasbourg tous les jours en voiture finissent par déménager pour se rapprocher de leur travail. Je crois qu'on ne peut pas vraiment aller au-delà d'un seuil de trente-cinq-quarante minutes de trajet, ou, disons, une heure porte à porte. » Le maire se rappelle 2008 et son « choc » pétrolier : « Pas loin d'une centaine d'habitants, dont pas mal de jeunes, ont pris la décision de se rapprocher de leur lieu de travail. Nous avons perdu la population que nous avions gagnée les dix années précédentes. » Dans le Cantal, le même phénomène est à l'œuvre, assure le député Vincent Descœur : « Beaucoup de communes situées à trente kilomètres d'Aurillac ont joué la carte de l'attractivité résidentielle avec des prix de foncier attrayants. Mais les jeunes couples ne veulent plus faire les trajets à cause du coût de l'essence. Les communes en périphérie de notre bassin d'emploi gagnent des habitants. Mais celles qui se trouvent à vingt-cinq-trente kilomètres sont en situation inconfortable depuis quelques années. »

L'autre grand facteur de dépendance au prix des hydrocarbures est le logement. La tâche est particulièrement compliquée dans le rural, explique Jean-Louis Simonin, spécialisé dans la rénovation thermique du bâti : « Dans la région de Saales, on trouve beaucoup de maisons de grande taille assez mal fichues, qui sont le résultat de transformations successives des logements avec l'arrivée de nouvelles générations. La plupart du temps, on a ajouté une chambre ici, des toilettes là. C'est très compliqué à isoler, et il n'est pas facile d'y optimiser le chauffage. Souvent, les gens ne chauffent qu'une ou deux pièces. » Attirées par des prix faibles et aidées par un crédit abondant, les classes populaires se sont souvent, avant la crise de 2008, installées dans ces vieilles maisons de centre-bourg. Avant de découvrir le montant des notes de rénovation et de chauffage… Les maisons de lotissement, parfois elles aussi des passoires thermiques, sont plus faciles à isoler. Mais elles sont souvent habitées par « les populations les plus aisées des campagnes. En fait, mes clients ne sont pas ceux qui souffrent le plus de la précarité énergétique », explique Jean-Louis Simonin.

Voiture, logement… : la dépendance au pétrole n'est pas une spécificité des Vosges ou du Cantal. Les territoires ruraux dans leur ensemble sont les plus exposés à la vulnérabilité énergétique, laquelle concerne (grossièrement) tous les ménages qui dépensent deux fois plus pour l'énergie que la médiane des Français. Parmi les ménages vivant en dehors des aires urbaines, 29 % se trouvent en situation de vulnérabilité pour le logement (contre 15 % en France)[1] ; 30 % sont vulnérables pour leurs déplacements (contre 10 % en France). Au total, un habitant du rural sur deux est vulnérable pour au moins une des approches (22 % en France) et, plus inquiétant encore, 10 % sont vulnérables pour les deux approches (3 % en France). La France de la vulnérabilité écologique suit globalement la « diagonale du vide », qui correspond à des régions peu denses où la voiture est indispensable et où les logements sont grands et les températures parmi les plus rudes du pays.

Et la tendance s'aggrave côté déplacements. L'usage de la voiture a certes connu un léger fléchissement au tournant des années 2010, tandis que se diffusait l'idée qu'elle allait devoir

1. Nicolas Cochez, Éric Durieux, David Levy, « Vulnérabilité écologique. Loin des pôles urbains, chauffage et carburant pèsent fortement dans le budget des ménages », *Insee Première,* n° 1530, 2015.

partager la route avec les modes de transport alternatifs. Mais la course folle a repris depuis, avec plus de voitures, plus de kilomètres pour chaque voiture et plus de routes. En 1982, un Français parcourait en moyenne 17,4 kilomètres par jour (tous motifs confondus) ; il en avalait 25,2 en 2008[1] : multipliée par 67 millions d'habitants et 365 jours par an, la différence est vertigineuse.

Les territoires ruraux et périurbains sont, là encore, particulièrement concernés. Et ce d'abord pour le travail. En France, parmi les navetteurs (les personnes qui vont travailler dans une autre commune que celle où ils résident), 80 % utilisent leur voiture pour se rendre au travail. Un taux qui monte à 94 % pour les navetteurs des communes peu denses et à 96 % pour les communes très peu denses. En 2008, en France, on vivait en moyenne à 14,7 kilomètres de son travail, contre 9 kilomètres en 1982. Et la situation se dégrade surtout dans les territoires peu denses. Entre 1999 et 2013, la part des navetteurs a progressé beaucoup plus vite dans les communes très peu denses (+ 9,9 points de pourcentage) et peu denses (+ 7,8) que dans les communes de densité intermédiaire (+ 5,9) et densément peuplées (+ 2,8).

Au-delà du travail, les ruraux qui possèdent une voiture roulent beaucoup plus que les habitants des autres territoires (15 500 kilomètres en moyenne chaque année, contre 11 400 pour les habitants de l'agglomération parisienne). Ces déplacements se paient. Un habitant d'une zone rurale dépense 6,6 % de son budget en carburant, contre une moyenne de 4,8 % en France. Un chiffre qui confirme la vulnérabilité écologique des ruraux. En 2008, on comptait en milieu rural 800 voitures pour 1 000 adultes, un taux supérieur à la moyenne nationale (autour de 600), et proche de celui des États-Unis… À comparer à la part

1. Gwénaël Doré, *Hors des métropoles, point de salut ?*, *op. cit.*, p. 271.

des habitants ayant accès à une ligne de transport collectif à moins d'un kilomètre de leur domicile : entre 9 % et 16 % en milieu rural en 2008, 96 % à Paris, selon le ministère de la Transition écologique et solidaire. Voilà un domaine financier sur lequel les ruraux sont désavantagés par rapport aux urbains : selon la Fédération nationale des associations des usagers des transports (Fnaut), la voiture coûte environ trois fois plus cher que l'utilisation des transports en commun.

La bataille des 80 km/h

Quand on parle voiture à la campagne, le sujet revient toujours. Pour le député Vincent Descœur, la limitation de vitesse à 80 km/h sur les routes secondaires représente le « symbole parfait de la déconnexion des élites parisiennes, qui se moquent des conséquences de leurs choix sur les ruraux ». La première autoroute se trouve à une heure quinze d'Aurillac. « On me rétorque : cinq minutes de plus sur un trajet d'une heure quinze, qu'est-ce que c'est ? D'accord. Mais par contre, à Paris, on réalise un Grand Paris Express à plusieurs milliards d'euros pour faire en sorte qu'Orly soit à quinze minutes du centre de Paris. » Bref, cinq minutes de l'élite métropolitaine auraient plus de valeur que celles de ruraux.

Les 80 km/h, une fracture symbolique ? Vincent Descœur en est persuadé, et évoque pour le prouver les discussions sur la loi mobilité au printemps 2019, et les débats sur l'opportunité d'obliger les cyclistes et les conducteurs de trottinettes électriques à porter un casque. « L'obligation n'a pas été votée, au motif qu'obliger à mettre un casque, ce serait freiner la mobilité des citadins. En revanche, ça ne dérange pas de freiner la mobilité des ruraux en imposant un 80 km/h. » Pourquoi une telle focalisation sur cette mesure, qui permet pourtant de sauver des vies, réduire la consommation de carburant et les émissions de gaz à effet de serre ? « Ce n'est pas uniquement symbolique, assure le député. À une époque, j'ai cherché à faire venir des centres de vacances dans la région d'Aurillac. Leur réponse : vous êtes trop loin de l'autoroute pour qu'on s'installe ici. Plus globalement, si on nous éloigne encore de l'autoroute, les entrepreneurs vont finir par se lasser. Beaucoup de patrons historiques du département restent par attachement au territoire. Mais leurs clients y sont évidemment moins sensibles. » Et quand on évoque le train, la réponse fuse : « L'arrivée du TGV a complètement redessiné la France. Si vous tracez une carte avec les durées de trajet en TGV, Avignon se situe désormais en Seine-et-Marne et Aurillac, à la frontière espagnole. » Les évolutions ferroviaires ont éloigné un peu plus certains territoires du reste du pays. Quant aux trains régionaux, la ligne Aurillac-Brive-la-Gaillarde est en sursis et celle Aurillac-Clermont-Ferrand ne va guère mieux.

Le spectre des métropoles

Elle flotte dans les rues de Saales, l'ombre de Strasbourg. Tout comme celles de Clermont et Montpellier dans les ruelles ventées de Saint-Flour. Pour beaucoup, ici, la victoire des métropoles est totale : l'emploi s'y concentre, les jeunes aussi, l'argent public et l'attention des élus encore plus. Dans l'approche positive, Saales et Saint-Flour peuvent essayer d'offrir des « services » aux métropoles : de l'air pur, de l'espace, des paysages, des résidences secondaires pas chères, du calme et des produits agricoles de qualité. Dans l'approche négative, les métropoles sont des vampires qui aspirent le sang des campagnes, à commencer par ses jeunes. Impossible d'endiguer ce courant trop fort.

À Saales, Strasbourg apparaît à beaucoup comme le poumon incontesté de la région. Et les statistiques qui montrent que cette métropole a tendance à moins bien fonctionner économiquement que les territoires qui l'entourent ne convainquent personne. « C'est de plus en plus dur pour les espaces isolés comme Saales, et très facile à Strasbourg, qui profite de la proximité de l'Allemagne pour accélérer sa propre dynamique », estime Jean-Louis Simonin. « L'Eurométropole va très bien, beaucoup de choses s'y créent », abonde Jean-Baptiste Gass. Qui donne un exemple : « Quand j'ai construit le nouveau bâtiment de mon exploitation laitière ou encore ma maison, tous les matériaux venaient de Strasbourg. Nous, on doit payer le transport, c'est donc un surcoût important par rapport aux nouveaux projets dans la métropole. »

Tout serait-il plus facile pour les métropoles ? Vincent Descœur, député et ex-président du conseil départemental du Cantal, en est lui aussi convaincu. « Prenez un Lyonnais ou un Cantalien qui veut se rendre à Paris. Le Lyonnais ne s'imagine même pas que sa ligne de TGV puisse fermer. Le Cantalien sait que la ligne aérienne Paris-Aurillac dépend du bon vouloir de l'État, et du fait que les collectivités locales la portent financièrement à bout de bras. Transports, équipements culturels, équipements sportifs… Ici, les collectivités doivent tout faire : elles se battent pour tout, car elles n'ont aucun grand équipement national », explique-t-il.

Jean Vogel, lui, a une autre préoccupation : « Mon inquiétude, c'est que plus personne ne se voie un avenir à la campagne. À une époque, tout le monde avait des parents ou des grands-parents qui vivaient à la campagne. Ou alors, on venait à la campagne grâce à des classes vertes ou des colos. Aujourd'hui, tout cela disparaît, et une majorité de la nouvelle génération ne connaît que la ville, et ne réfléchit même pas à vivre ailleurs. » Il y aurait donc une cassure entre la nouvelle génération et la campagne. « Le principal espoir, c'est que certains jeunes se mettent à considérer la campagne comme une aventure excitante. On peut alors imaginer que certains se voient en pionniers, et reviennent s'installer », se projette-t-il.

Au-delà de Strasbourg et Clermont-Ferrand, les métropoles sont-elles en train de tout rafler ? C'est ce que pensent la plupart des chercheurs. Longtemps endormies, les métropoles se seraient réveillées au moment de la crise économique de 2008. Après des décennies de développement assez lent, la douzaine de métropoles[1] que compte la France connaîtraient enfin leur « printemps[2] », comme l'a nommé Laurent Davezies, l'économiste qui a le plus documenté ce retour. Pour lui, et pour les autres chercheurs de la Nouvelle Géographie économique[3], les

1. Il convient à ce sujet de distinguer définitions administrative et géographique. La France reconnaît 22 métropoles administratives (Bordeaux, Brest, Clermont-Ferrand, Dijon, Grenoble, Lille, Lyon, Marseille, Metz, Montpellier, Nancy, Nantes, Nice, Orléans, Paris, Rennes, Rouen, Saint-Étienne, Strasbourg, Toulon, Toulouse et Tours), mais les géographes ont plutôt tendance à retenir Paris et les 12 plus grandes aires urbaines qui ont acquis le statut administratif de métropole au 1er janvier 2016, lors de la première vague d'attribution (Aix-Marseille, Bordeaux, Grenoble, Lille, Lyon, Montpellier, Nantes, Nice, Rennes, Rouen, Strasbourg et Toulouse). Ils parlent parfois aussi de 14 métropoles, en intégrant Paris et en ajoutant Brest.

2. Laurent Davezies, « Le printemps des métropoles ? », *Constructif,* n° 35, 2013, http://www.constructif.fr/bibliotheque/2013-6/le-printemps-des-metropoles.html?item_id=3332

3. La Nouvelle Géographie économique (NGE) est un courant économique regroupant les chercheurs et les travaux qui, à la suite de l'Américain Paul Krugman, s'attachent à expliquer la localisation géographique des activités économiques. Elle se distingue des recherches économiques plus classiques, davantage « hors-sol » et qui privilégient des analyses basées sur les facteurs

métropoles sont les locomotives de la croissance du pays, car la métropole est par nature la catégorie de territoire la plus productive. Les autres territoires seraient dès lors des wagons, qui peuvent surtout espérer un développement indirect, c'est-à-dire une hausse de leurs revenus liée à la croissance économique qui a lieu en ville. Cette analyse, dominante aujourd'hui, se trouve au cœur des politiques publiques actuelles.

Les avantages théoriques de la concentration

Les réflexions sur les avantages de la concentration des activités économiques sont l'œuvre d'abord d'un des pères fondateurs de la discipline économique : Alfred Marshall. L'économiste britannique observe au tournant du XXe siècle les foyers d'industrialisation anglais. Pour lui, la concentration des activités s'explique par un triple avantage : les fournisseurs sont proches, le bassin de main-d'œuvre potentiellement employable est large et les connaissances se diffusent facilement. « Lorsque de grandes masses d'hommes dans la même localité sont engagées dans des tâches similaires, il est constaté que, par l'association de l'un et l'autre, ils éduquent l'un et l'autre[1]. » Alfred Marshall introduit aussi la notion d'« ambiance industrielle ». Il observe ainsi que « les secrets de l'industrie cessent d'être des secrets ; ils sont pour ainsi dire dans l'air, et les enfants apprennent inconsciemment [pour] beaucoup d'entre eux[2] ».

---

de production traditionnels (coût des matières premières, du capital, du travail, innovation, etc.).

1. Alfred Marshall, *Principles of Economics* (1890), Londres, Macmillan and Co, 8e éd., 1920, p. 221.

2. Comme plusieurs citations de chercheurs mentionnées dans ce livre, celle-ci est reprise du remarquable ouvrage de Gwénaël Doré, *Hors des métropoles,*

En France, après la Seconde Guerre mondiale, les théories de la concentration sont relancées par l'économiste français François Perroux. Il écrit ainsi que « la croissance n'apparaît pas partout à la fois ; elle se manifeste en des points ou des pôles de croissance avec des intensités variables[1] ». Où ces points sont-ils le plus susceptibles d'apparaître ? « La croissance du marché dans l'espace, quand elle vient de la mise en communication des pôles industriels, et plus généralement de pôles d'activités, territorialement agglomérés, est tout le contraire d'une croissance également répartie ; elle s'opère par concentration de moyens en des points de croissance dans l'espace d'où irradient ensuite des faisceaux d'échange[2]. »

Et si les raisons de la polarisation étaient ailleurs ? L'économiste américain Albert Otto Hirschman, qui partage globalement les analyses de François Perroux, cherche du côté de la psychologie sociale pour comprendre les raisons de la concentration. Il écrit que « les investisseurs s'attardent à épuiser toutes les occasions qui se présentent autour d'un "pôle de croissance", en négligeant celles qui ont pu se présenter ou qu'ils pourraient faire naître ailleurs. Ce qui se passe, semble-t-il, c'est que, bien que réelles, les économies externes dues au pôle sont fortement surestimées par les employeurs[3] ». Un constat qui résonne aujourd'hui avec le supposé « printemps des métropoles ».

Dans les années 1990, l'économiste américain Michael Porter, connu pour ses travaux sur les stratégies d'entreprise

---

point de salut ?, *op. cit.* Ici p. 107. Pour certaines de ces citations, seule la source primaire est mentionnée, sans mention de l'ouvrage de Gwénaël Doré.

1. François Perroux, *L'Économie du XXe siècle,* Paris, PUF, 1964, p. 143.
2. *Ibid.*, p. 152.
3. Albert Otto Hirschman, *La Stratégie du développement économique* (1958), traduit de l'anglais par François Pons, Paris, Éditions ouvrières, 1964, p. 211.

et la concurrence, met en avant l'importance des clusters, ou grappes d'entreprises, alors que « la mondialisation permet aux entreprises de trouver des capitaux, des biens et des technologies n'importe où, et d'implanter leurs établissements là où ce serait le plus rentable[1] ». Si des entreprises préfèrent rester dans des lieux agglomérés où elles obtiennent une moindre rentabilité de court terme, c'est bien qu'elles trouvent à l'agglomération des avantages supérieurs (l'innovation notamment).

Comme le note Michael Porter, les grappes d'entreprises ne sont pas réservées aux entreprises de haute technologie : elles concernent aussi les industries manufacturières ou celles de service. Cette analyse est largement partagée en Europe : dans les années 1970, des économistes italiens observent que des districts industriels composés de myriades de petites PME (petites et moyennes entreprises) sont très performantes. Celles-ci résistent au fordisme, à la production de masse et à l'uniformisation qui dominent alors la production économique. Ce modèle du district ou du cluster trouve aussi un écho puissant en France. Sous l'impulsion d'économistes comme Bernard Pecqueur, la mode est, dans les années 1990, aux systèmes productifs locaux (SPL), puis, dans la décennie suivante, aux pôles de compétitivité.

Au début des années 1990, donc, les théories de la concentration sortent largement des villes. L'avantage de la concentration n'est pas remis en cause, mais celle-ci peut se produire presque partout. Un économiste va cependant remettre en avant le rôle des grandes villes dans la croissance économique : Paul Krugman. Il insiste ainsi sur la demande locale. Comme le résume Gwénaël

1. Michael E. Porter, *L'Avantage concurrentiel des nations* (1990), trad. de l'anglais par Pierre Miraillès, Catherine Barthélémy et Ève Dayre-Mielcarski, Paris, InterEditions, 1993.

Doré, Krugman « explique le “verrouillage” à partir d'une trajectoire antérieure : une grande ville peut difficilement redevenir une petite ville ou changer complètement de spécialisation [...]. L'agglomération nourrit l'agglomération : il y a un effet boule de neige[1] ». Dans la continuité de Paul Krugman, de nombreux chercheurs de l'école de la Nouvelle Géographie économique vont réactualiser les avantages de la concentration dans les grandes agglomérations, et notamment sa propension à accélérer l'innovation. Le schéma est très grossièrement le suivant : une raison historique (parfois un simple hasard, aussi appelé « accident historique ») conduit à l'installation de quelques entreprises sur un territoire ; puis les forces d'agglomération entrent en jeu et conduisent inexorablement au développement.

Cette théorie, si elle se vérifie, est inquiétante. Elle assure en effet que les régions les plus développées aujourd'hui seront celles qui le seront encore plus demain. Et que les régions les plus faibles sont condamnées à disparaître sur le plan économique, selon une logique darwinienne. Inquiétante, cette théorie l'est encore plus lorsqu'elle trouve une traduction politique. Ainsi, certains chercheurs invitent à accepter l'inégalité de croissance, et à l'accélérer. Laurent Davezies écrit dans ce sens : « Les politiques publiques doivent aider les territoires à améliorer leur contribution à la croissance. Partout, mais surtout ceux qui ont le meilleur potentiel, c'est-à-dire nos grandes villes[2]. »

Des inégalités territoriales nécessaires ?

Poursuivant sa démonstration sur les pôles de développement et les activités motrices, François Perroux juge que « la

1. Gwénaël Doré, *Hors des métropoles, point de salut ?*, *op. cit.*, p. 119.
2. Laurent Davezies, « Le printemps des métropoles ? », *op. cit.*

croissance est déséquilibre. Le développement est déséquilibre. L'implantation d'un pôle de développement suscite une suite de déséquilibres économiques et sociaux[1] ». Une réalité économique contre laquelle il est inutile de lutter.

Cette idée d'une inévitable inégalité territoriale a été théorisée dans les années 1960 par l'économiste américain Jeffrey G. Williamson, notamment à travers une courbe qu'il a élaborée, adaptée récemment par Laurent Davezies pour le cas français. Cette théorie, émise à partir de l'observation de plusieurs pays industriels dont la France, postule que, au fur et à mesure des phases du développement, les inégalités entre territoires suivent la forme d'une cloche. Au départ, les territoires sont assez égaux. Puis, lors du développement, les pôles de croissance se détachent, et les inégalités augmentent. Enfin, à un certain stade de développement, les inégalités se réduisent pour revenir au point de départ. Une « loi des 5 000 dollars » postule même que le haut de la cloche (donc le pic des inégalités) se situe autour de 5 000 dollars (des années 1980) de PIB par habitant. Passé ce seuil, les inégalités entre régions ont tendance à décroître.

Pour Laurent Davezies, « il n'y a pas de chemin permettant d'assurer à la fois la croissance nationale et l'équilibre du développement [...]. Il faut choisir soit l'égalité sans croissance soit la croissance sans l'égalité[2] ». Pour réactualiser la courbe de Williamson, l'économiste trace deux courbes : celle des disparités interrégionales de production (via le PIB par habitant) et celle des disparités interrégionales de revenu (via le revenu par habitant) depuis 1860. Résultat, la courbe de Williamson se vérifie entre les années 1860 et les années 1980. Depuis, un effet de ciseau

1. François Perroux, *L'Économie du XXe siècle, op. cit.*

2. Laurent Davezies et Philippe Estèbe, « Les nouveaux territoires de la croissance : vers un retournement historique de la géographie économique ? », Institut Caisse des dépôts pour la recherche, PUCA, 2014, p. 8.

apparaît : les différences interrégionales de production repartent à la hausse, alors que les inégalités de revenu poursuivent leur baisse. Ainsi la part de l'Île-de-France dans le PIB a grimpé de 27 % à 31 % entre 1975 et 2011, mais l'Île-de-France ne reçoit plus que 22,5 % de la richesse nationale, contre 25 % en 1975. Au milieu du XIXe siècle, donc, les régions industrielles s'étaient enrichies par rapport aux régions moins productives. Mais, entre les années 1980 et la fin des années 2000, les régions très productives n'ont pas touché le fruit de leur dynamisme économique.

La fin d'une parenthèse historique ?

Selon Laurent Davezies, les choses seraient en train de rentrer dans l'ordre : « Les années les plus récentes semblent clore trois décennies durant lesquelles les territoires de croissance sans développement étaient distancés par les territoires de développement sans croissance, les wagons roulant plus vite que les locomotives[1]. »

Comment des wagons ont-ils pu rouler plus vite qu'une locomotive ? « Les forces de la mutualisation l'emportaient sur les forces de la métropolisation[2] », affirme-t-il. La montée en puissance de la protection sociale et la convergence des niveaux de salaire des territoires ruraux avec ceux des territoires urbains ont en effet été plus rapides que la supériorité productive supposée des métropoles. En 2006 par exemple, 11 régions disposaient d'un revenu par habitant supérieur de plus de 10 % à ce qu'il aurait été s'il avait été proportionnel à leur contribution au PIB national. En clair, ces régions « gagnaient » 10 % de plus que ce qu'elles avaient produit. L'ancienne région Picardie recevait par

1. *Ibid.*, p. 5.
2. *Ibid.*, p. 35.

exemple cette année-là 5,4 milliards d'euros de plus que ce qui aurait dû être au vu de sa contribution à la valeur ajoutée. Le Limousin recevait quant à lui 2,2 milliards d'euros de « trop ». Au total, l'ensemble de la France hors région parisienne recevait 64 milliards d'euros de plus que ce qu'elle avait produit, et l'Île-de-France se retrouvait amputée d'autant ! Ces chiffres sont spectaculaires si on les rapproche par exemple de la dotation globale de fonctionnement, la principale dotation de l'État aux collectivités territoriales, qui s'est élevée à 27 milliards d'euros en 2019. Le rééquilibrage principal entre régions serait donc indirect.

Cependant, pour Laurent Davezies, ce « PIB de la demande », « qui avait fait le bonheur de nombreux territoires périphériques, connaît désormais un infléchissement [...] alors que le "PIB de l'offre" continuerait à se développer dans les espaces métropolitains[1] ». Le chercheur fait donc l'hypothèse que, pour la première fois depuis les années 1960, les inégalités de revenu entre les régions vont de nouveau se creuser.

Pour le prouver, Laurent Davezies repart de l'analyse de François Perroux, qui a mis en lumière non seulement les « pôles de croissance » mais également leurs « effets amonts » et « effets avals ». Prenons par exemple le secteur automobile. Quand le groupe Renault produisait des centaines de milliers de voitures chaque année en banlieue parisienne, il avait un effet sur l'amont de la production, c'est-à-dire l'acier, les pneus, le verre, etc., tout ce qui est nécessaire à l'assemblage. Quand il connaissait la croissance, il faisait donc travailler « en amont » aussi bien le sidérurgiste français Usinor dans le Nord que Michelin à Clermont-Ferrand ou encore Saint-Gobain dans l'Oise. En 1990, 70 % de la production du secteur automobile était composée de la valeur ajoutée d'autres secteurs en amont.

1. *Ibid.*, p. 5.

Par ailleurs, la croissance de Renault avait aussi d'importantes conséquences en aval. La démocratisation de la voiture permise par la production en masse a par exemple facilité la mobilité des individus et des entreprises, jouant un rôle positif sur la croissance économique.

« Il existe de fortes différences entre ces deux effets », écrit Laurent Davezies. « Les premiers, en amont, sont automatiques, intégraux (si on produit 10 % d'automobile en plus, on a besoin de 10 % de plus de pneus). Les seconds [en aval] sont incertains et ont un impact imprévisible[1]. » Pour le prouver, le chercheur prend l'exemple de l'arrivée de l'électricité dans une usine de sabot : « Qu'une usine de sabot fonctionnant avec une machine à vapeur accède à l'électricité lui permet certes d'améliorer ses conditions de production, mais ne garantit en rien l'avenir du sabot[2]. »

Les effets amonts seraient donc les plus déterminants pour l'avenir économique des territoires. Or, pour Laurent Davezies, les nouveaux secteurs moteurs de l'économie ont beaucoup moins d'effets amonts et beaucoup plus d'effets avals. « Avec l'automobile, les commandes de Boulogne-Billancourt stimulaient l'industrie auvergnate, les commandes actuelles de l'industrie informatique stimulent l'industrie chinoise. Hier, ces commandes réduisaient les inégalités interrégionales au sein des pays industriels, aujourd'hui, elles réduisent les inégalités internationales[3]. » Avant de prendre une autre image parlante du côté des États-Unis et de la production audiovisuelle : « Hier, l'industrie automobile des Grands Lacs faisait travailler l'Amérique entière, aujourd'hui, Hollywood fait travailler Los Angeles[4]. »

1. *Ibid.*, p. 19.
2. *Ibid.*
3. *Ibid.*, p. 20.
4. *Ibid.*, p. 21.

Le chercheur avance un autre argument qui jouerait contre les campagnes : l'augmentation des salaires. « L'avantage comparatif clé des régions françaises des décennies d'avant 1980 était leur sous-développement et leurs faibles niveaux relatifs de salaire (et, souvent, leur faible taux de syndicalisation)[1]. » Le coût du travail s'étant rapproché entre le Cantal et Paris, cet avantage se réduirait, et les investissements dans les entreprises (le capital) resteraient désormais dans les métropoles.

Enfin, l'expert juge que la puissante politique de redistribution française a atteint son apogée. L'heure est à la réduction des dépenses publiques. Lors des deux quinquennats précédents, les exécutifs ont multiplié les rabotages : il y a eu la Révision générale des politiques publiques (RGPP) sous Nicolas Sarkozy puis la Modernisation de l'action publique (MAP) sous François Hollande. Emmanuel Macron a promis d'aller plus loin, en faisant en sorte qu'à partir de 2022 les dépenses publiques soient inférieures de 30 milliards d'euros par an au niveau qui était le leur à son arrivée au pouvoir en 2017. Les régions les plus dépendantes de la redistribution et de la solidarité seront mécaniquement les plus touchées.

Parmi ces dépenses sociales, les pensions de retraite représentent, dans beaucoup de territoires, un apport massif de revenus[2]. La génération du baby-boom, qui arrive aujourd'hui à l'âge de la retraite, dispose d'un niveau de vie jamais atteint dans l'histoire. Les retraités français sont parmi les mieux lotis d'Europe, parce qu'ils ont connu la croissance, des carrières complètes, qu'ils disposent de pensions confortables et que beaucoup ont pu se constituer un patrimoine. Dans une vingtaine d'années, ces retraités disparaîtront, et les nouveaux auront probablement

1. *Ibid.*, p. 25.
2. Nous reviendrons plus longuement sur cette idée dans le chapitre 3.

un niveau de vie plus faible en raison de leurs carrières plus instables. Cela amputera d'autant les revenus des territoires qui fondent en grande partie leur richesse sur l'accueil des retraités, notamment dans le sud de la France. Laurent Davezies cite ainsi le géographe Félix Damette qui observait que, dans les territoires miniers, la fermeture des mines avait produit un choc moins fort pour le territoire que la disparition progressive des retraités des mines. Tous les territoires ne seront cependant pas touchés de la même manière : « Les flux de pensions continueront à irriguer les économies des territoires les plus résidentiels (là où les retraités qui en ont les moyens viendront s'installer), mais joueront moins nettement le rôle d'amortisseur dans les territoires les plus sinistrés sur le plan économique[1]. » Dans le Nord-Est par exemple, beaucoup de cadres quittent la région au moment de la retraite pour s'installer plus au sud. Les anciens employés et ouvriers aux pensions plus modestes restent en revanche davantage dans leur région d'origine.

Tous ces arguments semblent très convaincants. D'autant que le « printemps des métropoles » annoncé par les économistes de la Nouvelle Géographie économique n'est pas qu'une construction théorique : certains éléments très concrets viennent le confirmer.

Des indices de métropolisation

Incontestablement, les métropoles, en moyenne, semblent concentrer l'emploi et la croissance. Rien qu'entre fin 2008 et fin 2012, une dizaine d'entre elles ont contribué à 70 % des créations d'emplois privés, note Laurent Davezies. « Les forces de la

1. *Ibid.*, p. 38.

métropolisation se sont imposées[1] », confirme le Commissariat général à l'égalité des territoires dans un remarquable rapport publié durant l'été 2018.

Phénomène à l'œuvre depuis le début des années 2000, la métropolisation s'est accélérée pendant la crise, dans un contexte de mondialisation, de désindustrialisation et de révolution numérique. Entre 1975 et 2011, dans les 14 métropoles françaises, l'emploi dit productif (destiné à une consommation extérieure au territoire) a progressé de 5,5 %, alors qu'il a baissé de 21 % sur le reste du territoire. Les métropoles concentrent par ailleurs 67 % des emplois de « cadre de fonctions métropolitaines », une catégorie qui rassemble les emplois d'encadrement à haute valeur ajoutée, alors que ces mêmes métropoles ne comptent « que » 42 % des emplois toutes catégories confondues.

Sur le plan des créations d'emploi, 6 ou 7 métropoles ont été particulièrement performantes depuis trente ans : Paris (avec des limites que nous évoquerons), puis Lyon, Toulouse, Bordeaux, Rennes, Nantes et Montpellier. Entre 1982 et 2008, la contribution des 6 premières à la croissance nationale a progressé de 4 points (alors que leur gain de poids démographique n'est, dans le même temps, que de 1,3 point). En décembre 2014, seuls 17 départements avaient plus d'emplois privés qu'en décembre 2007, et 7 départements parmi ces 17 enregistraient 80 % des gains : Seine-Saint-Denis, Haute-Garonne, Gironde, Rhône, Loire-Atlantique, Val-de-Marne, Hauts-de-Seine… Bref, uniquement des départements métropolitains.

La concentration de l'emploi au profit des métropoles semble également se traduire par le creusement des inégalités de croissance entre régions. Ainsi, les différences de PIB par habitant entre régions se sont accrues de 28 % entre 1975 et 2011, au

1. « Rapport sur la cohésion des territoires », CGET, 2018.

profit des régions possédant des métropoles. De quoi nourrir des inquiétudes sur l'apparition d'une France à deux vitesses, avec d'un côté des métropoles productives et toujours plus attractives, et de l'autre une France périphérique qui aurait décroché sur le plan économique. Le cas de l'Île-de-France est, nous l'avons vu, emblématique, avec une contribution à la croissance nationale bien supérieure à son poids démographique.

Les métropoles sont-elles par nature « surproductives » comme le cas de l'Île-de-France le laisse penser ? Elles ont pour elles une force : leur résilience face aux crises grâce à leur tissu économique très diversifié. Contrairement à une idée reçue, elles ont payé cher la désindustrialisation. Les départements français qui ont perdu le plus d'emplois industriels depuis les années 1980 sont les Hauts-de-Seine, la Seine-Saint-Denis, le Tarn, le Val-de-Marne et… Paris. Le Pas-de-Calais, par exemple, n'arrive que vingt-huitième. De même, entre 1982 et 2006, la France a perdu 1,1 million d'emplois de fabrication, notamment dans les territoires qui avaient été les pionniers de la Révolution industrielle : Lorraine, Nord-Pas-de-Calais, mais aussi l'Île-de-France et la région Rhône-Alpes, qui abritent les deux principales métropoles françaises. Cependant, ces dernières ont su rebondir.

Cette résilience s'explique par la diversité des secteurs économiques présents ainsi que par leur bon positionnement sur les secteurs porteurs. Une étude de France Stratégie montre ainsi que les métiers à fort potentiel de création d'emplois sont surtout situés dans les métropoles et que les métiers fragiles se trouvent plutôt en dehors[1]. Laurent Davezies confirme cette analyse en observant une corrélation entre la dynamique de l'emploi dans les départements français et la part de leurs habitants de plus

1. « Les métiers en 2022 », Prospective des métiers et qualifications (France Stratégie et Dares), 2015.

de vingt-cinq ans titulaires d'un diplôme du supérieur : plus un département compte de diplômés, meilleurs ont été ses résultats sur le plan de l'emploi entre 2008 et 2013. Or villes et métropoles comptent plus de diplômés que la population rurale, plus populaire et moins qualifiée.

Les économistes Philippe Frocrain et Pierre-Noël Giraud ont pour leur part mené deux études pour le compte de l'Insee portant sur les emplois abrités et exposés par rapport à la mondialisation[1]. La dernière livraison de leur étude, parue en janvier 2019, confirme que les métropoles s'en sortent bien, sur tous les créneaux. Certes, les zones d'emploi qui comptent le plus grand nombre d'emplois exposés sont les zones urbaines correspondant aux principales métropoles françaises. Mais, en termes relatifs, les plus grandes parts d'emplois exposés se trouvent dans des zones d'emploi peu peuplées. Certaines campagnes sont donc très exposées aux vents violents de la concurrence internationale. Côté emplois abrités, les métropoles ont également surperformé : les 10 plus grandes concentrent 60 % de la croissance des emplois abrités. En résumé, les métropoles s'en sortent grâce à un tissu diversifié, ce qui leur permet à la fois de s'insérer dans la grande compétition économique mondiale, notamment sur les services, et de développer leurs emplois abrités et donc de ne pas trop souffrir en cas de tempête.

Un autre avantage des métropoles tient à la densité des travailleurs sur un même territoire et leur niveau de qualification. Ces facilités d'« appariements entre offre et demande de travail », comme disent les économistes, expliquent l'apparente surproductivité des villes. Pour dégoter un ingénieur, un chef

1. Philippe Frocrain et Pierre-Noël Giraud, *Dynamique des emplois exposés et abrités en France*, Paris, Presses des Mines, 2016, et « L'évolution de l'emploi dans les secteurs exposés et abrités en France », Insee, *Économie et statistique*, n° 503-504, 2019, p. 87-107.

d'entreprise se fera moins de cheveux blancs à Toulouse qu'à Figeac, dans le Lot. Et, même si notre entrepreneur du Lot parvient à faire venir un ingénieur, celui-ci n'acceptera probablement de s'installer à Figeac que si son conjoint trouve aussi un emploi qui lui convient.

Cette tendance à la métropolisation, particulièrement manifeste depuis la crise de 2008, n'est pas que française. Ailleurs en Europe, les régions métropolitaines s'en sont également mieux sorties sur le plan de l'emploi que le reste des pays : c'est vrai en Belgique, en Allemagne, au Royaume-Uni, au Danemark, en Suède, calcule Laurent Davezies. Alors que près de la moitié des régions métropolitaines faisaient moins bien que la moyenne de leur pays entre 1999 et 2007, elles ont surperformé après la crise : c'est notamment le cas de l'Île-de-France, de Lisbonne, de Berlin, de la Catalogne ou encore de la Lombardie.

En conclusion, Laurent Davezies estime que la métropolisation « tient largement à un changement structurel de notre économie : ralentissement d'une part, voire recul, d'une grande quantité d'activités et d'emplois dont la localisation était indifférente à la taille démographique des territoires (emplois publics, emplois industriels et emplois "présentiels" liés à une demande elle-même fléchissante), d'autre part, dynamisme des activités "métropolitaines" qui sont ces activités de production immatérielle de haut niveau de valeur ajoutée et de qualification[1] ».

On le voit, tout semble aller dans le sens des métropoles, les transformations théoriques comme les données concrètes. Le discours métropolitain est si séduisant qu'il a convaincu bien des chercheurs et des décideurs, en France et plus largement en Europe. Pourtant, nous allons le voir, les analyses théoriques sont

1. Laurent Davezies et Philippe Estèbe, « Les nouveaux territoires de la croissance », *op. cit.*, p. 60.

contestables et les éléments chiffrés, parfois trompeurs. Surtout, à trop se focaliser sur les métropoles, les chercheurs deviennent aveugles à ce qui se passe ailleurs. Et il se passe beaucoup de choses ailleurs, à commencer par les régions supposément condamnées telles que Saales et Saint-Flour.

Quand l'espoir revient

Devant la boulangerie bio Turlupain, installée depuis cinq ans sur la zone artisanale de Saales, on s'active pour disposer une table dehors, alors que flotte dans l'air l'odeur du pain tout juste cuit. C'est l'heure du « stam », raccourci de « stammtisch » qui, rappelons-le, est une réunion mensuelle informelle où les entrepreneurs de Saales et des communes voisines viennent échanger autour d'un repas et d'un verre. Jean Vogel m'a prévenu : « Ça va durer tard ce soir, ils ont énormément de choses à raconter. » Pourquoi rester à Saales ou s'y installer quand on gère un business ? Les réponses fusent. La qualité de vie, d'abord, est sur toutes les lèvres. Ceux qui sont là ce soir travaillent tous dans la région parce qu'ils l'ont choisi. Le rural, « c'est un choix de vie avant tout. Ensuite, on a adapté notre activité économique à ce choix de vie qui est prioritaire sur le reste ».

Des difficultés ? « Bien sûr, il y en a, et on pourrait y passer la nuit. » Mais le sentiment est d'abord celui de la fierté de vivre à la campagne. « Voir toutes ces activités économiques qui résistent dans les campagnes donne de l'espoir », se réjouit Christian Haessig, patron de la Laiterie du Climont (17 salariés) qui jouxte la boulangerie Turlupain. « Ici, nous faisons vivre plusieurs petits producteurs de lait. C'est un choix philosophique et une responsabilité territoriale, car rationnellement il aurait été plus simple pour nous de nous fournir auprès de plus gros fournisseurs qui peuvent facilement répondre aux évolutions de volume qu'on leur demande. Mais tant pis, ici, on fait vivre des familles, on achète notre matériel à des locaux... Et avec nos yaourts haut de gamme, on apporte de la fantaisie dans un monde standardisé. Quelque part, nous serons toujours un peu des rebelles », développe-t-il. « Clairement, avec nos confitures qui viennent du rural, on ne vend pas seulement de la confiture, mais aussi un peu de paysages, et donc un peu de rêve », ajoute Perrine Krencker-Hilberer, patronne des Confitures du Climont (8 salariés)

Pour ces entrepreneurs, le rural est un atout avant d'être une contrainte. La proximité de Strasbourg et des riches régions frontalières tient bien sûr une place dans leur choix. Mais les avantages sont surtout endogènes : des élus motivés qui ont joué le jeu du développement du territoire et de son image, une nouvelle attractivité que tout le monde éprouve, une proximité entre les acteurs... Pour quelqu'un qui ne connaîtrait du territoire que ce qui est dit au stam, il serait difficile d'admettre que celui-ci va mal.

L'écologie en pointe

Si, à Saales, le territoire renaît, c'est en bonne partie, et tout le monde le répète, grâce au maire du village. Jean Vogel est un homme de petite taille monté sur ressorts, qui inonde son interlocuteur d'histoires et anecdotes narrées avec talent. Ici, un fruit rouge unique au monde, là, le premier village vacances cent pour cent écologique de France, là-bas, la première centrale collective bi-énergie renouvelable d'Alsace. Si on adopte son style, décrire Jean Vogel est assez simple : c'est probablement le maire le plus déterminé du monde ! Lever les yeux permet d'en avoir une illustration : dix éoliennes dominent le village, plantées sur la crête des petites montagnes avoisinantes. L'aboutissement, à l'été 2017, d'un projet pensé dès 2005, mais semé d'embûches, entre opposition de comités anti-éoliennes et élus pas franchement emballés dans un premier temps. À Saales, les éoliennes sont la face visible d'un iceberg beaucoup plus étendu en matière de développement durable. Jean Vogel est un écolo convaincu. Dès la tempête de 1999, il comprend qu'il faut changer les choses. Comme « les montagnards ont horreur du gaspillage », il ne peut se résoudre à ces « énormes volumes de bois cassés ou déchiquetés qui n'ont pas trouvé preneur et qui sont restés en forêt après la tempête ».

Et puisqu'il faut remplacer les vieilles chaudières au fioul, autant passer au bois, disponible en abondance localement. Moins de pollution, plus d'emplois locaux... : le projet semble tomber sous le sens, mais le cours du pétrole est encore très bas, et la population locale pas encore branchée développement durable. Le projet de chaufferie est alors vu comme « un incinérateur qui, comme il se doit, allait polluer l'air si pur, faire autant de bruit qu'un moteur d'avion, empêcher les gens de dormir et, le pire, faire chuter le prix de l'immobilier », ironise Jean Vogel. À force de réunions publiques, lui et son équipe finissent par convaincre. En 2004, la chaufferie voit le jour. Elle dessert 9 bâtiments communaux, 5 maisons individuelles et 2 bâtiments d'habitat collectif ; 500 tonnes de plaquettes bois remplacent chaque année les 170 000 litres de fioul auparavant consommés. À ces 170 000 litres s'ajoutent les 480 000 litres de gasoil économisés grâce aux éoliennes les mois d'hiver, ajoute fièrement Jean Vogel. « Pour évaluer nos économies d'énergie, on a retenu cette unité de mesure, très parlante pour la population. »

Au-delà de l'environnement, l'équipe municipale observe que les forêts ont gagné beaucoup de terrain autour de Saales. Notamment sur les espaces agricoles, qui doivent se contenter de 8 % de la surface de la commune. Alors la mairie se lance dans l'ouverture paysagère et rase certaines parcelles de bois. D'anciennes prairies envahies par des forêts « sauvages » retrouvent leur usage d'avant la déprise agricole. Outre le retour de la lumière, volée par les sapins trop proches des habitations, Jean Vogel a alors l'objectif de soutenir une agriculture qui monte en gamme, lui qui cultive des petits fruits et fabrique des confitures. « Il existe une demande pour une agriculture de qualité, nous pouvons construire un pôle autour de ça », assure-t-il. La petite zone artisanale de Saales accueille déjà la Laiterie du Climont et ses yaourts fermiers et laits fermentés probiotiques vendus dans toute la région, et la boulangerie artisanale haut de gamme Turlupain. Cette volonté stratégique convainc Jean-Baptiste Gass, producteur de lait bio à Saales depuis vingt ans. « Les gens sont prêts à payer plus cher pour des bons produits locaux. Grâce à Jean, Saales a su miser sur la qualité de vie et sur celle des produits, d'abord à destination des gens qui vivent ici, ensuite pour l'extérieur », se réjouit-il.

Une agriculture relancée

Cette montée en gamme est aussi, à Saint-Flour, dans un coin de la tête de Pierre Jarlier. « Au début des années 1990, je cherchais des idées pour relancer l'agriculture, réduire la mono activité axée sur les filières bovines, et mieux valoriser les ressources locales. » Alors qu'il participe un jour au banquet des pompiers dans le petit village de Tanavelle, il demande aux locaux pourquoi la lentille blonde, qu'on cultivait autrefois, a disparu. Sans obtenir de réponse. Huit jours plus tard, il reçoit un appel d'un paysan, qui lui annonce qu'il a retrouvé de la lentille dans son grenier. « J'ai compris ensuite que le curé de Paulhac avait entendu la conversation au banquet, et avait passé une annonce dans le bulletin paroissial sans m'en parler », s'étonne encore aujourd'hui Pierre Jarlier. La renaissance de la lentille blonde de Saint-Flour est en route.

Parti avec un échantillon de lentilles sous le bras, Pierre Jarlier rencontre des chercheurs de l'Institut national de la recherche agronomique (Inra). Les lentilles retrouvées dans le grenier ne sont bien sûr plus fertiles depuis longtemps, mais l'institut dispose d'une base de génotypes qui permet de trouver 25 souches de lentilles proches de celles-ci. Après trois ans d'expérimentation dans les champs de trois paysans volontaires, un financement européen et l'aide de la chambre d'agriculture, 5 souches sont considérées comme pertinentes pour la culture autour de Saint-Flour.

« La sélection agronomique était faite. Mais il fallait ensuite s'assurer que la souche retenue ait des qualités gustatives », déroule Pierre Jarlier. Aidé par le chef étoilé Michel Bras, il organise un concours de cuisine pour déterminer quelle souche est la meilleure. « Un beau coup médiatique : on a organisé un concours autour d'un produit qui n'existait pas encore », s'amuse le maire. Vingt ans plus tard, une trentaine de producteurs font pousser de la lentille blonde de Saint-Flour, et tentent de se faire une place face à la voisine verte du Puy. « Les producteurs n'en vivent pas à 100 %, mais c'est une diversification intéressante, d'autant qu'elle est basée sur le haut de gamme. C'est typiquement le genre de valorisation de ressources que nous devons viser dans nos territoires de montagne. Et c'est typiquement le rôle que les élus doivent tenir : être une force d'accompagnement pour des ressources qui sont déjà là », explique Pierre Jarlier.

À l'image de la lentille, la stratégie économique de Saint-Flour consiste avant tout à valoriser les ressources locales. L'agriculture reste le pilier du territoire ? Il faut alors enrichir l'agriculture locale. Pour cela, il faut vendre moins de matières premières non transformées (ici, surtout de la viande et du lait) à des transformateurs extérieurs au territoire. « Pour créer de la valeur, les agriculteurs doivent transformer ce qu'ils produisent. On a donc créé un atelier pédagogique de découpe de viande dans le lycée agricole de Volzac. Les élèves s'en servent, mais les éleveurs aussi, car ils n'ont pas intérêt à construire individuellement leur atelier. » Une centaine d'agriculteurs utilise désormais l'atelier, qui a été élargi aux plats cuisinés ainsi qu'à la cosmétique à base de plantes. Dans la même logique, un camion frigorifique a été acheté par la communauté de communes. Le lycée le loue aux agriculteurs qui en ont besoin. « Nous avons investi 1,5 million d'euros dans le projet, une somme que peu d'agriculteurs peuvent apporter seuls. » Passé la phase de démarrage de l'activité où la mutualisation est indispensable, certains agriculteurs ont pu se permettre de construire leur propre atelier.

Si l'agriculture est plus en avance que les autres secteurs dans la montée en gamme, à Saint-Flour, comme à Saales, on réfléchit à faire mieux avec toutes les ressources du territoire. Par exemple avec le basalte, cette roche magmatique volcanique qu'on trouve dans le département du Cantal (le plus vaste volcan visible d'Europe). Pendant longtemps, le basalte a surtout servi à la fabrication des tombes. Mais les entreprises de la filière pierre autour de Saint-Flour ont bien compris qu'elles pouvaient se lancer sur d'autres marchés, à l'image d'Artisanats de la pierre (8 salariés), qui propose des produits haut de gamme (plans de travail pour la cuisine, lavabos, meubles, terrasses, etc.).

Espace, prairies vertes, pierre volcanique… : les ressources naturelles ne manquent pas à Saint-Flour. Surtout à l'heure du développement durable et de la nécessité de trouver des sources d'énergie alternatives. Dans la région de la « cité des quatre vents », une quarantaine d'éoliennes profitent des courants froids pour faire marcher leurs turbines. Elles peuvent quasiment observer les 26 éoliennes du parc d'Ally, en Haute-Loire, qui, en 2005, constituait le principal parc éolien de France. Aujourd'hui, les pales géantes ont moins la cote : « Il faut être très prudent dans le développement du solaire et de l'éolien. À force, il y a un risque de nuire à notre attractivité paysagère et touristique », juge Pierre Jarlier. En Auvergne, les projets d'installation de parcs ne manquent pas, et certains, comme le maire de Saint-Flour, ont tendance désormais à s'en méfier : « On doit s'assurer que chaque investissement bénéficie vraiment au territoire, et pas seulement à des gros opérateurs qui viendraient simplement exploiter une ressource. » Reste que l'énergie éolienne n'était pas exploitée il y a encore quinze ans, et qu'elle se double d'autres ressources elles aussi mieux utilisées qu'avant, comme le bois. À Saint-Flour, deux réseaux de chaleur alimentés par du bois local sont déjà en marche, et chauffent la principale zone d'activité économique, un lycée agricole et un hôpital psychiatrique. Demain, ce sera le cas également de plusieurs collèges, de l'hôpital principal, de logements sociaux et des gymnases du centre-ville. Ces réseaux de chaleur sont gérés directement par la communauté de communes, en régie autonome. « Garder la main sur notre énergie est fondamental », juge Pierre Jarlier.

Garder la main, ce n'est pas toujours possible quand on est un territoire rural isolé. Quand Copirel, basé à Boulogne-Billancourt, a décidé de fermer son usine de matelas Bultex fin 2018, les 80 salariés de Mazeyrat-d'Allier, à une trentaine de kilomètres de Brioude et de Saint-Flour, n'ont rien pu faire. En trois mois et demi, et malgré la mobilisation des élus locaux, l'usine a clos ses portes. Pourtant, « les entreprises basées à l'extérieur du territoire et qui ont besoin de beaucoup de main-d'œuvre restent un relais de croissance important pour nous », juge Pierre Jarlier. Il pense notamment à Fleurus et ses 300 salariés pour les maroquiniers de luxe. Malgré les traumatismes des fermetures, ici on ne refuse pas ces entreprises qui viennent chercher « une population qui a le sens du travail, sur un territoire au climat social apaisé », poursuit le maire. Même constat, pour les mêmes raisons, du côté d'Aurillac, où Auriplast (400 salariés) vient de nouveau d'investir pour s'agrandir et produire des flacons de parfum pour les grandes marques de luxe. Des élus plus à gauche formuleraient peut-être la chose différemment, en parlant de travailleurs dociles et peu payés. Mais, incontestablement, ces nombreux emplois – souvent féminins – participent positivement à la diversification de l'économie de certaines campagnes isolées.

Qui travaillera dans ces entreprises qui ont devant elles de belles perspectives ? À Saint-Flour, on l'a dit, la population diminue depuis des années, tout comme dans le reste du Cantal. Mais la situation pourrait enfin changer. La population baisse parce que les enterrements sont plus nombreux que les naissances, mais le solde migratoire, lui, est positif depuis 2000. Il y a chaque année plus d'arrivées que de départs, et, pour Pierre Jarlier, la tendance ne fait que commencer : « On sent une véritable aspiration à vivre à la campagne. Pour beaucoup, la qualité de vie a pris le dessus sur la réussite économique. Les défauts des villes finissent par les rattraper, entre logement inaccessible, temps de parcours domicile-travail trop élevés, pollution de l'air et insécurité. Avec l'arrivée du numérique à la campagne, vivre ici ne signifie plus devoir faire une croix sur la culture et le savoir. On a donc tout pour répondre aux nouvelles aspirations. » Le constat est le même de l'autre côté des monts du Cantal, à Aurillac : « La qualité de vie n'est pas un élément d'attractivité suffisant, mais elle est le critère qui peut arracher la décision d'une famille de venir s'installer si les conditions sont réunies », juge Vincent Descœur. Quelles sont ces conditions ? « C'est, en plus de la qualité de l'environnement, une gamme complète de services : collèges à taille humaine, offre sportive et culturelle étoffée, maisons de santé, très haut débit… Pendant des années, nous avons parié que les gens s'installeraient ici parce que nous étions en train de bâtir une offre complète de très bonne qualité : nous y sommes. » À Saales, Jean Vogel valide le constat : « Il n'a jamais fait aussi bon vivre à la campagne. On entend beaucoup de "c'était mieux avant", "il y avait plus de solidarité", mais la solidarité n'était pas plus forte et, surtout, la pauvreté était beaucoup plus prégnante. »

Nous voici donc à la fin de notre périple dans la fameuse France périphérique, cette France censée déprimer, décrocher, voire désespérer. Indéniablement, tout y est fragile, et beaucoup de choses y sont plus compliquées qu'ailleurs. Mais le mouvement de renaissance des campagnes que l'on va maintenant décrire s'y fait sentir, bien que timidement encore. Ces campagnes préservées des excès du monde urbanisé offrent un environnement d'une qualité exceptionnelle et sont regardées avec un nouvel œil. L'isolement devient un atout. Les marqueurs « traditionnels » (terroir, image), longtemps vestiges sympathiques d'un temps ancien, constituent désormais des atouts marketing. L'espace et les ressources naturelles représentent, avec la perspective d'un pétrole plus cher, de nouveaux trésors. L'agriculture, symbole hier du déclin, peut s'imaginer des lendemains heureux. Dans son sillage, l'agro-industrie aperçoit des marchés haut de gamme à conquérir.

Bref, même dans ces campagnes les plus en difficulté, le vent tourne, et il ne manque plus grand-chose pour qu'il souffle dans le dos. Il ne s'agit pas simplement d'un espoir, ou d'un doux rêve. Cette réalité, certains territoires ruraux la vivent déjà largement. La preuve dans la vallée de la Drôme, une curiosité territoriale historique qui s'amuse à contredire les clichés sur le supposé déclin des campagnes.

Chapitre 3

La Drôme, laboratoire des campagnes qui renaissent

Troisième étape de cet ouvrage : la vallée de la Drôme. Au sud-est de Valence, ce territoire pas comme les autres s'étend le long de la rivière Drôme, qui s'écoule sur une centaine de kilomètres perpendiculairement au Rhône, avant de s'y jeter entre Valence et Montélimar. Territoire semi-rural en aval autour de la petite ville de Crest (8 300 habitants) et très peu dense en amont autour de Die (4 500 habitants), cette vallée symbolise la renaissance de certaines campagnes. Cette renaissance est démographique, sociale et économique. Elle est aussi politique, car les élus ont su saisir et accélérer ce qui s'y noue grâce au projet Biovallée. Porté par les dynamiques communautés de communes du Val-de-Drôme et du Diois, celui-ci a accéléré la renaissance du territoire, dans l'objectif de l'orienter vers le développement durable.

Une seconde jeunesse

16 novembre 2018. Depuis quelques jours, un texto tourne dans la région de Crest. Il annonce une soirée aux Arbods. Les Arbods ? Une immense et vieille bâtisse devenue une colocation bien connue dans la vallée de la Drôme. Deux grands

appartements y ont été aménagés et abritent deux colocations de cinq personnes chacune. Ce soir, les colocs ont organisé une soirée-concert dans le jardin. Entrée à prix libre, bière brassée à cinq kilomètres de là, concert au fond du jardin, pizzas cent pour cent locales à cinq euros. Deux cents personnes ont reçu le texto d'un copain, ou du pote d'un pote. Deux cents jeunes de vingt-cinq à trente-cinq ans. On croise quelques « historiques » du coin, qui ont grandi ici, sont restés, ou alors sont revenus après des études à Grenoble, Lyon ou Montpellier. Mais pas beaucoup. La plupart de ceux qui se trouvent ce soir-là à la fête des Arbods vivent dans la Drôme depuis quelques mois, quelques années au plus. Avant, ils résidaient ailleurs en Rhône-Alpes, à Paris, en Bretagne, dans le Gard... Tous ont d'abord entendu parler d'un copain passé par la vallée de la Drôme pour des vacances, un stage ou un spectacle. Et puis le virus les a gagnés.

Ces néo-Drômois sont loin d'être des pionniers : le solde migratoire de la vallée est excédentaire depuis 1975. Mais le profil des nouveaux arrivants frappe. À côté des flux classiques de retraités, ils sont plutôt jeunes, diplômés, créatifs et décroissants, transformant progressivement la Drôme en vallée du Larzac. D'ailleurs, les camionnettes-maisons qui font les allers-retours entre les Cévennes de José Bové et la vallée sont nombreuses. Un héritage qui remonte loin dans l'histoire.

Comme tous les territoires ruraux, la vallée de la Drôme, surtout dans sa partie haute (le Diois), subit un violent exode rural entre le milieu du XIXe siècle et le dernier tiers du XXe. Il y a encore cinquante ans, personne ne donnait cher de son avenir. Certes, le bas de la vallée n'a jamais été très loin de Valence et de la dynamique vallée du Rhône. Mais plus haut, au milieu des montagnes, tout semble conduire à la mort du territoire : déclin démographique, recul du nombre de paysans, absence d'industrie... « Dans les années 1980, la grande majorité des entreprises de plus de dix salariés ont fermé », se souvient Jean Serret, président de la communauté de communes du Val-de-Drôme et moteur principal du projet Biovallée.

Alors que le territoire s'est longtemps résigné à voir les richesses partir ailleurs, c'est bien de l'extérieur qu'arrive le salut. Dans les années 1970, des Hollandais s'installent en haut de la vallée, coupés du monde. « Ils étaient à la recherche d'une vie plus proche de la nature et se sont installés pour cultiver des plantes aromatiques et médicinales, tout en cherchant des débouchés aux Pays-Bas », détaille Jean Serret. Des Suisses et des Allemands, moins nombreux, font le même choix. La tradition d'accueil de la vallée remonte loin, en effet : au XVIIe siècle, les huguenots, protestants persécutés, s'y étaient réfugiés. « Huguenots avant-hier, Hollandais hier, néoruraux aujourd'hui, la vallée a toujours été un lieu d'accueil, et elle a logiquement été marquée par l'arrivée de minorités en exil ou de populations à la recherche d'un lieu pour pouvoir vivre une vie différente », estime Jean Serret.

L'appel du rural

Les premiers Hollandais qui se sont installés dans le Diois ont probablement eu le sentiment d'être des pionniers. « Beaucoup de terres et de fermes étaient abandonnées », se rappelle Jean Serret. « Ma commune, Eurre, pourtant pas très loin de Valence, ne comptait que 580 habitants à la fin du XIXe siècle ». Elle en compte 1 300 aujourd'hui.

À l'image d'Eurre, la grande majorité des villages de la vallée de la Drôme reprend vie. Les vieilles maisons trouvent preneurs et leurs volets s'ouvrent de nouveau, des classes sont créées pour des enfants de plus en plus nombreux, des associations voient le jour et d'autres rajeunissent, des entreprises se lancent, et beaucoup de celles qui existaient déjà se développent. « L'impact des nouveaux arrivants est très important », explique Tijlbert Vink. Tijlbert est le fils de Ton Vink, l'un des fameux Hollandais installés dans les années 1970. Il est à la tête de l'Herbier du Diois, une entreprise (créée par son père) qui transforme des plantes aromatiques et médicinales et les vend en France et à l'international. Née en 1979, elle emploie aujourd'hui 56 salariés et réalise un chiffre d'affaires de 9 millions d'euros. Un petit exploit dans un village (Châtillon-en-Diois) qui compte 550 habitants et se situe à une heure de la première autoroute. « Sur les 25 salariés les plus qualifiés de mon entreprise, 22 viennent de l'extérieur et seulement 3 ont fait leur scolarité primaire ici », explique Tijlbert Vink. « Quand on quitte les bureaux et qu'on va dans la partie production de l'usine, c'est plutôt du 50/50. » Pour ce chef d'entreprise, c'est une bénédiction : « En Drôme comme ailleurs, ce sont surtout les nouveaux arrivés qui changent les choses. Ils font circuler des idées inédites, et finissent par modifier en profondeur le territoire. ». Un constat entendu aussi du côté du massif vosgien, à Saales.

« Sur les 150 personnes avec qui nous collaborons, on compte seulement une centaine de Drômois. Quelqu'un né ici est presque un objet de curiosité », s'amusent Céline Ferry et Éléonore Guillemaud, qui travaillent toutes deux pour le Transe Express, une compagnie de théâtre de rue à dimension internationale. Les deux jeunes femmes exagèrent bien sûr un peu, mais, dans le milieu des arts de la rue, dont la vallée de la Drôme est l'un des « spots » majeurs, les natifs de la vallée ne courent en effet pas les chemins.

« Non seulement la vallée a toujours accueilli du monde, mais ceux qui sont arrivés sont à l'origine de nombreux projets sur le territoire », note Jean Serret, lui-même venu de l'extérieur. Dotés d'un capital économique, social et culturel, et, pour beaucoup, d'une envie d'entreprendre, un certain nombre de « néos » se sont en effet lancés. À leur actif, des initiatives comme les compotes Charles & Alice, les produits cosmétiques naturels Sanoflore, la compagnie de théâtre de rue Transe Express, l'école alternative du Colibri de Pierre Rabhi, le festival Est-Ouest de Die, celui du Crest Jazz Vocal, ou encore Saoû chante Mozart. Ils ont ainsi renforcé la fragile économie locale que les locaux « historiques » avaient tenue tant bien que mal, à l'image de la fameuse clairette de Die.

Si la reprise démographique de la vallée de la Drôme est impressionnante, elle n'est pas isolée dans les campagnes françaises. Difficile à croire, tant l'exode rural a marqué l'imaginaire français. Du milieu du XIXe siècle aux années 1970, 12 millions de ruraux seraient partis vers les villes, selon les calculs de l'urbaniste et démographe Pierre Merlin[1]. Mais, depuis les années 1970, un aussi puissant que discret basculement est en cours. Entre 1968 et 2014, la population des campagnes a augmenté de 5 millions de personnes, avec un pic dans la décennie 2000 (+ 1 % par an). Dès les années 1990, le géographe et sociologue français Bernard Kayser avait parlé de « renaissance rurale[2] ». Trente ans plus tard, « l'expression de reprise démographique s'applique particulièrement bien aux espaces ruraux les moins denses[3] », confirment les géographes Pierre Pistre et Frédéric

1. Pierre Merlin, *L'Exode urbain. De la ville à la campagne,* Paris, La Documentation française, 2009.

2. Bernard Kayser, *La Renaissance rurale. Sociologie des campagnes du monde occidental,* Paris, Armand Colin, 1990.

3. Pierre Pistre et Frédéric Richard, « Dynamiques démographiques et recompositions sociales dans les espaces ruraux », *in* Yves Jean et Laurent Rieutort (dir.), *Les Espaces ruraux en France, op. cit.,* p. 122.

Richard. « Ce mouvement inverse de l'exode rural a pris une telle ampleur qu'aujourd'hui les petites communes rassemblent une part de la population française équivalente à celle qui était la leur dans les années 1960[1] », ajoute Éric Charmes.

Cette reprise n'est pas due, globalement, au solde naturel (décès-naissance), de + 0,1 % seulement, sur la période, dans les espaces ruraux, contre + 0,6 % dans les villes. Elle est donc bien liée à l'arrivée d'urbains, mais aussi à de faibles départs des ruraux vers la ville, détaillent les géographes. Les grandes gagnantes sont les campagnes peu denses (+ 4,9 millions d'habitants entre 1968 et 2014). Les petites villes ont davantage stagné (+ 730 000 personnes sur la période). Enfin, les espaces ruraux de très faible densité ont continué à perdre des habitants entre 1968 et 1999 (- 519 000 habitants), mais ont renversé la tendance ensuite (+ 204 000), surtout avant la crise de 2008.

« Les campagnes sont redevenues attractives[2] », confirme le géographe Pascal Desmichel. « Le paradigme d'un rural profond "à sauver" est en train peu à peu de s'effondrer. La "renaissance rurale" repérée par Bernard Kayser dans les campagnes du Lot dès les années 1980 [...] est aujourd'hui devenue réalité pour d'autres départements (du Centre en particulier) même si l'ampleur est moindre et les perspectives encore fragiles et incertaines. »

Pourquoi la campagne attire

Qui s'installe désormais en rural, et pourquoi ? Les spécialistes Pierre Pistre et Frédéric Richard distinguent quatre facteurs économiques, sociaux et historiques favorables aux campagnes.

1. Éric Charmes, *La Revanche des villages, op. cit.*, p. 15.
2. Pascal Desmichel, « Les défis du tourisme rural », *in* Yves Jean et Laurent Rieutort (dir.), *Les Espaces ruraux en France*, *op. cit.*, p. 300.

Le premier est le phénomène de périurbanisation, particulièrement fort dans les années 1970. Volonté de posséder son pavillon et son jardin, démocratisation de la voiture individuelle... : les facteurs historiques de la périurbanisation restent à l'œuvre aujourd'hui, même si le phénomène est désormais moins marqué. Ces « campagnes des villes » ont incontestablement le vent en poupe.

Le deuxième mouvement est la recherche du soleil ou de la mer. Ce flux est sans surprise porté par les retraités, mais pas uniquement. Les territoires ruraux sont en effet ceux qui, relativement à leur population, accueillent le plus d'actifs, et notamment le plus de cadres. Les campagnes situées au sud d'une ligne Cherbourg-Genève sont donc – comme les villes qui s'y situent – particulièrement prisées.

Troisième facteur favorable au rural : des populations à la recherche d'un mode de vie alternatif. « De filiation partielle avec les mouvements néoruraux des années 1970 », cette dynamique « rassemble des ménages qui font le choix de changer souvent radicalement de mode de vie [...] pour s'installer dans des espaces ruraux de (très) faible densité[1] », écrivent Pierre Pistre et Frédéric Richard pour décrire cette vague « décroissante ». Pour ces « alternatifs du quotidien, se mettre en marge du système de consommation de masse et adopter un mode de vie plus écologique [...] constitue un enrichissement inestimable[2] », souligne la sociologue Geneviève Pruvost.

Enfin, de nombreux retraités étrangers viennent s'installer dans les campagnes françaises, à l'image des Britanniques en

1. Pierre Pistre et Frédéric Richard, « Dynamiques démographiques et recompositions sociales dans les espaces ruraux », *op. cit.*, p. 125.

2. Geneviève Pruvost, « Dépenser moins pour vivre mieux. Le cas de boulangers paysans vivant en yourte », *Revue des politiques sociales et familiales,* n° 123, 2016, p. 105-119.

Dordogne. « Dans le Lot, en Charente, en Limousin, une maison que l'on préservait contre la ruine voilà quarante ans est désormais devenue le rêve accessible d'un ménage de la *creative class*, d'un couple d'entrepreneurs en agriculture biologique, d'une famille anglaise, hollandaise ou turque, d'un réalisateur de cinéma ou chanteur de rock célèbre[1] », peint justement Pascal Desmichel.

Mais, comme l'expliquent Yannick Sencébé et Denis Lepicier, au moins trois autres facteurs entrent potentiellement en jeu (sans être nécessairement favorables aux espaces ruraux)[2]. Il y a d'abord le « cycle de vie » : *grosso modo,* on va en ville pour ses études, on part dans le périurbain au moment des enfants, on vieillit à la campagne. Une récente étude de l'Insee sur la région Auvergne-Rhône-Alpes montre ainsi que le solde migratoire des très jeunes enfants est particulièrement favorable aux campagnes (ils suivent leurs jeunes parents néoruraux)[3]. Puis il devient favorable aux villes pour les quinze-vingt-cinq ans, la période des études. Les campagnes reprennent le dessus chez les jeunes adultes, et ce jusqu'à environ soixante-cinq ans, âge à partir duquel les retraités sont plus nombreux à retourner en ville que l'inverse.

Le facteur « préservation » conduit, quant à lui, certaines couches moyennes et populaires qui n'ont pas les moyens de s'offrir le centre-ville de Paris ou Lyon à émigrer dans le périurbain pour échapper aux banlieues défavorisées et accéder à des lieux permettant l'entre-soi. Les travaux de l'urbaniste Éric

1. Pascal Desmichel, « Les défis du tourisme rural », *op. cit.,* p. 302.

2. Yannick Sencébé et Denis Lepicier, « Migrations résidentielles de l'urbain vers le rural en France : différenciation sociale des profils et ségrégation spatiale », *EspacesTemps.net* (Textuel), 2007, p. 1-42.

3. Bruno Balouzat et Philippe Bertrand, « Du rural éloigné au rural proche des villes : cinq types de ruralité », *op. cit.*

Charmes ont bien documenté ce phénomène qui voit certains villages se transformer en « clubs » sélectifs.

Le facteur « génération » correspond à la volonté de certains retraités du baby-boom de retourner dans leur région de naissance ou vieillir au soleil. Cet effet joue à plein aujourd'hui, car cette génération arrive à la retraite. Ce mouvement-là ne fait donc que commencer.

On pourrait ajouter le facteur « aventure », pour des entrepreneurs qui migrent vers le rural isolé à la recherche d'un lieu *a priori* difficile où lancer une activité économique. Dans ce cas, plus le rural est isolé et moins il semble favorable à l'activité économique, plus l'entrepreneur est intéressé : parce qu'il sait – outre le cadre de vie préservé – que son entreprise comptera beaucoup pour le territoire et que son éventuelle réussite n'en sera que plus belle. Nous reviendrons sur cet aspect loin d'être anecdotique.

Qui sont ces gens qui succombent à l'appel du rural ? Pour beaucoup, des actifs, et notamment des actifs qualifiés. Alors que le nombre d'actifs occupés a progressé de 0,56 % par an en moyenne en France entre 1999 et 2008, il a progressé de 1,2 % dans les communes peu denses et de 1,09 % dans les communes très peu denses[1]. Sur cette période, la tendance est exactement la même pour les cadres, professions intellectuelles supérieures et professions intermédiaires : leur nombre a progressé nettement plus vite dans les communes peu denses (+ 3,45 %) et très peu denses (+ 3,61 %) que la moyenne française (+ 2,11 %). Pierre Pistre et Frédéric Richard confirment ce diagnostic, rappelant que le nombre d'actifs qualifiés a progressé de 2 millions entre 1980 et 2014 dans les

1. Laurent Rieutort, « La ruralité en France : des potentiels oubliés ? », *Population et avenir,* n° 731, 2017, p. 4-7.

espaces peu denses. Plus impressionnant encore, « les effectifs de bacheliers et plus ont été multipliés par 4 depuis 1982 dans les espaces ruraux, et même par 6 dans les territoires les moins denses[1] ». Et d'ajouter : « Si l'accès des populations rurales aux études supérieures s'est amélioré en général, une partie significative de cette croissance tient à l'installation des migrants qualifiés. »

Toutes les motivations à la migration vers le rural ont un point commun : la recherche de la qualité de vie. Cette aspiration aux paysages, à l'espace, à la tranquillité est si forte qu'elle surpasse la « logique » économique qui, selon la théorie classique, devrait pousser toutes les activités en ville. L'explication semble trop simple, voire simpliste. Pourtant, les faits sont là : les données montrent de manière incontestable que les territoires qui ont le soleil, la mer ou la campagne à proximité se portent particulièrement bien. À l'inverse, malgré ses perspectives d'emploi inégalées et ses salaires imbattables, si l'Île-de-France ne perd pas d'habitants, c'est uniquement du fait de sa natalité toujours forte. Les flux migratoires y sont, eux, négatifs depuis trente ans.

Cette donnée ne doit pas être prise à la légère. Selon une enquête réalisée par Cadremploi, 84 % des cadres franciliens envisagent de quitter la région pour s'installer ailleurs en France, dont 70 % dans les trois prochaines années. Ils sont loin de tous passer à l'acte, et heureusement pour les entreprises françaises, car la réorganisation à mener serait titanesque. Mais la tendance est frappante. Pour quelles raisons ces cadres veulent-ils partir ? À la recherche d'un cadre de vie plus agréable (90 % d'entre eux), d'un meilleur équilibre vie professionnelle/personnelle

1. Pierre Pistre et Frédéric Richard, « Dynamiques démographiques et recompositions sociales dans les espaces ruraux », *op. cit.*, p. 135.

(65 %), mais aussi à cause du coût de la vie trop élevé à Paris (77 %), de temps de transports de plus d'une heure et demie par jour pour la moitié d'entre eux (49 %) ou encore de problèmes de logement. La richesse de la vie culturelle parisienne, l'accessibilité aux services et l'intérêt du travail ne sont plus suffisants pour ces cadres, dont 55 % vont jusqu'à se dire insatisfaits de leur vie actuelle.

Où ces cadres comptent-ils partir ? Essentiellement dans d'autres métropoles. Bordeaux (58 %) domine Lyon et Nantes (41 %), suivies de Toulouse (30 %) et Montpellier (28 %). Les métropoles régionales tendance aujourd'hui seront-elles à leur tour des repoussoirs dans quelques années, les cadres partant habiter dans les campagnes voisines d'Annecy, Valence, Biarritz ou Agen ? Dans la mesure où les raisons qui les poussent à migrer ne sont rien d'autre que les limites classiques à la concentration (qualité de vie dégradée, temps de transports élevés, coût de la vie trop élevé), il n'est pas interdit de le penser. Lyon et Bordeaux sont aujourd'hui des mini-Paris, aux défauts (et qualités) un peu moins exacerbés mais amenés à se renforcer : le prix du mètre carré s'envole, et si les deux villes accueillent beaucoup de nouveaux habitants, elles commencent aussi à en perdre, au bénéfice des campagnes qui les entourent.

Car la campagne est désormais « investie d'un point de vue symbolique de connotations positives[1] », explique Pascal Desmichel. « Elle est ce rêve, cet espace d'heureuse parenthèse, ce besoin fondamental de nature, de calme, de bien-être, de retour sur soi. Elle correspond à une envie de ralentir, au besoin de se retirer temporairement de la course du temps des sociétés urbaines hyper-modernes. »

1. Pascal Desmichel, « Les défis du tourisme rural », *op. cit.*, p. 310.

Reste que « la Meuse n'est pas la Drôme », pour reprendre l'expression d'Éric Charmes. Il faut donc nuancer cette renaissance démographique des campagnes.

Limites de la reprise démographique

La renaissance rurale est indiscutable. Mais, comme l'écrivent Pierre Pistre et Frédéric Richard : « Une reprise majoritaire et confirmée dans le temps ne signifie pas pour autant qu'elle est généralisée et qu'elle n'a pas pu connaître des irrégularités temporelles[1]. »

La reprise démographique du rural connaît en effet plusieurs limites. D'abord, le phénomène ralentit depuis 2009-2010. Entre 1999 et 2009, les deux tiers des communes des espaces ruraux les moins denses étaient en croissance démographique, contre seulement la moitié d'entre elles entre 2009 et 2014. Dans une étude récente, l'Insee confirme qu'entre 2011 et 2016 « les grandes aires urbaines portent la croissance démographique française[2] ». Alors que les espaces urbains ne faisaient pas beaucoup mieux que les espaces peu denses jusqu'en 2011, leur population a progressé beaucoup plus vite que dans le rural après 2011.

Ce ralentissement ne veut pas dire que le renouveau démographique des campagnes est interrompu. Le démographe Jean-François Léger rappelle que, si les territoires très peu denses ont beaucoup ralenti entre 2010 et 2015, les espaces peu denses sont ceux qui ont connu la plus forte croissance de population

1. Pierre Pistre et Frédéric Richard, « Dynamiques démographiques et recompositions sociales dans les espaces ruraux », *op. cit.*, p. 127.

2. Vincent Vallès, « Entre 2011 et 2016, les grandes aires urbaines portent la croissance démographique française », *Insee Focus*, n° 138, 2018.

durant cette période (+ 6 %, contre + 4,6 % pour les espaces denses)[1].

Comment interpréter ce coup de frein ? La correspondance temporelle avec la crise économique de 2008 est frappante. Il faudra attendre encore un peu pour savoir si ce ralentissement est une tendance de fond ou seulement une parenthèse liée à la conjoncture, avec des actifs retardant leur départ à la campagne du fait des incertitudes économiques.

Deuxième limite au renouveau démographique des territoires ruraux : certains espaces très isolés, notamment dans le quart nord-est, n'ont jamais connu la reprise démographique, et ont une population aujourd'hui inférieure à celle qu'ils avaient en 1850, alors que la France a gagné 30 millions d'habitants entre ces deux dates. Un tiers des territoires peu denses n'ont jamais endigué la décroissance de leur population, même pendant la période 1990-2010, la plus favorable aux campagnes. Le département des Vosges perd par exemple des habitants depuis 1975. Et, lors de la rechute générale de 2009-2014, les territoires isolés déjà en difficulté ont été parmi ceux qui ont le plus souffert, à l'image de l'Orne, la Haute-Marne ou la Mayenne.

La troisième limite est liée au fait que, « sur les 60 % de bassins ruraux dynamiques, 8 sur 10 sont périurbains[2] », note Éric Charmes. La région Auvergne-Rhône-Alpes illustre bien cette réalité. Entre 1999 et 2014, la population rurale y a davantage augmenté que l'urbaine (+ 19 % contre + 11 %), mais ce dynamisme concerne surtout le « rural périphérique » et le « rural couronne éloignée » (+ 25 %), c'est-à-dire, globalement, le périurbain. À l'inverse, la population ne croît que

1. Jean-François Léger, « Espaces ruraux et espaces urbains : deux mondes différents », *Population et avenir*, n° 741, 2019, p. 4-7.

2. Éric Charmes, *La Revanche des villages*, *op. cit.*, p. 25.

de 2,3 % dans le « rural bourg » et diminue même de 1,9 % dans le « rural éloigné », c'est-à-dire les campagnes peu denses et isolées[1].

Peut-on dans ces conditions parler d'un exode urbain ? Oui, dans la mesure où les gens qui quittent la ville le font précisément pour bénéficier des atouts de la campagne. Mais, souligne Éric Charmes, « dans de nombreux cas, ce que certains interprètent comme un renouveau des campagnes n'est que l'extension de l'aire d'influence des grands centres urbains[2] ». Il précise : « On ne peut véritablement parler d'une dynamique de peuplement indépendante des systèmes urbains que pour une minorité d'actifs. » Si les chiffres sont indiscutables, leur interprétation est ouverte au débat. La périurbanisation peut être une première étape vers un retour à la campagne, et nous sommes peut-être à l'aube d'un renouveau des campagnes plus profond et structurel, moins dépendant de l'influence des villes.

Une autre limite à la reprise démographique rurale est qualitative. Si la grande majorité des nouveaux ruraux le sont par choix, certaines populations précaires deviennent rurales par défaut, chassées des villes par les prix, espérant trouver à la campagne une vie moins chère. Ce phénomène, minoritaire sur le plan statistique, est devenu une question majeure dans certains territoires fragiles sur le plan économique et social. Dans le Diois, par exemple, de nombreux ménages précaires s'installent, souvent sans perspectives d'emploi. Tout n'est donc pas rose dans cette reprise démographique des campagnes.

Enfin, dans leur étude portant sur les migrations résidentielles de l'urbain vers le rural, Yannick Sencébé et Denis Lepicier

1. Bruno Balouzat et Philippe Bertrand, « Du rural éloigné au rural proche des villes : cinq types de ruralité », *op. cit.*

2. Éric Charmes, *La Revanche des villages, op. cit.*, p. 23.

notent qu'entre 1990 et 1999 plus de 18 millions de personnes ont changé de commune de résidence, mais que « les migrations résidentielles sont avant tout un phénomène intra ou interurbain[1] » (8 millions des migrations s'effectuent à l'intérieur des villes), devant les migrations entre pôles urbains et zones périurbaines (4,2 millions de personnes croisées, mais solde favorable au périurbain), elles-mêmes devant les migrations entre zones urbaines et zones rurales (3,3 millions d'individus, solde favorable au rural).

Ces processus variés expliquent les diagnostics parfois contradictoires sur les territoires ruraux. Si certaines campagnes du Nord-Est ont raison d'être inquiètes de la désertification, d'autres peuvent avoir l'impression de renaître. Mais, au total, le renouveau démographique des campagnes est indiscutable. Il ouvre des perspectives économiques et sociales pour les campagnes (majoritaires) qui en bénéficient.

Une redistribution entre territoires

Ce n'est pas parce que la Drôme va mieux qu'elle va très bien. Le taux de pauvreté (à 60 % du niveau de vie médian de la population) y était encore assez élevé en 2015 : 15,2 % dans le bassin de vie de Crest et 21,3 % à Die, soit nettement au-dessus de la moyenne française (14,2 %) et, dans le cas de Die, pas si loin des records du nord de la France (où ce taux monte à 24 % voire 26 %). Pourtant, lorsque l'on traverse le Diois, la pauvreté ne saute pas aux yeux. Parce que le logement y reste abordable, parce que beaucoup possèdent un carré

1. Yannick Sencébé et Denis Lépicier, « Migrations résidentielles de l'urbain vers le rural en France : différenciation sociale des profils et ségrégation spatiale », *op. cit.*

de jardin où cultiver un potager, parce qu'ils sont nombreux à avoir une petite activité d'artisanat par-ci, un copain garagiste par-là avec qui on s'arrange en partie « au noir », enfin parce que la puissance publique n'a pas disparu du territoire.

Nous l'avons vu, les services publics reculent, à commencer par la maternité de Die qui vient de fermer ses portes. La ligne de train est toujours là, mais depuis longtemps sur la sellette. Malgré tout, cette ville de moins de 5 000 habitants n'est pas complètement abandonnée par l'État. D'abord parce qu'elle est une sous-préfecture (l'une des plus petites de France), ensuite parce que certains services se réorganisent, au point qu'il est parfois difficile désormais de démêler ce qui relève de la suppression ou de la réorganisation. Ainsi, à la seule maison de services au public du Diois, les usagers ont accès à une quinzaine de permanences de services publics différents. Par ailleurs, la puissance publique continue de soutenir fortement le territoire d'une autre manière : médiathèque, hôpital, sous-préfecture, Pôle emploi, ville de Die, communauté de communes du Diois, lycée, ou encore centre de formation sont aussi des employeurs.

Surtout, la présence publique se manifeste à travers la protection sociale. Le Diois compte beaucoup de retraités ? Il reçoit donc de nombreuses pensions de retraite. Un taux de chômage un peu supérieur à la moyenne française ? Un peu plus d'allocations chômage. Des revenus particulièrement faibles ? Peu d'impôt sur le revenu à verser. Bref, la solidarité nationale limite la pauvreté dans la vallée de la Drôme, et plus encore dans le Diois.

Les campagnes françaises bénéficient, plus largement, du choix historique de la France d'organiser un développement équilibré sur tout le territoire. Dans un pays où les dépenses publiques représentent l'équivalent de 56,5 % du PIB, ce choix a des conséquences économiques majeures. Laurent Davezies note ainsi que le poids des dépenses publiques et sociales a augmenté de 20 points de PIB entre 1980 et 2010, pendant que le taux d'ouverture de l'économie française vis-à-vis de l'étranger n'augmentait que de 10 points. « Rien d'étonnant à ce que les forces de la mutualisation/redistribution du revenu l'aient nettement emporté, en analyse territoriale, sur les forces déstabilisatrices de la mondialisation[1] », écrit-il.

Quels mécanismes permettent cet équilibre territorial ? Il y a bien sûr les dépenses de péréquation, qui prévoient que les territoires riches contribuent davantage au budget, afin d'aider les plus pauvres. Cependant, même si elles progressent ces dernières années, ces dépenses restent assez modestes. Elles pèsent au total 4,5 milliards d'euros par an (tous fonds confondus), soit 0,19 % du PIB. Ce qui fait réellement la différence, c'est l'ensemble des dispositifs de protection sociale, et notamment les retraites. Uniquement entre 2002 et 2006, 1,2 million de retraités français ont changé de résidence, ont calculé Laurent Davezies et Thierry Pech, donnant lieu à un déplacement de revenu de plus de 20 milliards d'euros tous les ans[2] !

Plus globalement, le système fiscal et social national corrige indirectement les inégalités territoriales. La première lame s'appelle l'impôt sur le revenu : ce prélèvement progressif joue à plein dans les territoires aisés pour limiter les revenus des plus riches. Seconde lame : les prestations sociales, qui représentent par exemple la moitié des revenus des 10 % les plus pauvres

1. Laurent Davezies et Philippe Estèbe, « Les nouveaux territoires de la croissance », *op. cit.*, p. 35.

2. Laurent Davezies et Thierry Pech, « La nouvelle question territoriale », Terra Nova, 2014, p. 24.

dans les Hauts-de-France[1]. En fonction des caractéristiques des populations de chaque territoire, les prestations sociales spécifiques jouent également un rôle : allocations familiales à l'ouest, aides au logement dans les grandes villes, allocations chômage au nord et autour de la Méditerranée, retraites dans le Massif central… Ces efforts ont porté leurs fruits : les disparités entre régions de revenu disponible brut se sont réduites de 54 % entre 1965 et 2011[2] !

Égalité territoriale

En outre, malgré un recul de certains services publics, la puissance publique a continué d'équiper régulièrement le territoire. Les géographes Valérie Jousseaume et Magali Talandier ont ainsi montré que, pour les services de base, les territoires ruraux sont tout autant équipés que les territoires urbains[3]. Interrogée pour cet ouvrage, Magali Talandier va plus loin : « Il faut faire attention à ne pas céder au populisme territorial : dire que tout a été fait pour les métropoles et qu'on a abandonné le rural est tout simplement faux. » La différence se fait sur la variété de la gamme de services à disposition. « Le rural isolé est plutôt bien équipé en matière de services de base, mais arrive en queue de classement pour les équipements de second niveau. »

Parce que les Français ont toujours été attachés à l'égalité territoriale, les ruraux sont globalement les habitants

1. Luc Brière et Marina Robin, « Transferts sociaux versés aux ménages : des effets différenciés selon les territoires », *Insee Focus,* n° 97, 2017.

2. Laurent Davezies et Philippe Estèbe, « Les nouveaux territoires de la croissance », *op. cit.,* p. 10.

3. Valérie Jousseaume et Magali Talandier, « Les équipements du quotidien en France : un facteur d'attractivité résidentielle et de développement pour les territoires ? », *Norois,* n° 226, 2013, p. 7-23.

les mieux dotés en argent public. Les enfants qui vivent en Lozère bénéficient ainsi d'un taux d'encadrement plus élevé qu'ailleurs : en primaire, ils ne sont que 15,1 par classe en moyenne, contre 25,3 dans l'Essonne, 24,7 dans les Yvelines et les Hauts-de-Seine, ou encore 24,6 dans les Bouches-du-Rhône et en Loire-Atlantique[1]. Ce qui est vrai pour le primaire l'est aussi pour le secondaire et, dans une moindre mesure, pour le supérieur. Le ministère de l'Éducation nationale explique que « les régions à prédominance rurale ont des coûts généralement plus élevés en raison d'une taille inférieure des établissements et de taux d'encadrement par élève plus importants[2] ». Sauf à obliger les élèves à des déplacements quotidiens très longs, il est en effet nécessaire de maintenir des établissements scolaires, même peu remplis, dans des zones peu denses. La différence de moyens selon le type de territoire concerne également l'équipement en outils numériques (ordinateurs et tableaux blancs interactifs). Les départements les moins bien dotés « sont ceux des DOM puis ceux des grandes agglomérations : Paris et sa région (hormis les Yvelines), Lyon, Marseille et Toulouse disposent de moins de 10 ordinateurs pour 100 élèves[3] », contre plus de 20 dans le Lot, la Lozère ou les Hautes-Alpes.

Cet effort supplémentaire consenti par la France est payant : globalement, les résultats scolaires des ruraux sont meilleurs que la moyenne française. Comme le résume le sociologue de l'éducation Yves Alpe : « À l'opposé des stéréotypes existants, l'école rurale, *a priori* handicapée par une composition sociale

1. Vincent Grimault, « Les écoliers ruraux mieux lotis », *Alternatives économiques,* 3 janvier 2018.

2. Éducation nationale, « Géographie de l'école », Études et statistiques de la Depp, 12e éd., 2017.

3. *Ibid.*

modeste, semble capable de construire des scolarités meilleures qu'ailleurs sur le territoire national[1]. » Des bons résultats qui s'expliquent aussi par le fait que « le fort engagement des parents et des équipes éducatives, ainsi qu'un maillage associatif très développé, compensent l'éloignement aux ressources pédagogiques, culturelles et sportives[2] ».

Autre avantage indirect pour les ruraux : certains services sociaux ou semi-publics ont un coût moins élevé à la campagne. Ainsi, en France, les départements où les places en Ehpad (établissement d'hébergement pour personnes âgées dépendantes) coûtent le moins cher sont la Meuse, la Haute-Saône et les Vosges (respectivement 1 616, 1 623 et 1 642 euros par mois), alors qu'il faut débourser en moyenne 2 682 euros par mois dans les Alpes-Maritimes ou 3 154 euros dans les Hauts-de-Seine et à Paris, soit quasiment le double[3]. L'explication vient probablement en partie du coût du foncier, moins élevé, et du plus grand nombre de places : en 2016, on comptait en moyenne en France 98 places en Ehpad pour 1 000 personnes âgées de soixante-quinze ans et plus, mais 171 places en Lozère et 162 en Ardèche. En clair, en termes d'accompagnement public, on grandit et on vieillit mieux à la campagne.

Plus largement, les dotations de l'État par habitant sont supérieures dans les départements ruraux, tant au niveau des services publics que des dépenses de protection sociale[4]. Par ail-

1. Yves Alpe, « Performances scolaires et territoire rural en France », *Revue internationale d'éducation de Sèvres,* n° 59, 2012, p. 113-124.

2. Yvette Grelet et Céline Vivent, « La course d'orientation des jeunes ruraux », *op. cit.*

3. Vincent Grimault, « Ehpad : les ruraux avantagés », *Alternatives économiques,* 30 janvier 2018.

4. Vincent Grimault, « La France rurale est-elle si abandonnée que ça ? », *Alternatives économiques,* 4 décembre 2018.

leurs, s'il est indiscutable que les services publics « physiques » ont reculé, d'autres, moins visibles, se sont développés : numérisation des services fiscaux ou des démarches à la CAF. Mais un site web de la CAF tout neuf, très pratique et bien conçu, ça ne se voit pas sur la place principale du chef-lieu. Alors que l'ancien centre des impôts désormais abandonné, on l'aperçoit tous les jours en allant acheter sa baguette. Le Défenseur des droits l'a rappelé : nous ne sommes pas tous égaux face au numérique. Mais quand une politique active d'accompagnement est menée, la numérisation de certains services publics est un progrès.

Enfin, dans les territoires non métropolitains, les espaces ruraux se distinguent par un soutien particulièrement important de la part de l'Union européenne (UE). La Politique agricole commune (PAC), premier poste du budget européen (38 % du budget total de l'UE), est connue pour aider directement les agriculteurs. Mais elle intègre d'autres mécanismes de financement, dont le Fonds européen agricole pour le développement rural (Feader), qui dispose pour la France d'une enveloppe de 11,4 milliards d'euros pour la période 2014-2020. Si les acteurs de terrain connaissent la complexité administrative de ces fonds, ils ont conscience aussi de leur importance dans le co-financement de nombreux projets.

Laurent Davezies doute que ce « développement sans croissance » se poursuive. Emmanuel Macron a ainsi promis une forte baisse des dépenses publiques, et la réforme des retraites qui se profile constitue une sérieuse menace pour les territoires les plus pauvres. Heureusement, pour le moment, la protection sociale joue toujours bien son rôle : entre 2008 et 2016, elle a continué de réduire les inégalités, comme l'indique l'Insee[1].

1. *France, portrait social,* Insee Références, 2018.

Une surreprésentation politique

Ces chiffres favorables au rural s'expliquent en bonne partie par le fait que, loin d'être oubliés par le monde politique, comme on l'entend souvent, les ruraux sont très présents dans les instances nationales. À commencer par la première d'entre elles : l'Assemblée nationale. Les ruraux y sont surreprésentés[1] : Pierre Morel-À-L'Huissier, le seul député de la Lozère, représente ainsi les 76 330 habitants de son département. Mais les 10 députés de Loire-Atlantique, département dont Nantes est la préfecture, représentent chacun 134 659 habitants, près du double ! Cet écart n'est pas une exception : les députés du Cantal ou des Hautes-Alpes portent chacun la voix de moins de 75 000 habitants, quand, pour les députés des départements les plus urbains (Rhône, Bouches-du-Rhône, Paris, Gironde, Isère, Nord, Alpes-Maritimes), c'est au moins 120 000 habitants chacun. Et encore, ce déséquilibre a été réduit en 2009 par un redécoupage électoral, qui a par exemple fait perdre un député à la Lozère.

Mais c'est surtout le Sénat qui se présente comme « la chambre des ruraux ». Le président du Sénat, Gérard Larcher, assumait ainsi en 2008 que cette assemblée est « pour partie la chambre des populations faibles en nombre », et constitue à ce titre un « outil de discrimination positive territoriale[2] ». Comme pour l'Assemblée nationale, cette surreprésentation rurale a cependant été un peu réduite par des réformes successives.

1. Vincent Grimault, « Les ruraux sont chez eux à l'Assemblée », *Alternatives économiques*, 21 décembre 2017.

2. Gérard Larcher cité dans Fabien Conord, « Les espaces ruraux français : une géopolitique en mutation », *in* Yves Jean et Laurent Rieutort (dir.), *Les Espaces ruraux en France, op. cit.*, p. 208.

Les ruraux ont également été longtemps favorisés par la carte électorale des cantons[1]. Au tournant des années 2000, le canton urbain de Lunel, dans l'Hérault, était ainsi 44 fois plus peuplé que celui du Caylar, sur le causse du Larzac. Un exemple non isolé qui rappelle que les ruraux ont longtemps été surreprésentés dans les conseils départementaux (alors conseils généraux), avec les conséquences de lobbying qu'on peut imaginer lors des décisions d'investissement. La loi Notre (portant nouvelle organisation territoriale de la République), votée pendant le quinquennat Hollande, a cependant nettement réduit la surreprésentation rurale, avec le regroupement de nombreux cantons ruraux et la création de 13 super-régions, qui ont éloigné la capitale régionale des espaces les plus ruraux.

Paradoxalement, la constitution de grosses structures ne veut pas toujours dire que les petites s'affaiblissent, comme le montre le regroupement des communes en intercommunalités. Éric Charmes observe que les maires de petites communes parviennent à prendre la tête de certaines agglomérations[2], à l'image de Michel Joubert, maire du petit village de Chaspuzac (773 habitants), qui est président de l'agglomération du Puy-en-Velay (dont la commune centre compte 19 100 habitants).

La qualité de vie, moteur du renouveau des campagnes

Le pont principal de Crest est le nœud de la ville, et donc un des nœuds de la région. Très fréquenté, il est même parfois embouteillé. Mais quand on a la chance d'y être coincé, on peut profiter de l'un des plus beaux points de vue sur la vallée.

1. Voir *ibid.*, p. 204.
2. Éric Charmes, *La Revanche des villages*, *op. cit.*

Sous le pont coule une rivière, la Drôme, dont le bleu rappelle celui des publicités pour îles paradisiaques. En amont de la rivière qui se prélasse en larges lacets, les Trois Becs, emblématiques de la vallée, se dessinent, avec leurs sommets posés sur une falaise à pic. La vallée de la Drôme court au pied sud du Vercors, ses paysages préalpins, ses vallées encaissées, ses grottes et ses hauts plateaux que l'homme a laissés vierges. À l'est, les premiers contreforts des Alpes sont là, dans le massif du Dévoluy. Au sud de la vallée, les montagnes des Baronnies sentent déjà beaucoup le Sud, avec leurs cigales, leurs olives et l'accent qui commence à sonner fort. À l'ouest, la vallée du Rhône marque la frontière avec la pittoresque voisine ardéchoise.

Randonnée, ski, canyoning, escalade, parapente, VTT, course, kayak… : la vallée est un paradis pour amateurs de sports extérieurs. Et les habitants ne s'en privent pas. Le lycée de Die dispose d'une très prisée section de « sports de pleine nature » qui attire des lycéens de toute la région. Les « spots » d'escalade de la Drôme, nombreux, variés, et praticables une large partie de l'année, sont très courus. La rivière Drôme et plus encore la Roanne voient passer des kayakistes. Bref, ici, les paysages et l'environnement constituent un élément essentiel de l'attractivité et de la qualité de vie.

L'importance de l'environnement

Mais il n'est pas nécessaire, pour attirer, d'avoir les Trois Becs, les falaises du Glandasse ou la cascade d'Omblèze. À Saales aussi on cite l'environnement comme critère d'installation alors que celui-ci, s'il est préservé et offre de jolis points de vue sur les Vosges, n'est pas exceptionnel. « La nature est en train de reprendre l'importance qu'elle avait perdue », affirme, sûr de lui, Tijlbert Vink, depuis le Diois reculé. La recherche scientifique ne lui donnera pas tort : « Le paysage n'est pas seulement le papier peint ou l'affiche qui décorent un salon ou une chambre à coucher. Sa matérialité, comme sa perception, peuvent avoir une influence directe sur notre qualité de vie et contribuent en cela au bien-être et au bonheur », assure le géographe et agronome Yves Michelin, coordinateur d'un colloque consacré à l'interaction entre qualité de vie et qualité des paysages qui a rassemblé 150 chercheurs à Clermont-Ferrand et Mende en septembre 2018[1].

La thèse est plus sérieuse qu'une simple théorie du bien-être. Elle se fonde sur un corpus de recherche fouillé qui montre que la nature joue positivement sur l'état psychologique de ceux qui ont la chance d'en profiter. Une étude menée en Écosse sur des septuagénaires et leur enfance conclut ainsi que « la fréquentation des parcs publics pendant l'enfance et à l'âge adulte peut ralentir le déclin cognitif des personnes âgées. Cette découverte était encore plus marquée pour les femmes et personnes issues de milieux défavorisés[2] », commente l'auteur, Catharine Ward Thompson. Des « thérapies du paysage » existent par ailleurs en Suède.

Mais la campagne améliore aussi la qualité de vie du fait de l'environnement. Changement climatique et pollutions diverses obligent, nous y sommes de plus en plus attentifs. Nous voulons

1. « Qualité des paysages : le bonheur est bien dans le pré, affirme un réseau de chercheurs », Localtis, 10 septembre 2018.

2. Mark P. C. Cherrie, Niamh K. Shortt, Catharine Ward Thompson, Ian J. Deary et Jamie R. Pearce, « Association Between the Activity Space Exposure to Parks in Childhood and Adolescence and Cognitive Aging in Later Life », *International Journal of Environmental Research and Public Health,* vol. 16, n° 4, 2019.

du bio pour manger moins de pesticides, nous nous inquiétons du bisphénol A, des perturbateurs endocriniens ou de la pollution de l'air. Les écologistes le savent bien : le meilleur carburant électoral est la santé environnementale à court terme. Ainsi, hors de question de manger du saumon norvégien après avoir vu le reportage d'« Envoyé spécial » diffusé en 2013 qui, de l'aveu des professionnels, a entraîné une chute de la consommation en France et obligé les acteurs à donner des garanties en matière de qualité et d'environnement[1]. Ces considérations sont devenues primordiales, et supplantent souvent désormais – chez les consommateurs qui le peuvent – celles concernant les prix.

Comme l'écrit Éric Charmes, « il faut aujourd'hui prendre au sérieux la boutade prêtée à Alphonse Allais, qui recommandait de "construire les villes à la campagne, car l'air y est plus pur"[2] ». La pollution de l'air est devenue une préoccupation majeure, et participe d'une désaffection pour certaines grandes métropoles, au premier rang desquelles Paris.

Au-delà des paysages

Reste que, si les paysages et l'environnement préservés sont importants pour se sentir bien, ils ne font évidemment pas tout. Dans une étude menée dans la commune de Noirétable, située entre Clermont-Ferrand et Saint-Étienne dans les montagnes du Forez, Lise Bourdeau-Lepage, Pauline Texier et Hugo Carré montrent que « les aménités naturelles sont un élément déterminant du bien-être des habitants, mais ces

1. Vincent Grimault, « Votre saumon est-il durable ? », *Alternatives économiques,* 1er décembre 2016.
2. Éric Charmes, *La Revanche des villages, op. cit.*, p. 7.

derniers ne négligent pas pour autant l'accès aux établissements scolaires et aux services médicaux tout en portant une importance particulière à la qualité de leur logement[1] ». Les jeunes (25-44 ans) déclarent aussi avoir besoin de plus de liens sociaux. Bref, pour vivre une vie de qualité à la campagne, il ne suffit pas d'être à la campagne, même dans une belle campagne. Il faut pouvoir y vivre, c'est-à-dire disposer d'une large gamme de services et avoir la possibilité de nouer des relations sociales poussées.

Justement, les campagnes ont une large gamme d'atouts à proposer, grâce à un réseau très régulier de petites villes et centres-bourgs. Ces petites villes (entre 3 000 et 20 000 habitants) parviennent plus que les autres types de territoire (métropoles, villes moyennes...) à attirer de nouvelles populations, et la propension à consommer localement y est plus importante que dans les métropoles, ont montré les géographes Magali Talandier et Valérie Jousseaume[2]. Parce qu'elles ont certains avantages de la campagne (environnement, tranquillité), certains de la grande ville (gamme de services et de commerces de base) et ne possèdent aucun des gros défauts de la campagne (isolement total) ou de la ville (saturation et coût du logement).

Le géographe Dominique Royoux confirme l'important « encadrement urbain[3] » du monde rural. Les petites villes ont

1. Lise Bourdeau-Lepage, Pauline Texier et Hugo Carré, « Évaluer les déterminants du bien-être sur un territoire. Illustration à travers le cas d'une commune rhônalpine », *Revue d'économie régionale et urbaine,* n° 4, 2018, p. 775-803.

2. Valérie Jousseaume et Magali Talandier, « Les équipements du quotidien en France : un facteur d'attractivité résidentielle et de développement pour les territoires ? », *op. cit.,* p. 7-23.

3. Dominique Royoux, « Au cœur de la trame urbaine, en marge des politiques publiques : une géographie diversifiée des bourgs-centres et des petites

des taux d'équipement plus élevés que la moyenne nationale et rivalisent avec les villes moyennes en matière de commerces (boulangerie, pharmacie, etc.) et de services de base (médecin, poste, etc.). « Il y a donc bien là un rôle pivot exercé par les petites villes, celles comprises entre 5 000 et 10 000 habitants notamment, qui occupent des fonctions de polarisation du monde rural[1]. » Même les communes de 2 000 habitants jouent ce rôle, bien qu'elles soient moins équipées en services intermédiaires (collèges, grandes surfaces). « Il y a toujours au moins une petite ville "polarisante" bien équipée en commerces, tous les quinze-vingt kilomètres en moyenne », juge Dominique Royoux, carte à l'appui. L'analyse est peut-être optimiste pour certains territoires du Massif central par exemple, mais, globalement, difficile de contester que « les petites villes constituent donc, aujourd'hui en France, un maillon encore robuste de l'organisation territoriale ». Vivre à la campagne ne signifie pas faire une croix sur les services et les commerces.

À cela s'ajoute le sentiment de sécurité. Lorsqu'il dresse la liste des atouts de la campagne cantalienne, Pierre Jarlier le mentionne dans les premiers : « Parmi les ménages qui s'installent sur le territoire, un certain nombre arrivent du sud et nous disent qu'ils ont choisi le Cantal parce que c'est un département sûr. » Plus généralement, de nombreux discours affirment qu'à la campagne la cohésion sociale et la solidarité sont plus fortes. Des constats dont on se gardera ici, tant le sujet est compliqué à cerner. « Le concept de "cohésion sociale" n'a pas beaucoup de sens pour moi et, quoi qu'il en soit, il est très difficile à mesurer[2] », estime ainsi

---

villes en France », *in* Yves Jean et Laurent Rieutort (dir.), *Les Espaces ruraux en France, op. cit.*, p. 77.

1. *Ibid.*

2. Louis Maurin (entretien), « La pauvreté du rural est surestimée », *Alternatives économiques*, 2 janvier 2019.

Louis Maurin, directeur de l'Observatoire des inégalités. « La ville, c'est à la fois la perte des repères, une forme d'"anomie" disent les sociologues, mais aussi une formidable liberté : elle permet à de nombreux individus d'échapper au contrôle social du voisin. » Quant à la supposée solidarité dans les campagnes, il ne faut pas négliger, notent Pierre Pistre et Frédéric Richard, « le poids du qu'en dira-t-on qui peut renforcer la réalité et le sentiment d'exclusion sociale dans certains espaces ruraux[1] ». Dans beaucoup de territoires ruraux, la souffrance, lorsqu'elle existe, est souvent silencieuse. Dans ces villages où le travail et l'effort restent des valeurs fortes, l'aide sociale est une étape à laquelle on ne se résout que si on va vraiment mal. Il faut donc être très prudent quant à ce supposé avantage pour le rural.

Un autre atout des campagnes est moins discutable : la qualité de l'offre culturelle, plus large que ce qu'on imagine généralement. C'est vrai pour la culture au sens des musées, des spectacles, des concerts, nous y reviendrons. Mais les campagnes, qui furent longtemps le lieu où vivait une majorité de Français, ont également et logiquement conservé un patrimoine historique. Pour un Européen, la chose semble naturelle, et on ne prête plus attention à ces villages médiévaux, ces milliers d'églises ou ces vieilles bâtisses. Mais, lorsqu'on visite des pays à l'histoire plus récente, comme la Nouvelle-Zélande, on reprend la mesure de cette richesse. D'autant qu'en France des paysages somptueux et variés viennent l'encadrer. Les régions ont bien compris l'intérêt du marketing territorial et se sont lancées dans une course à la labellisation : parcs naturels régionaux, pays d'art et d'histoire, petites cités de caractère, plus beaux villages de France, route des vins, etc.[2].

1. Pierre Pistre et Frédéric Richard, « Dynamiques démographiques et recompositions sociales dans les espaces ruraux », *op. cit.*, p. 134.

2. Mauricette Fournier (dir.), *Labellisation et mise en marque des territoires*, Clermont-Ferrand, Presses universitaires Blaise-Pascal, 2015.

L'argent contribue au bonheur, mais n'y suffit plus

L'argent ne fait pas le bonheur, surtout au milieu des rivières et des montagnes drômoises. Et si les revenus sont faibles, dans la vallée, le coût de la vie l'est aussi. Bien sûr, la renaissance du territoire et l'arrivée du TGV ont troué les porte-monnaie, surtout pour se loger. Cependant, comparé aux grandes villes, les prix de l'immobilier restent très abordables, et si la dépendance au carburant peut grever les budgets, d'autres domaines permettent de compenser ; mais, pour épargner les lecteurs des grandes villes de cet ouvrage, on ne donnera pas le prix au kilo des abricots à la belle époque dans la vallée de la Drôme… Les activités culturelles, sportives coûtent également moins cher, sans parler, tout simplement, du prix du pain.

« On surestime la pauvreté à la campagne[1] », affirme carrément Louis Maurin. « Le carburant a un impact non négligeable sur le budget des ménages, notamment pour les 5 % des Français qui vivent dans le rural isolé. Mais il est loin de rattraper le coût du logement », détaille-t-il. Malheureusement, on ne dispose pas, comme aux États-Unis, d'un indice localisé des prix, qui permettrait une analyse plus précise. L'une des rares études sur le sujet estime qu'un salarié en Île-de-France, avec un salaire 10 % supérieur, aurait un pouvoir d'achat 5 % inférieur, en moyenne, à celui d'un même salarié ailleurs dans le pays[2]. Une autre étude, de l'Insee celle-là, semble plus favorable aux urbains : les prix moyens des produits de consommation des ménages en Île-de-France seraient en moyenne 9 % plus élevés

1. Louis Maurin, « La pauvreté du rural est surestimée », *op. cit.*

2. Laurent Davezies, « Croissance sans développement en Île-de-France », Institut Caisse des Dépôts pour la recherche et la direction du développement territorial de la Caisse des Dépôts, 2007.

que ceux observés ailleurs en France (hors Corse)[1]. En face, le salaire horaire net moyen d'un ouvrier ou d'un employé est de l'ordre de 8 % à 10 % plus élevé en région parisienne. *A priori,* donc, les Franciliens s'y retrouvent. Sauf que les loyers sont 50 % plus élevés pour les habitants de la région parisienne. Or on se passe plus facilement d'une nouvelle table que d'un appartement.

Mais se focaliser sur les revenus ne permet pas de répondre à une question : pourquoi l'Île-de-France a-t-elle le plus mauvais solde migratoire du pays, alors que les lois de l'économie classique nous disent que les individus se déplacent pour toucher des salaires plus élevés ? L'urbaniste Sophie Gonnard a étudié les mouvements migratoires en France en se demandant s'ils étaient liés à la volonté d'être mieux payé. Elle observe d'abord que « les régions qui parviennent à attirer davantage de migrants qu'elles n'en voient partir sont celles où les évolutions de salaire des immigrants sont en général les moins favorables[2] ». Elle fait donc l'hypothèse que « l'engouement des individus pour le Sud et l'Ouest ne relève pas de considérations salariales et que les salariés qui s'installent dans ces régions aux conditions de vie plus agréables ne recherchent pas tant à améliorer leur situation professionnelle que leur cadre de vie[3] ». Cela confirme nos observations précédentes.

Mais Sophie Gonnard note aussi que, hormis pour certains travailleurs très qualifiés dans des secteurs très rémunérateurs,

1. Émeline Clé, Luc Sauvadet, Laurence Jaluzot, Fabien Malaval et Guillaume Rateau, « En 2015, les prix en région parisienne dépassent de 9 % ceux de la province », *Insee Première,* n° 1590, 2016.

2. Sophie Gonnard, « Salaires et migrations interrégionales en 2000 : une situation contrastée selon la trajectoire migratoire », *Retraite et société,* n° 28, 2006, p. 216-226.

3. *Ibid.*

« l'intérêt pécuniaire de la migration ne se situe pas au niveau de l'évolution de leur salaire mais plutôt de celle de leur pouvoir d'achat, notamment pour ceux qui ont quitté l'Île-de-France où le coût de la vie (et surtout des logements) est bien plus élevé qu'en province ». Le coût du logement est en effet une des principales déséconomies d'agglomération – terme qui désigne les processus lors desquels les défauts de la concentration des hommes et des activités prennent le pas sur les avantages (ici, le coût du logement supplante en partie l'intérêt de la proximité). Ce coût est aussi une forme de dégradation de la qualité de vie car, étant une dépense contrainte par excellence, il réduit la part de choix de chaque individu quant à sa consommation. Quand il faut consacrer 30 % à 40 % de ses revenus à son logement (qui peut être trop petit, humide ou bruyant), la qualité de vie est bel et bien dégradée.

Dès lors, alors même que les habitants des campagnes ont tendance à intérioriser la prophétie selon laquelle ils seraient en déclin, ils sentent bien qu'il fait bon vivre à la campagne. Une étude menée par l'Observatoire du bien-être indique ainsi que « les mesures de bien-être subjectif pour la France font apparaître un avantage en faveur des campagnes : les ruraux sont plus heureux, plus satisfaits de leur vie, de leur logement, de leurs relations sociales, et se sentent plus en sécurité[1] ». Et de préciser : « Globalement, toutes ces métriques se dégradent avec la taille des agglomérations, pour atteindre un point bas à Paris. » L'emploi est certes jugé moins satisfaisant et le niveau de vie est plus bas, mais, au total, même les ruraux les plus pauvres se déclarent plus satisfaits que les pauvres des villes. Des résultats qui confirment qu'entre

1. Madeleine Péron et Mathieu Perona, « Bonheur rural, malheur urbain ? », *Note de l'Observatoire du bien-être*, n° 2018-07.

pollution, congestion, stress, etc., les grandes agglomérations sont victimes des limites de la concentration. Bien sûr, l'Insee rappelle que le déterminant le plus décisif en matière de bien-être concerne le niveau de vie[1]. Il est plus simple de profiter de l'existence quand on n'a pas de dettes et qu'on peut s'offrir du saumon frais dans un logement bien chauffé. Mais l'économiste Richard Easterlin a montré dès les années 1970 que, au-delà d'un certain niveau de richesses, le bien-être n'est plus corrélé avec l'augmentation des revenus. En d'autres termes, au-delà d'un certain seuil (15 000 dollars par habitant et par an aux États-Unis, ce qui n'est pas énorme), ce n'est plus l'argent qui fait le bonheur.

Pourquoi la qualité de vie reprend-elle autant d'importance aujourd'hui ? Peut-être parce qu'il n'a jamais été aussi facile de la concilier avec les envies professionnelles. « Le renouveau des campagnes constitue une forme de réconciliation des projets de vie après un siècle de division spatiale du bonheur », estime ainsi le géographe Martin Vanier. « Pendant longtemps, il fallait choisir entre la carrière et la qualité de vie. Désormais, pour ceux qui ont la chance de choisir leur vie, la ruralité permet de redonner de la cohérence entre le lieu d'habitation, l'éducation des enfants (qui est un déterminant très important) et une activité économique intéressante », poursuit le chercheur.

Une qualité de vie synonyme de décroissance

Retour dans la vallée de la Drôme. Guillaume Doré est un jeune homme de vingt-huit ans. Après avoir fait « sport nat' »

1. François Gleizes, Sébastien Grobon, « Le niveau de satisfaction dans la vie dépend peu du type de territoire de résidence », *Insee Focus,* n° 139, 2019.

à Die (surnom donné à la section sport de pleine nature du lycée du Diois) et passé des diplômes d'accompagnateur de sports de pleine nature, il cherche sa voie. Comme beaucoup ici, il s'engage dans les milieux associatifs et militants : droit au logement, lutte contre les « grands projets inutiles » locaux comme le nouveau centre aquatique de Crest, organisation d'un carnaval dans la ville… En été, il se rend dans le Gard où il est animateur dans des colonies de jeunes. Un jour, il obtient un CDD (contrat à durée déterminée) à mi-temps dans une MJC (maison des jeunes et de la culture) de la vallée. Et puis le CDD est renouvelé, et puis on lui propose un CDI (contrat à durée indéterminée) : « J'ai accepté, même si ce n'était pas du tout important pour moi. Mais maintenant, tout le monde me chambre ici ! », s'amuse-t-il. Un CDI, dans les réseaux « alter » très actifs de la vallée, ce n'est pas tendance. Parce que c'est s'inscrire dans « le système », ses cadres et ses règles monotones. Pourquoi s'y contraindre, alors qu'il est possible de vivre avec un mi-temps et de réaliser des projets plus intéressants pour le territoire ?

Beaucoup d'habitants expérimentent ici une forme de décroissance matérielle et une distanciation avec le monde du travail classique. Par choix. Il ne s'agit pas de vivre reclus, ou en marge. Il ne s'agit pas non plus de s'opposer frontalement au modèle dominant. Il s'agit simplement de faire différemment, en cohérence avec des valeurs personnelles fortes. Se manifeste souvent un engagement politique au sens large, qui peut se traduire par des actes individuels (consommation engagée, autoproduction) ou collectifs (militance, engagements associatifs).

À l'image d'une génération qui vit la sobriété heureuse comme l'a théorisée le voisin ardéchois Pierre Rabhi, beaucoup de « néos » sont « à la recherche de sens », pour reprendre les mots de Tijlbert Vink. Quel sens ? Essentiellement un mode de vie écologique. Pas nécessairement de façon aussi « radicale » que les décroissants, car, passé protestant oblige, une fibre entrepreneuriale flotte dans la vallée. « La vallée de la Drôme est un territoire très en avance sur le plan de la réflexion environnementale grâce aux Hollandais des années 1970, explique Jean Serret. Ils ont amené avec eux un art de vivre dont la greffe a pris. Les gens ont été mis en mouvement et, maintenant, les choses se font naturellement. » Ces choses, ce sont notamment des entreprises qui se créent dans le développement durable. Ainsi, l'agriculture bio est très en avance dans la vallée. L'agroalimentaire suit le mouvement. La culture et la transformation des plantes aromatiques et médicinales aussi. Les artisans du bâtiment se sont largement tournés vers l'écoconstruction et la rénovation. Même en matière de voiture, symbole de la société fordiste de production et de consommation de masse, la vallée a bougé, puisque GPA, à Livron, est l'un des principaux recycleurs de France.

Cette conscience écologique n'est pas l'apanage des entrepreneurs. La plupart des nouveaux arrivants sont aussi venus chercher *a minima* une vie en harmonie avec la nature, mais plus encore une cohérence avec certaines valeurs liées au développement durable. Tijlbert Vink détaille : « La grande majorité de mes salariés ne sont pas d'ici, ils sont arrivés par conviction écolo : ils cherchaient un territoire qui leur convenait pour élever leurs enfants, et voulaient donner du sens à leur vie. C'est même devenu un critère de recrutement : quelqu'un qui partage le projet de produire quelque chose de qualité et de durable va forcément se plaire ici. Du point de vue du chef d'entreprise, cela va devenir un atout en termes de performance économique. » Résultat, 50 % de ses salariés viennent travailler à vélo alors que l'usine est isolée dans un petit village, près d'une dizaine roulent en voiture électrique « et beaucoup construisent des maisons écolos et font des courses qui ont du sens », s'enthousiasme Tijlbert Vink.

Cette recherche d'alternatives est souvent philosophique, mais elle peut aussi constituer une réponse très concrète à la faiblesse des revenus, comme l'expliquent Céline Ferry et Éléonore Guillemaud, de la compagnie Transe Express : « Tous ceux qui viennent vivre la décroissance ici testent des choses. Comme personne n'est très riche, et surtout pas les collectivités locales, il faut inventer des solutions. Par exemple, on va mettre notre salle de spectacle à disposition de ceux qui veulent faire une représentation mais qui n'ont pas de salle. En échange, on garde une part de la billetterie. Autre exemple : on a besoin de matériaux pour construire nos décors. On se sert chez Emmaüs, et au passage on fait un spectacle là-bas ! » Les territoires inventent ainsi des schémas de production économique qui échappent largement aux statistiques officielles. Mais, on le sait bien à Biovallée comme dans de très nombreuses campagnes, cette économie non marchande constitue un pilier économique et social des territoires.

Agriculture, artisanat, commerce : une nouvelle demande

Elles sont parfois un peu tristes, les rues de Crest, porte d'entrée de la vallée de la Drôme. Au pied des contreforts sud du massif du Vercors, à l'ombre de l'imposante tour de Crest, elles restent relativement calmes la semaine. Mais, le samedi matin, elles sont soudain saisies d'une effervescence aussi forte que ponctuelle. La raison ? Le marché. Dans la principale rue piétonne de la vieille ville, on vient y acheter fruits, légumes, picodon (fromage de chèvre typique de la Drôme), miel, herbes aromatiques et médicinales, volaille, charcuterie, pain… Tout y est local, bio ou les deux. Seuls quelques rares revendeurs de fruits et légumes standardisés se risquent à proposer leurs produits. Ils savent que la concurrence de ces dizaines de petits producteurs locaux est rude : ils sont (un peu) plus chers, mais la population les connaît, parce qu'ils déposent leurs enfants à la crèche, qu'ils sont présents dans les associations et qu'on peut passer leur acheter les produits directement à la ferme.

Dans la vallée de la Drôme, presque un tiers de la surface agricole utile (SAU) est cultivée en bio, contre 7,5 % en moyenne en France. Le bio n'est plus une exception, c'est une évidence, surtout pour les petites exploitations maraîchères. Plus largement, la Drôme est le premier département bio de France. Dans la vallée, deux tiers des surfaces, et notamment une large part des vignes permettant de produire la clairette de Die, restent traités. Mais le bio est profondément enraciné. « Quand nous avons choisi “Biovallée” comme nom pour notre projet de développement, c'était évidemment un clin d'œil pour les pionniers du bio dans la vallée », note Jean Serret. Ces pionniers, c'étaient bien sûr les Hollandais, Suisses et Allemands, qui siégeaient encore en masse il y a quelques années au conseil d'administration d'Agribiodrôme, l'association départementale des producteurs bio basée à Crest. Désormais, une nouvelle génération a pris le relais.

Déclinaison de l'agriculture de qualité, l'agroalimentaire a lui aussi commencé à monter en gamme. À l'image des compotes Charles & Alice, dont le siège et la principale usine sont basés à Allex. Leurs compotes sans sucre ajouté captent déjà 60 % de ce marché dans les grandes surfaces françaises, et le groupe vient d'investir 8 millions d'euros dans l'usine d'Allex pour augmenter ses capacités de production de 40 %. Partie d'une petite entreprise de transformation de fruits en 2007, la marque pèse désormais 140 millions d'euros de chiffre d'affaires et emploie 400 personnes dans la Drôme et dans le Vaucluse. Les pommes utilisées pour la gamme sans sucre ajouté proviennent d'un rayon de cent quatre-vingts kilomètres, et la moitié des seconds fruits (poires Williams, abricots Bergeron, kiwis, pruneaux) est d'origine France[1]. Pour faire face à une demande galopante sur le segment bio, l'entreprise passe des contrats d'exclusivité avec les arboriculteurs bio de la région, malheureusement pas assez nombreux pour suivre.

À l'image de ce qui se passe avec les fruits, la vallée de la Drôme a, comme presque partout en France, relancé une production de bière à haute valeur ajoutée. Dès 2001, la brasserie Markus ouvre le bal. Elle est suivie, notamment à partir des années 2010, par une ribambelle de micro-brasseries, entre simples brasseurs amateurs qui font fermenter la bière dans leur garage et fournissent quelques amis et brasseries plus importantes, comme la Pleine Lune, à Chabeuil, qui emploie désormais sept personnes.

Mais, pour faire de la bière locale, il faut trouver des ingrédients locaux. Pour l'eau, c'est encore assez simple. En revanche, le houblon le plus proche vient d'Alsace, et plus fréquemment d'Allemagne ou de Pologne. Même chose pour le malt, cette orge transformée, quasiment indispensable pour fabriquer une bière. Alors, pourquoi ne pas monter une malterie ? C'est l'idée des Malteurs Échos, qui furent la première malterie artisanale et locale française. Si la brasserie a été placée en liquidation judiciaire début 2019 suite à des difficultés de gestion, son histoire permet de comprendre comment se recréent sur un territoire des filières à haute valeur ajoutée. « Au départ, l'idée nous est venue en rencontrant des brasseurs ardéchois et rhônalpins. On s'est rendu compte qu'ils devaient

1. Léa Delpont, « Charles & Alice investit 8 millions dans une nouvelle ligne de production », *Les Échos,* 24 novembre 2017.

importer leur malt pour produire leur bière locale. Écologiquement absurde ! », rembobine Baptiste François, l'un des trois cofondateurs. Ils choisissent alors de produire du malt bio, à partir d'orge certifiée. « On ne pouvait pas se battre sur les prix avec les industriels », poursuit Baptiste François. Au moment où ils se lancent, en 2012-2013, ils vendent leur malt 1 150 euros la tonne, contre 600 dans l'industrie. Mais proposer du malt deux fois plus cher, c'est possible, « pour peu qu'on apporte quelque chose d'autre ».

La mayonnaise prend rapidement. En 2013-2014, les Malteurs produisent 100 tonnes, après une phase d'expérimentation avec quelques brasseurs qui les ont encouragés dès le début. David Desmars en fait partie. Brasseur dans la Drôme, il achetait du malt drôme-ardéchois pour produire une de ses bières : « J'appréciais beaucoup leur démarche qui consistait à monter un réseau local de qualité et échanger avec les producteurs. Ça répondait aussi à la demande de mes clients, qui veulent savoir ce qu'il y a dans leur bouteille. » En amont de la chaîne, le discours était voisin chez François Sausse, agriculteur bio qui fournissait une partie de l'orge à la malterie : « J'étais content de pouvoir valoriser ma production localement. Financièrement, je n'y gagnais pas grand-chose de plus, mais j'étais heureux de faire travailler mes voisins. »

Juridiquement, les Malteurs avaient choisi le statut de SCIC (société coopérative d'intérêt collectif), de façon à associer le maximum d'acteurs du territoire. Au total, 168 acteurs différents (brasseries, paysans céréaliers, collectivités locales, citoyens) ont participé à l'aventure. Avec en tête l'idée d'aller au-delà d'un simple business. En 2015, Baptiste François expliquait que « l'objectif n'est pas de grandir au-delà de 1 000 tonnes de malt par an, car ce serait incohérent avec tout ce qu'on prône. Laissons d'autres malteurs locaux s'installer, et montrons simplement qu'on peut faire un développement agri-rural alternatif au modèle agricole dominant ». Rattrapés par une gestion incertaine, les Malteurs ont mis la clé sous la porte. Mais pas par manque de clients : leur carnet d'adresse en comptait 215 début 2019. Une autre malterie a ouvert, basée en Auvergne, la Malterie des Volcans, en lien avec les Malteurs Échos. Baptiste François, lui, était parti avant la liquidation, fonder une distillerie artisanale. Il y transforme des matières premières essentiellement locales et bio en whiskies, rhums, eaux-de-vie et autres liqueurs. Et, comme la Drôme-Ardèche n'est pas assez rurale pour lui, il s'est installé au fin fond du Cantal, où il étend son activité à de l'hébergement touristique.

Pour fabriquer de la bière, il faut aussi du houblon. Il reste difficile de trouver du houblon local dans la région. Mais une association, soutenue notamment par le cluster bio Auvergne-Rhône-Alpes (porté par la chambre de commerce et d'industrie et d'autres institutions), travaille à recréer une filière locale de cette plante particulière. On le voit, à partir simplement d'un renouveau de la bière chez les consommateurs se recrée toute unc filière agricole et agro-industrielle de petite taille à haute valeur ajoutée, avec des emplois de qualité à la clé.

Fruits, bière, vin… : dans la Drôme, la valorisation des produits agricoles est partout, et il serait fastidieux de tous les citer. Impossible cependant de ne pas évoquer les plantes aromatiques et médicinales, qui ont constitué l'un des plus puissants moteurs de la renaissance économique du territoire. Outre l'Herbier du Diois, dont nous avons déjà parlé, la vallée de la Drôme a connu de nombreuses *success stories* dans la culture et la transformation d'herbes en huiles essentielles et cosmétiques. Ainsi, quand il commence à distiller des plantes pour progresser en aromathérapie, Rodolphe Balz, venu des sciences sociales et humaines, ne se doute pas qu'il fondera un jour une entreprise, Sanoflore, qui finira en 2006 dans les mains du groupe L'Oréal, à une époque où elle emploie 150 personnes. Certes, la multinationale n'a conservé que le centre de recherche (20 personnes) et a vendu l'usine de production, qui n'emploie plus que 60 personnes. Mais les deux restent situés dans le petit village plutôt isolé de Gigors-et-Lozeron, où ils côtoient d'autres entreprises du même secteur comme Herbarom, à Aouste-sur-Sye, qui réalise presque 15 millions d'euros de chiffre d'affaires annuel.

Les territoires ruraux ont donc une carte à saisir en matière de valorisation des productions agricoles. Nous l'avons vu, beaucoup l'ont déjà fait, comme la Drôme ou le Cantal, sur certains segments (notamment la lentille). Cela dit, entre posséder une ressource agricole et la valoriser correctement, il y a un pas – nous y reviendrons.

Les deux visages de l'agriculture

L'agriculture a bien sûr perdu le rôle central qu'elle avait longtemps tenu dans l'économie française, et dans les territoires ruraux. Mais elle porte toujours en elle une dimension symbolique essentielle. Le Salon de l'agriculture reste un événement incontournable qui attire autour de 650 000 personnes chaque année, et occupe le paysage médiatique et politique pendant une bonne dizaine de jours. De même, les agriculteurs constituent la catégorie socioprofessionnelle politiquement la plus surreprésentée. Ce n'est plus le cas à l'Assemblée nationale, où seuls 2,5 % des députés de 2017 sont agriculteurs, c'est-à-dire pas beaucoup plus que leur poids dans la population française (0,9 %). Mais les agriculteurs représentent toujours 13,4 % des maires. « L'histoire économique singulière de la France et le rôle clé de l'agriculture et de la paysannerie jusqu'en 1950 [...] expliquent un attachement singulier, voire une véritable passion des Français à la terre et aux enjeux agricoles, aux questions d'alimentation ou de dégradation des paysages ruraux », confirment Yves Jean et Laurent Rieutort dans la conclusion du remarquable ouvrage qu'ils ont coordonné[1].

Le monde agricole a connu cependant des évolutions profondes, qui affectent directement les territoires ruraux. D'abord la réduction du nombre d'exploitations sous l'effet du progrès technique. Ce nombre a été divisé par deux entre 1955 et 1988, puis encore par deux entre 1988 et 2010 ! Le rythme des disparitions décélère un peu désormais, mais la tendance se poursuit : les agriculteurs étaient encore 514 000 en France en 2008, 448 500 dix ans plus tard. Les sols agricoles ont certes été grignotés par l'étalement urbain, mais la recomposition s'est surtout effectuée à travers les agrandissements : la taille moyenne d'une exploitation est passée de 10 hectares en 1945 à 55 hectares aujourd'hui.

Alors que les fermes « à l'ancienne » pratiquaient beaucoup la polyculture, voire la transformation à la ferme de la production, « l'agriculture est de plus en plus cantonnée à la fourniture de matière premières [à l'industrie agroalimentaire] dans des logiques de filières agroalimentaires. [...] Cette organisation en filière est bien aujourd'hui celle qui domine, et de loin, en dépit de la croissance récente des "circuits courts" ou des marchés de proximité[2] », rappelle Daniel Ricard, géographe au Centre d'études et de recherches appliquées au Massif central, à la moyenne montagne et aux espaces fragiles. Cette organisation, qui s'est mise en place pendant les Trente Glorieuses,

1. Yves Jean et Laurent Rieutort (dir.), *Les Espaces ruraux en France*, *op. cit.*, p. 485.

2. Daniel Ricard, « Systèmes et modèles agricoles en France », *in* Yves Jean et Laurent Rieutort (dir.), *Les Espaces ruraux en France*, *op. cit.*, p. 235.

a atteint son objectif d'alors : devenir ultra-productive. Des gains de productivité majeurs (mécanisation, etc.) ont permis de produire beaucoup, tout en baissant les prix. Les performances techniques ont concerné aussi bien la production (engrais, stockage...) que la transformation des produits agricoles. Fers de lance de ces progrès, les principales entreprises agroalimentaires françaises sont souvent des multinationales de premier plan mondial, notamment dans le monde du lait (Danone, Lactalis, Sodiaal).

Ce modèle agricole est aujourd'hui remis en cause. D'abord parce que son efficacité et sa capacité à produire beaucoup et à bas prix ont abouti à des surproductions difficiles à écouler, obligeant les pouvoirs publics à mettre en place des quotas de production destinés à maintenir les prix à un niveau permettant de rémunérer (un peu) les producteurs. Ensuite, l'agriculture, entrée dans le système capitaliste, en a connu les bienfaits, mais aussi les méfaits, notamment une course à l'agrandissement des exploitations qui a plongé de nombreux agriculteurs dans les dettes, la dépression et, trop souvent, le suicide. Enfin, et surtout, l'agriculture intensive a dépassé les limites environnementales. Pollution des eaux, des terres, de l'air, émissions de gaz à effet de serre (CO_2, méthane), dépendance aux produits chimiques, etc., sont devenus incompatibles avec la protection de l'environnement. Ce modèle a par ailleurs conduit à plusieurs scandales sanitaires, souvent causés par la course à l'agrandissement et la croissance.

En toute logique, un contre-modèle plus durable se développe aujourd'hui. Jouant la carte environnementale, locale ou extensive (et parfois les trois), plus « qualitatif », il gagne des parts de marché depuis trois ou quatre décennies sous l'effet de la demande des consommateurs. « La quête effrénée des derniers quintaux de blé ou des derniers litres de lait par vache n'est souvent plus de mise, compte tenu des coûts de production qui doivent être engagés[1] », écrit Daniel Ricard. L'idée, c'est de faire moins, mieux, et de vendre plus cher. De nombreux consommateurs ont fait la bascule : le nombre de produits alimentaires du quotidien vendus a baissé de 1,2 % en 2018. L'évolution n'a rien d'alarmant pour les territoires ruraux, car beaucoup de PME agroalimentaires rurales sont déjà positionnées sur le haut de gamme. Les grands groupes, en revanche, vont devoir se réinventer, car les consommateurs font davantage confiance aux PME et au *made in* France, et de moins en moins aux marques internationales. « Aux yeux des clients des grandes surfaces, tout ce qui est petit est joli[2] », note le journaliste Philippe Bertrand.

Il s'agit donc de créer de la valeur, viser la rentabilité sur des petits volumes et arrêter de s'épuiser dans une compétition gros volumes / petits prix qui se joue désormais à l'échelle mondiale. Cette reterritorialisation de l'agriculture a déjà commencé à créer des emplois dans les campagnes, et le mouvement n'en est qu'à ses débuts. Il est facilité par le fait que « l'agriculture française conserve son caractère familial[3] » en dépit de l'agrandissement des exploitations. En effet, il est rare que des entrepreneurs richement dotés achètent des exploitations pour les exploiter sous forme industrielle. Cela explique la vitalité des pratiques alternatives à l'agriculture intensive et industrielle, qui prennent essentiellement trois formes : le bio, les circuits courts et les labels.

1. *Ibid.*, p. 239.

2. Philippe Bertrand, « Le piège de la baisse des volumes dans les grandes surfaces », *Les Échos*, 3 avril 2019.

3. Daniel Ricard, « Systèmes et modèles agricoles en France », *op. cit.*, p. 236.

L'agriculture durable entre bio, circuits courts et labels

41 600 exploitants en France bénéficient aujourd'hui du label AB, qui certifie la pratique de l'agriculture biologique[1] : la barre des 10 % d'exploitations bio est donc en passe d'être franchie. Deux millions d'hectares sont désormais cultivés en bio, soit 7,5 % de la surface agricole utile française. On est encore loin de l'objectif fixé par la loi de 15 % de SAU en 2022, mais le bio crée déjà beaucoup d'emplois. Au total, l'agriculture bio représentait ainsi 155 000 emplois directs en équivalent temps plein fin 2017, selon l'Agence bio. Par ailleurs, comme elle le rappelle, « la part élevée de transformation à la ferme, avec la commercialisation en circuit court, ainsi que la prévalence plus forte des exploitations dédiées aux fruits, aux légumes et à la vigne augmentent le contenu en emplois des exploitations[2] ». Le « travail qualitatif » est en effet important : désherbage, suivi des cultures, transformation, vente directe… « Conséquence, les fermes bio ont un contenu en emplois supérieur de 59 % au secteur conventionnel », résume l'agence.

Mais « bio » ne signifie pas nécessairement « local ». Et le bio peut même être industriel. Voilà pourquoi les consommateurs sont aussi attentifs au lieu de production de ce qu'ils achètent. Les circuits courts ont connu un développement rapide ces dernières années, contribuant à rapprocher le consommateur du producteur. Un circuit de distribution est considéré comme court dès lors que le lien entre producteur et consommateur est direct ou

1. « Les chiffres 2018 du secteur bio. Un ancrage dans les territoires et une croissance soutenue », Agence bio, 12 mars 2019.

2. « Les chiffres clés de l'agriculture biologique en 2017 », Agence bio, juin 2018.

ne compte qu'un seul intermédiaire. Une définition plus tacite prévoit une distance entre le champ et l'assiette d'environ quatre-vingts kilomètres, mais celle-ci peut être beaucoup plus longue, pour les agrumes par exemple. Parmi les déclinaisons des circuits courts : les Amap (association de maintien d'une agriculture paysanne), où des consommateurs s'engagent à acheter la production d'un ou plusieurs agriculteurs. Mais le rapprochement prend de multiples autres formes : magasins de producteurs, marchés physiques (où la clientèle rajeunit), vente à la ferme… L'idée est de se rencontrer, de savoir d'où vient le produit, mais aussi de se passer d'intermédiaires, et donc de coûts supplémentaires. Les producteurs peuvent ainsi vendre plus cher qu'en conventionnel et les consommateurs acheter à prix raisonnables, voire faibles, tout en rémunérant mieux les producteurs.

Ce mouvement a cessé d'être marginal : la production en circuits courts avoisinerait les 7,8 milliards d'euros en 2015, contre 6,7 milliards en 2010, selon le ministère de la Transition écologique[1], soit 12 % à 13 % de la production agricole française. Un agriculteur français sur cinq écoule au moins une partie de sa production en circuits courts. Comme le note la géographe Salma Loudiyi, ces agriculteurs sont plus jeunes que la moyenne (49 ans contre 52) et les exploitations sont plutôt petites et plus riches en emploi que la moyenne (2,2 unités de travail annuel [UTA] contre 1,4 pour la moyenne des exploitations agricoles françaises)[2]. Enfin, ces circuits courts sont particulièrement utilisés dans ce que Salma Loudiyi appelle les « campagnes rurales attractives », citant les montagnes des Alpes et des Pyrénées, et bien entendu le Diois, les Baronnies, les Cévennes ou encore

1. « Économie sociale et solidaire : les circuits courts alimentaires », ministère de la Transition écologique et solidaire, 2017.

2. Salma Loudiyi, « Agricultures et alimentations de proximité », *in* Yves Jean et Laurent Rieutort (dir.), *Les Espaces ruraux en France*, *op. cit.*, p. 270.

la Corse, où les deux tiers des exploitants commercialisent en circuits courts.

Les pouvoirs publics encouragent la tendance, notamment en matière de restauration collective. En 2022, au moins 50 % des produits servis dans les cantines devront être locaux ou sous labels de qualité, dont 20 % en bio. Ces obligations, votées par l'Assemblée nationale dans le cadre du projet de loi alimentation d'octobre 2018, vont ouvrir des marchés nouveaux, stables et prévisibles à des agriculteurs qui n'osent pas encore se lancer dans le bio ou la production plus locale. Une loi de 2014 avait déjà mis sur pied un nouvel outil : les projets alimentaires territoriaux (PAT), qui visent à réunir les acteurs locaux (producteurs, transformateurs, distributeurs, collectivités locales et consommateurs) pour tenter de reterritorialiser l'agriculture. De nombreux territoires se sont déjà saisis de ce dispositif, même s'il est encore trop tôt pour en dresser le bilan.

La labellisation permet elle aussi de faire valoir des pratiques agricoles vertueuses. Depuis un demi-siècle, aucune filière n'y échappe : les labels ont fleuri partout, et beaucoup connaissent un beau succès, à commencer par les appellations d'origine protégées (AOP), en particulier dans les filières viticole (59 % du vignoble national était cultivé en AOP en 2015) et lait. « Cette valorisation de l'origine géographique [trouve sa déclinaison] dans des produits particuliers, construits dans le temps long, et relevant de savoir-faire spécifiques développés dans un territoire donné[1] », explique le géographe Daniel Ricard. C'est le fameux terroir qui, contrairement à ce que l'on peut imaginer, n'est pas une donnée naturelle mais une construction humaine qui permet la valorisation d'un territoire. Le géographe Jean-Robert Pitte l'explique à propos des vins : « Au sein d'une région viticole, les

1. Daniel Ricard, « Systèmes et modèles agricoles en France », *op. cit.*, p. 247.

données naturelles semblent expliquer la hiérarchie des terroirs. Mais [...] la plupart des “bons” terroirs ont bénéficié au cours de leur histoire d'améliorations sensibles de leur potentiel, au point qu'ils sont largement construits et artificiels[1]. » Le fromage est très largement labellisé, mais aussi des productions à faible volume, comme les olives, l'huile d'olive, les châtaignes, le miel, etc. L'impact local est fort, comme en témoigne la dynamique suscitée par l'olive de Nyons.

Le processus de labellisation est ancien, puisque la première appellation d'origine contrôlée (AOC) a vu le jour en 1919 sur demande de vignerons français. Mais l'émergence d'une consommation moins standardisée depuis une cinquantaine d'années a accéléré le mouvement, à l'image du Label rouge apparu en 1960, qui a permis à la filière de la volaille de monter en gamme et de dégager des marges. Ont suivi le bio, puis des certifications européennes type IGP (indication géographique protégée). À ces labels s'ajoutent ceux délivrés soit par des distributeurs (Carrefour et « Reflets de France », Leclerc et « Nos régions ont du talent ») soit par des ONG, comme le World Wild Fund (WWF) qui accorde le label MSC aux produits de la mer pêchés durablement et le label ASC aux produits d'aquaculture durable.

Plutôt comté ou cantal ?

Bien sûr, tous les labels ne se valent pas. Certains ne sont que des marques commerciales quand d'autres répondent à des critères précis de qualité, avec des cahiers des charges très exigeants (croissance lente, élevage extensif, aucun intrant chimique, etc.). Au sein même des AOP, des différences importantes existent :

1. Jean-Robert Pitte cité dans Vincent Grimault, « Le fromage, planche de salut du lait français ? », *Alternatives économiques,* 1er février 2019.

en matière de fromage, certaines obligent à produire au lait cru, d'autres autorisent la pasteurisation. Du côté du consommateur, la démarche est toujours la même : acheter un produit de bonne qualité qui rémunère le travail local. Cette tendance ouvre des perspectives de développement économique majeur, mais seulement à certaines conditions.

L'exemple du fromage, et notamment du comté, est, à ce titre, très parlant[1]. L'histoire du fromage dans le Jura et la Franche-Comté remonte loin. Dans *Les Misérables* (1862), Victor Hugo montre Mgr Bienvenu, évêque de Digne, vanter à Jean Valjean les « fruitières » de Pontarlier, ces petits ateliers de transformation du lait en fromage. Cent cinquante ans plus tard, le comté est le fromage AOP le plus vendu en France, avec plus de 50 000 tonnes écoulées chaque année, contre 30 000 en 1991. Une croissance qui profite aux agriculteurs. Alors que le prix « classique » pour 1 000 litres de lait tourne dans l'Hexagone autour de 350 euros, il atteint près de 500 euros quand le lait est transformé en comté. Comment le comté en est-il arrivé là ? « Il est produit dans un territoire qui a un ADN collectif très ancien, qui a vu naître Pierre-Joseph Proudhon, les premières mutuelles ou encore la première caisse du Crédit agricole, rappelle Pierre-François Bernard, ancien directeur des fédérations départementales des coopératives laitières du Doubs et du Jura. Les acteurs sont habitués à se mettre autour de la table, et à aboutir à des décisions par consentement mutuel. »

Concrètement, la force du comté est sa gouvernance, qui rassemble les trois grands acteurs de l'interprofession : les 2 500 producteurs de lait, les 250 transformateurs (essentiellement des coopératives) et la quinzaine d'affineurs, chargés de l'affinage et de la commercialisation. Au sein du Comité interprofessionnel

1. *Ibid.*

de gestion du comté (CIGC), ils s'accordent notamment sur trois piliers. D'abord le « plan de campagne », qui consiste à décider du volume de fromage produit et vendu, de façon à maîtriser au maximum les prix de vente. Une entorse à la concurrence acceptée par Bercy et l'Europe à condition que « cette régulation s'inscrive dans une dynamique globale de croissance : les acteurs d'une filière n'ont pas le droit de se constituer une rente en bloquant l'arrivée de tout nouveau compétiteur », précise Valéry Elisseeff, directeur du CIGC. Chaque année, 920 tonnes supplémentaires de comté sont donc produites et vendues. Ce type de dispositif est aussi utilisé par les acteurs du beaufort, en Savoie. Le comté, encore peu présent à l'export, pourrait prendre le risque d'augmenter les volumes. « Mais vendre pour vendre n'a pas d'intérêt, tranche Valéry Elisseeff. L'objectif est de créer de la valeur. »

Deuxième pilier, le dispositif de la « moyenne pondérée nationale », qui permet de savoir exactement à quel prix les affineurs ont commercialisé le fromage. Chaque année, des négociations entre affineurs, transformateurs et producteurs permettent d'établir le partage des recettes. « Il faut l'unanimité des trois collèges, précise Pierre-François Bernard. Tant qu'il y a des objections, il y a des réunions, et on aboutit à un accord sur le partage du gâteau souvent au bout de deux-trois mois. » Un fonctionnement unique en France.

Le troisième pilier est commun à toutes les AOP : un cahier des charges fixant les conditions qu'un acteur doit respecter pour bénéficier de l'appellation. Son caractère plus ou moins strict fait la différence entre les fromages. Sans surprise, celui du comté est très exigeant. « Là, on entre dans la partie "qu'est-ce qui fait qu'un fromage est bon ?" », explique Daniel Ricard, géographe à l'université de Clermont-Ferrand et spécialiste du fromage. « Le cahier des charges peut par exemple donner des obligations sur la race des vaches, leur alimentation, la technique de fabrication, ou encore la durée d'affinage. »

Si le modèle du comté est le plus complet, et probablement le plus réussi, d'autres régions s'en tirent très bien, notamment en Savoie : beaufort, abondance, reblochon ont suivi pour la plupart la recette gagnante, entre interprofession bien organisée et cahier des charges rigoureux. Localement, le laguiole (Aubrac) ou le roquefort (Aveyron) ont, eux aussi, su tirer leur épingle du jeu. À l'inverse, de nombreux fromages du Massif central (cantal, bleu d'Auvergne, fourme d'Ambert, saint-nectaire) n'ont pas suivi le même chemin.

« Dans les années 1960, dans le Massif central, ceux qui avaient le savoir-faire fromager n'ont pas résisté collectivement et se sont laissé happer par le monde industriel », explique Daniel Ricard. Là où les territoires n'avaient pas d'identité fromagère particulière, les industriels ont privilégié les fromages standard. Ce qui explique par exemple que la principale usine de raclette, fromage originaire de Suisse, se trouve aujourd'hui à Brioude (Haute-Loire), où Richemont peut produire jusqu'à 65 tonnes par jour !

Sur les territoires plus « typiques », les industriels ont suivi la même logique. « Ils ont fait en sorte que les cahiers des charges des AOP ne soient pas contraignants. Et ont industrialisé la production au maximum, observe Daniel Ricard. La technique traditionnelle de fabrication du cantal prend deux jours. Avec la technique mise en place dans les années 1990, le principal industriel du cantal l'a passée à une grosse demi-journée. » Un gain de productivité majeur qui a permis des économies d'échelle, et tiré les prix vers le bas, précipitant la faillite des petites coopératives. « La stratégie était claire : standardiser le produit, en faire de gros volumes et les vendre à faibles prix, et tant pis pour la qualité », décrypte Marc Pradeilles, ancien directeur de la Fromagerie des monts du Cantal, l'une des dernières à avoir résisté, après la fusion de plusieurs petites coopératives. « Aujourd'hui, on se rend compte non seulement que les fromages industrialisés rémunèrent moins le producteur, mais aussi qu'ils se vendent de moins en moins bien », constate Daniel Ricard. En effet, les volumes de comté ou de beaufort progressent régulièrement, contrairement à ceux de la plupart des appellations auvergnates.

Mais les choses changent. « Oui, il y a eu des dérives, et nous n'avions pas assez codifié nos pratiques », concède Michel Lacoste, président du Comité interprofessionnel des fromages (CIF), l'organisation qui gère les AOP cantal et salers. En 2007, le cahier des charges a été durci, obligeant par exemple les industriels à repasser à la technologie longue pour fabriquer le cantal, afin de remettre tous les acteurs sur un pied d'égalité. « Les résultats sont déjà là, se réjouit Michel Lacoste. Le lait produit en AOP auvergnate est désormais payé 20 % de plus aux producteurs que le lait conventionnel. Et certains producteurs, qui n'avaient pas voulu de l'appellation lorsqu'elle est devenue plus exigeante en 2007, nous rejoignent. » « Les consommateurs ont toujours voulu un bon rapport qualité-prix, conclut Marc Pradeilles. La différence, c'est qu'ils veulent maintenant que la barre soit plus haute sur la qualité, quitte à y mettre le prix. » Dans un contexte de fin des quotas laitiers, ce dispositif européen qui permettait de réguler la production, et donc de maintenir des prix peu ou prou stables, le fromage de qualité pourrait donc être la planche de salut pour de nombreux producteurs. En 2017, les fromages AOP se sont en effet vendus en moyenne 5,86 euros de plus par kilo que les fromages non labellisés. Un prix susceptible de freiner l'hémorragie des exploitations laitières, passées de 120 000 à 58 000 entre 2000 et 2016…

Aujourd'hui, seul 1 litre de lait de vache collecté en France sur 10 est transformé en un produit AOP (45 fromages, 3 beurres et

2 crèmes). Sur le marché du fromage, les AOP représentent 14 % du volume et 20 % de la valeur. Il existe donc des marges de manœuvre importantes pour tirer le marché vers le haut. En 2017, 8,5 % de la production AOP française a été exportée. Il est possible de faire mieux, pour permettre à de nouveaux producteurs de lait de basculer en AOP, mais aussi pour consolider l'excédent de la balance commerciale française des fromages (1,5 milliard d'euros en 2017). Car si la France s'imagine être la patrie du fromage, elle en exporte moins que l'Allemagne et les Pays-Bas !

Face à la concurrence mondiale qui s'exacerbe sur les volumes et les prix, l'Hexagone peut donc miser sur le haut de gamme pour s'en sortir par le haut. Et ce qui est vrai pour le fromage l'est aussi pour la plupart des productions, agricoles ou non. Le changement de paradigme économique est complet. En matière agricole, la stratégie de l'agriculture durable consiste à effectuer des retours en arrière en termes de productivité, afin de recréer de la valeur. C'est ainsi que renaissent des techniques agricoles anciennes ou des terrains qui avaient été abandonnés parce que difficiles à cultiver. « Des projets de restauration de paysages agricoles à l'abandon sont pilotés par [des] acteurs territoriaux imaginatifs et dynamiques : terrasses viticoles, arboricoles, néo-bocages. Ces nouveaux paysages s'apparentent plus à une re-création paysagère qu'à une restitution des paysages anciens[1] », explique le géographe Michel Périgord.

Il faut cependant se garder d'une vision binaire, qui survaloriserait la « nouvelle agriculture » et dénigrerait en bloc l'agriculture intensive et productiviste. Comme le souligne Daniel Ricard, « le système agro-industriel ne doit pas être vu comme globalement négatif ni comme irrémédiablement condamné car il

1. Michel Périgord, « Les paysages ruraux, quels enjeux ? », *in* Yves Jean et Laurent Rieutort (dir.), *Les Espaces ruraux en France*, *op. cit.*, p. 226.

conserve bien une place centrale en France, reste performant sur le plan technique, et est, par ailleurs, loin d'être monolithique, avec des problématiques différentes selon les productions[1] ». Le monde industriel accepte de changer, soit sous la contrainte législative (en matière d'environnement), soit pour s'adapter à la demande nouvelle, avec des produits censés faire davantage terroir (Madame Loïk, Paysan breton, Reflets de France, etc.) ou en se lançant dans le bio. Les puristes hurlent à l'opportunisme et au *greenwashing*. Mais d'autres se montrent plus mesurés, à l'image de Guillaume Riou, président de la Fédération nationale d'agriculture biologique (Fnab) : « Nous nous réjouissons que le bio soit sorti de son petit cercle de convaincus. Maintenant, c'est vrai, maîtriser son développement est un gros challenge, et les inquiétudes sont légitimes[2]. »

Jeter en bloc le modèle productiviste serait contre-productif, estime pour sa part Daniel Ricard. Car « s'il a désormais perdu son statut de modèle, il n'en demeure pas moins central pour l'agriculture française compte tenu de sa capacité à produire de gros volumes et de ses relations avec l'industrie agroalimentaire ». Le modèle du petit producteur et du local a en effet ses limites, par exemple en termes logistiques. La Louve, supermarché coopératif lancé en 2016 à Paris, a ainsi rapidement compris qu'il serait difficile de s'approvisionner auprès de multiples petits producteurs, et s'est résolue à traiter en grande partie avec un grossiste bio. Passer une seule commande et recevoir une livraison d'un gros camion restera encore longtemps plus simple (et écologiquement plus optimal) que cinquante commandes livrées par autant de camionnettes.

1. Daniel Ricard, « Systèmes et modèles agricoles en France », *op. cit.*, p. 244.
2. Guillaume Riou (entretien), « Sur le bio, l'attitude du gouvernement est épuisante et décevante », *Alternatives économiques*, 7 mars 2019.

À l'inverse, des producteurs de lait des Hautes-Alpes se sont heurtés à l'éloignement des centres agro-industriels. Ces derniers voulaient lancer un lait UHT baptisé « Hautes-Alpes naturellement ». Problème, raconte Daniel Ricard, « dans les Hautes-Alpes, tous les ateliers de transformation de lait avaient fermé depuis longtemps. Pour faire empaqueter, l'usine la plus proche était à Saint-Étienne. Du coup, la marge gagnée en vendant un lait de qualité était en partie perdue dans les surcoûts liés au transport ».

« L'agriculture française est un univers complexe, loin d'opposer, dans une dichotomie trop hasardeuse, un système intensif qui serait intégralement polluant, dépassé et condamné à l'échec et un modèle qualitatif, qui passerait largement voire exclusivement par le bio et dont le débouché serait assuré par l'évolution structurelle d'une demande motivée par une inexorable montée en gamme[1] », conclut Daniel Ricard. Le vin est de plus en plus AOP, mais il s'en boit moins. Certains fromages AOP stagnent ou voient leurs volumes reculer, pendant que Lidl et Aldi ne connaissent pas la crise. Bref, on ne sait pas jusqu'où ira l'agriculture qualitative, mais on sait qu'il faudra encore compter avec l'agriculture intensive. Quoi qu'il en soit, les territoires ruraux devraient être les grands gagnants de la montée en puissance des productions qualitatives, mais aussi des évolutions plus durables du modèle intensif.

Le petit commerce n'a pas dit son dernier mot

Retour dans la Drôme. Et plus précisément à Saillans, un beau petit village posé au bord de la rivière et au pied des sommets des Trois Becs. Contraintes géographiques obligent, il est plutôt regroupé autour de son centre, qui a bien résisté aux constructions

1. Daniel Ricard, « Systèmes et modèles agricoles en France », *op. cit.*, p. 258.

en lisière du village, notamment parce que les espaces sans relief y sont rares. En 2010, la population apprend qu'une moyenne surface va être construite à l'extérieur du village. Beaucoup d'habitants en sont persuadés : cela va finir de tuer les commerces de centre-bourg qui résistent déjà difficilement au développement de grandes surfaces à quinze kilomètres de là, à Crest. Comme toutes les villes de petite taille à la campagne, Crest dispose en effet d'une zone commerciale périphérique importante, agrandie il y a peu aux dépens de champs où l'on récoltait de l'ail il y a encore quelques années. Parmi les nouvelles enseignes, un Bricomarché flambant neuf, bien placé pour admirer, de l'autre côté de la route, ses anciens locaux, à l'abandon !

Les habitants de Saillans se mobilisent. Le projet prend du retard puis est abandonné suite aux élections municipales de 2014 : une liste citoyenne et participative, constituée en partie autour de la dynamique anti-grande surface et contre le maire sortant, a été élue. De cette mobilisation est donc née une belle histoire de démocratie participative, qui, cahin-caha, continue de s'écrire aujourd'hui[1]. Le commerce de périphérie a quant à lui, pour une fois, perdu la bataille, tandis que l'offre commerciale du centre-village se développe depuis le retrait du projet. Une librairie a ouvert il y a trois ans et, en septembre 2017, des petits producteurs se sont associés pour créer un local de vente directe[2].

La lutte contre la grande distribution, son efficacité et ses moyens financiers, est inégale. Entre 25 % et 30 % des petits commerces alimentaires ruraux ont disparu pendant les décennies 1980 et 1990. Selon l'Insee, 59 % des communes rurales

1. Maud Dugrand, *La Petite République de Saillans – Une expérience de démocratie participative*, Éditions La Brume, 2020.

2. Anne Fairise, « Les petits commerces refont surface », *Alternatives économiques,* 1er décembre 2018.

n'avaient plus aucun commerce de proximité en 2015, alors qu'en 1980 les trois quarts d'entre elles disposaient d'au moins un petit commerce[1]. Mais l'hémorragie s'est peut-être arrêtée. Le nombre de communes sans aucun commerce de proximité n'a augmenté que d'un point de pourcentage entre 2010 et 2015. En attendant des statistiques plus récentes, l'espoir d'un renversement en cours est permis. C'est ce que suggèrent les travaux de Pascal Madry, chercheur associé en urbanisme au laboratoire Dynamiques sociales et recomposition des espaces (Ladyss). Ayant étudié une quarantaine de communes rurales du Grand Ouest, il en distingue trois types où le commerce résiste : les communes isolées, qui conservent un pouvoir d'attraction sur leur arrière-pays ; les villages touristiques, où la clientèle extérieure peut compenser le marché domestique ; les communes « filtres », installées sur les routes départementales ou nationales, qui captent clients de passage ou navetteurs[2].

Dans la Drôme, par exemple, les marchés de producteurs, à l'image de celui de Crest, connaissent des succès d'avant exode rural. Les magasins de producteurs ont également le sourire. À Eurre, les Vergers de la Tour, initialement producteurs de pommes et de poires, vendent désormais toute une gamme de produits essentiellement locaux et ne cessent de s'agrandir. Les élus locaux cherchent des solutions pour écouler localement la forte production bio de la région : ils ont ainsi accompagné la création d'Agricourt, une plate-forme (cinq salariés) qui se fournit auprès d'une centaine de producteurs locaux bio ou en conversion et revend aux restaurateurs, établissements de restauration collective (cantines, etc.), mais aussi, désormais, à des groupements d'habitants.

1. Hervé Bacheré, Jacqueline Perrin-Haynes, « Les entreprises en France », Insee, 2017.

2. Anne Fairise, « Les petits commerces refont surface », *op. cit.*

Ce nouvel élan pour les circuits courts peut sembler anecdotique. Mais chaque marge gagnée sur celles de la grande surface profite aux producteurs. Ou aux intermédiaires locaux, qui réinvestissent sans doute davantage dans l'économie locale que des actionnaires étrangers… Le phénomène commence à inquiéter la grande distribution. Les grandes surfaces ont pu sans difficulté rattraper leur retard sur le bio, notamment en s'approvisionnant à l'étranger et à travers d'importantes plate-formes de bio industriel. Mais industrialiser les circuits-courts est, par définition, plus compliqué. La révolution du commerce ne fait probablement que commencer, et beaucoup de territoires ruraux devraient en sortir gagnants, à l'image des petits commerces du centre de Saillans, des petits magasins de producteurs ou des épiceries de village, qui connaissent une résurrection[1].

L'artisanat entre 2.0 et vintage

C'est un espace improbable, coincé dans les sombres rues médiévales de Crest. 8Fablab est, comme son nom l'indique, un « fablab », c'est-à-dire un atelier / laboratoire de fabrication qui met à la disposition du public des outils de fabrication d'objets assistée par ordinateur. Celui de Crest dispose de dix-huit machines à commande numérique différentes : imprimantes 3D, Méga 3D, imprimante céramique, fraiseuse numérique grand format, découpeuses laser, plotter… Pour apprendre à utiliser tout ce matériel, des ateliers ont lieu régulièrement. De quoi permettre à des artisans ou artistes de se faire la main, essayer une nouvelle production ou simplement créer.

1. « Le renouveau des épiceries de campagne », *Campagnes solidaires*, n° 352, 2019.

Ces nouveaux lieux remplis de technologies en témoignent : l'artisanat est en pleine révolution. Celle du numérique, bien sûr, d'abord, car la conception digitale de nombreux objets est venue chambouler les productions. Le numérique constitue, ici comme ailleurs, une menace pour les artisans « à l'ancienne », mais il est aussi une chance pour l'innovation, et beaucoup d'artisans locaux ne s'en privent pas.

On assiste également à une appétence nouvelle, chez les clients aisés, pour l'« authentique », ou du moins le vintage. Quelques minutes sur le réseau social Pinterest permettent de se rendre compte qu'Ikea ne suffit plus à tous. D'où une troisième évolution, qui explique aussi l'émergence des fablab : la mode du « do it yourself » (fais-le toi-même). Beaucoup d'artisans l'ont compris : certains de leurs clients, notamment jeunes, ne souhaitent plus seulement acheter des objets, ils veulent en être les artisans. Il faut donc aussi apprendre à faire : chez certains artisans, une bonne part du business model repose désormais sur des ateliers lors desquels les clients apprennent à fabriquer un objet, puis repartent avec.

Par ailleurs, les préoccupations environnementales favorisent une économie de la récupération et du réemploi. La pendule achetée en grande surface laisse la place à une vieille roue de vélo sur laquelle a été fixé un mécanisme d'horlogerie. Ainsi, pour les artisans aux savoir-faire uniques, de nouveaux marchés, modernes et tendance, existent, loin de la standardisation.

Or « les espaces de faible densité sont ceux qui ont la plus forte densité d'entreprises artisanales : plus de 200/1 000 habitants par exemple en Lozère, dans la Creuse, le Cantal ou les Hautes-Alpes[1] », note le géographe Samuel Arlaud. « Les études

1. Samuel Arlaud, « Dynamiques de l'emploi, innovations sociales », *in* Yves Jean et Laurent Rieutort (dir.), *Les Espaces ruraux en France*, *op. cit.*, p. 141.

des années 1980 sur les espaces à faible densité avaient déjà mis en évidence l'affaiblissement moins prononcé de l'artisanat au regard du déclin démographique », poursuit-il. Les artisans ruraux résistent d'autant mieux qu'ils peuvent de plus en plus facilement toucher les riches clientèles urbaines ou périurbaines (marchés, tourisme…).

La rénovation thermique : le chantier du siècle

Quand le bâtiment va tout va, dit-on. Mais quand le bâtiment va à la va-vite, l'isolation aussi. Or les passoires thermiques sont une des principales faiblesses des territoires ruraux. La Drôme ne fait pas exception : les logements mal isolés y grèvent les petits budgets des habitants modestes, et les travaux de rénovation coûtent cher. C'est potentiellement, en France, le chantier du siècle. Isoler correctement les bâtiments constitue d'abord un gain de court terme, car cela fait immédiatement baisser le chômage et réduit notre dépendance aux énergies fossiles (et donc aux pays souvent peu fréquentables qui nous les fournissent). C'est ensuite un gain de moyen terme, car le prix de ces énergies va augmenter, et handicaper notre niveau de vie. Et c'est enfin, bien sûr, un enjeu de long terme, puisque l'ampleur du changement climatique déterminera jusqu'à la survie de l'espèce humaine.

À la campagne, le défi est immense, car l'habitat individuel est plus diffus que l'habitat collectif. Et, comme nous l'avons vu, la vulnérabilité énergétique est particulièrement forte dans les régions rurales froides (Auvergne, Jura…). Les artisans doivent donc se réinventer : hier essentiellement bâtisseurs, il leur faut devenir rénovateurs. Là encore, l'attrait pour la vieille pierre chez les jeunes ménages aisés ouvre des marchés importants.

« Il existe un véritable gisement d'emplois à créer mais les artisans rechignent souvent à l'embauche, soit pour des raisons liées à l'économie supplémentaire qu'ils devraient générer pour financer l'emploi nouveau, soit parce qu'ils souhaitent en rester à leur dimension entrepreneuriale[1] », juge Samuel Arlaud. Les pouvoirs publics ont donc un rôle d'accompagnement et d'encouragement à jouer dans la réorientation des artisans du bâtiment.

Pour le moment, à la campagne comme en ville, la rénovation thermique n'est pas à la hauteur : une étude de l'Agence de l'environnement et de la maîtrise de l'énergie (Ademe) a montré que seuls 25 % des travaux réalisés en maison individuelle entre 2014 et 2016 ont amélioré significativement la consommation énergétique du logement[2].

Là encore, la vallée de la Drôme a pris un temps d'avance. Les élus, via le programme Biovallée, ont décidé que la vallée de la Drôme serait un territoire pilote pour expérimenter la démarche Dorémi, mise sur pied par la société Enertech et l'Institut négaWatt. Elle consiste en une approche globale des travaux. Car changer des fenêtres sans réfléchir aux « ponts thermiques » entre les murs et le toit, c'est mettre un cautère sur une jambe de bois. Mais, pour un propriétaire, se lancer dans une rénovation complète de sa maison relève du casse-tête. Outre la question financière, comment s'y retrouver entre les différents corps de métier et leurs pratiques variées ? Avec Dorémi, l'idée est de créer une solution clé en main, où les artisans, préalablement formés, travaillent de concert. En optimisant les travaux et leur agencement, on optimise aussi la facture de 10 % à 15 %,

1. *Ibid.*, p. 142.

2. Aude Martin, « Rénovation énergétique : des travaux qui laissent à désirer », *Alternatives économiques*, 24 octobre 2018.

estiment les promoteurs du projet. Dans la vallée de la Drôme, 5 groupes d'artisans ont été formés et ont rénové une dizaine de maisons.

L'expérience, jugée concluante, essaime désormais sur le territoire : en France, 750 artisans ont été formés et se trouvent réunis dans une centaine de groupements. Le modèle économique, côté artisans, n'est pas stabilisé, car le travail en groupement implique une phase de diagnostic et d'échanges avant travaux qui prend du temps et ne rapporte pas d'argent. Il faudra probablement orienter davantage les aides à la rénovation vers ce genre de démarches, plutôt que vers des rénovations partielles. Mais ce programme rappelle que l'artisanat du bâtiment a un gigantesque chantier devant lui, estimé à 400 000 emplois équivalents temps plein par l'Institut négaWatt. Les territoires ruraux en capteront une très large partie, puisque les campagnes hébergent des millions de maisons mal isolées.

À l'heure du numérique, de la technologie, des services ou encore des énergies renouvelables, les vieux secteurs de l'agriculture, de l'artisanat et du commerce n'avaient plus la cote. Jugés datés, voire conservateurs, ils n'ont pas toujours été pris en compte au moment d'imaginer l'économie de demain. Pourtant, ces secteurs sont en train d'effectuer leur révolution, qui se fait souvent en circuits courts, en local, en rural, et rime plus que jamais avec valeur ajoutée et emplois pour les campagnes.

Sols, énergie, forêts… : le charbon de demain est à la campagne

Du soleil, le mistral, des forêts, de l'eau qui descend des montagnes… : d'énergies, la vallée de la Drôme n'en manque pas. Comme ailleurs, pendant des décennies, elles ont été déconsidérées, car le charbon, le pétrole et le gaz ne coûtaient pas grand-chose. Les chocs pétroliers sont depuis passés par là. Et ont rouvert les yeux de tous sur les ressources locales. Et comme Biovallée aime jouer le premier de la classe, il a été, avec la communauté de communes du Mené (Bretagne) et le Pays thouarsais (Poitou-Charentes), l'un des membres fondateurs du réseau des territoires à énergie positive (Tepos). Dispositif désormais institutionnalisé, y compris à l'échelle européenne, il vise à réduire au maximum les besoins en énergie d'un territoire, et à les couvrir par des énergies renouvelables locales.

Et dans la Drôme, concrètement ? Il y a d'abord la rivière, qui fut l'objet de toutes les convoitises, de tous les conflits d'usage et l'est désormais de toutes les attentions. La Drôme est une des dernières rivières sauvages d'Europe. Malgré de nombreux projets, elle n'a pas de barrage sur son parcours et ne produit donc pas d'électricité. Mais, ailleurs en France, l'hydraulique reste le premier fournisseur d'électricité renouvelable, et de loin (10,1 % de la production électrique, contre 4,5 % pour l'éolien et 1,7 % pour le solaire). Dans un contexte d'incertitudes autour du nucléaire, les barrages (ruraux), du fait de leur prévisibilité, seront des piliers de notre mix électrique de demain.

Il y a ensuite le soleil, qui brille souvent. Beaucoup de grands bâtiments de la vallée sont sans surprise équipés de panneaux solaires : Herbier du Diois à Châtillon-en-Diois, coopérative Jaillance (clairette de Die) à Die, nouvel hôpital de Crest. Au total, une vingtaine de bâtiments publics sont coiffés de panneaux. Pour aller plus loin, Dwaats, une coopérative de production d'énergie renouvelable organisée en société d'intérêt collectif, propose aux habitants de repérer des toitures qui ont une forte capacité à accueillir une installation photovoltaïque et met à leur disposition des fiches et un guide pour les lister.

Dans la Drôme, le vent souffle presque aussi souvent qu'il fait beau. Le mistral, qui va du nord au sud dans la vallée du Rhône, aère généreusement l'aval de la vallée et permet bien sûr de produire de l'énergie éolienne. Beaucoup de territoires ruraux (notamment dans le quart nord-est de la France) tirent désormais profit de cette énergie renouvelable qui apporte des recettes fiscales appréciables à des petites communes.

Mais, en dépit de cet apport financier, l'éolien industriel est de plus en plus mal perçu dans les territoires ruraux, qui estiment que le compte n'y est pas. Certains gros investisseurs, en effet, ne se soucient guère de l'acceptation sociale des nouveaux projets, pas plus que de leurs retombées territoriales, comme l'expliquait Pierre Jarlier à Saint-Flour. À l'inverse, les projets citoyens font généralement moins polémique. Dans la région de Redon, au sud de la Bretagne, l'association Énergies citoyennes en Pays de Vilaine a installé 3 parcs accueillant 11 éoliennes au total, de quoi couvrir la consommation d'électricité de plus de 20 000 habitants. Sur les 42 millions d'euros investis, 8 millions viennent de l'épargne collectée auprès de 2 000 citoyens. Ces projets ont par ailleurs permis de créer 16 emplois à temps plein, assure l'association. Commentaire d'Yves Deniaud, qui en est l'un des piliers : « On a pris le temps de la concertation. Ça peut sembler long, mais quand des investisseurs extérieurs tentent de passer en force, ils font face à d'innombrables recours. Au total, la concertation ne prend pas plus de temps que les procédures, et le projet est beaucoup mieux accepté à la fin. »

Eau, soleil, vent... : ces trois énergies stars font de l'ombre à d'autres énergies moins glamour, au premier rang desquelles la biomasse, obtenue par la combustion de matières d'origine végétale (dont le bois, les déchets agricoles, les ordures ménagères organiques). De quoi produire de la chaleur, de l'électricité ou du biogaz. La chaleur seule est un enjeu majeur : elle représente 45 % de notre consommation énergétique finale. Dans la Drôme comme presque partout ailleurs, les sols et les forêts sont donc précieux. Mais ils restent mal exploités : on ne compte aucun producteur de granulés bois dans la vallée et trouver du bois-énergie (plaquettes, granulés...) produit localement n'est pas aisé, alors que les chaufferies bois se multiplient, comme celle de Lus-la-Croix-Haute.

La plus grande prudence doit accompagner l'exploitation des forêts, car elles constituent aussi des réservoirs de biodiversité et des puits de carbone. La France s'est fixé un objectif de neutralité carbone en 2050 : la nature, et notamment la forêt, devra alors capter l'intégralité de nos émissions de CO_2. Mais, même dans le cadre d'une gestion durable, les marges de manœuvre restent larges. En Ardèche, par exemple, le taux de prélèvement s'élevait à seulement 16 % en 2012[1], c'est-à-dire que le volume récolté cette année-là dans la forêt (225 150 m^3) ne représentait que 16 % de la production biologique annuelle. Il faut certes y ajouter le bois auto-prélevé par les 50 000 propriétaires de parcelles de forêt. Mais il restait au moins en 2012 70 % du bois « renouvelable » ardéchois non valorisé. Malgré cela, la filière forêt-bois représente 1 750 emplois en Ardèche.

Le biogaz est quant à lui obtenu par la méthanisation des rejets des habitants (stations d'épuration), de l'industrie et de l'agriculture (déchets verts, élevage). Son potentiel est beaucoup plus faible que le bois-énergie, mais plusieurs milliers d'emplois peuvent néanmoins être créés en France. Et, à l'image de la Drôme et de Biovallée, beaucoup de territoires

1. « La forêt ardéchoise face aux enjeux du bois énergie », Parc naturel régional des monts d'Ardèche, 18 décembre 2014.

ruraux viennent seulement de prendre la mesure de leur potentiel en matière de transition énergétique. La Haute Côte-d'Or, un territoire rural de Bourgogne, a ainsi signé fin 2018 un contrat de transition énergétique. Deux communautés de communes, appuyées par les services de l'État, vont investir dans des projets autour de l'évolution des pratiques agricoles, mais aussi de l'accompagnement des agriculteurs vers la production d'énergie renouvelable, de la création de structures de formation aux métiers du photovoltaïque et de la méthanisation.

Si distances et coûts de transport se sont atténués, ils restent déterminants, car les matières premières et l'énergie brute ne valent pas grand-chose et coûtent cher à déplacer. Dès lors, l'exploitation des matières premières ou la production d'énergie sont peu délocalisables vers les centres urbains par exemple. Transporter du bois qui vient d'être coupé est très onéreux : il n'a guère de valeur, prend beaucoup de place et pèse lourd. Une fois qu'il a séché et a été coupé, il utilise moins d'espace de stockage et peut se vendre plus cher : son coût de transport est donc beaucoup moins élevé. Même chose pour l'énergie : soit la matière n'est pas déplaçable (on ne va pas capter du soleil rural pour l'amener en ville et le transformer en électricité), soit la déplacer serait absurde (on ne va pas déplacer l'eau des torrents des Alpes vers le Bassin parisien et créer des chutes d'eau pour produire de l'hydroélectricité).

Reste que, au-delà des calculs en termes d'emplois pour les territoires ruraux, le développement des énergies renouvelables locales a un double avantage : lutter contre le changement climatique et conserver des milliards d'euros dans notre pays. Dans le seul territoire de Biovallée, dans la Drôme, l'ensemble des acteurs (habitants, entreprises, administrations…) achètent chaque année pour 116 millions d'euros de produits énergétiques à l'extérieur du territoire (61 millions de carburant, 35 millions d'électricité et 20 millions de chaleur), pour une autoproduction de seulement 8 millions d'euros de produits énergétiques (2 d'électricité et 6 de chaleur). Si le territoire parvient à réduire ses importations énergétiques de 10 %, les acteurs de Biovallée conserveront pour eux près de 12 millions d'euros, qu'ils pourront en bonne partie réinvestir dans la vallée (loisirs, produits locaux de qualité, etc.).

Le même calcul élargi à la France entière donne le tournis : en 2018, l'Hexagone a importé pour 66,8 milliards d'euros d'énergie, selon les Douanes. Le pays pourrait compter entre 830 000 et 900 000 emplois nets de plus en 2050 si 100 % de son électricité était d'origine renouvelable, estime l'Ademe. Les territoires ruraux en profiteraient largement. L'économiste obsédé par les chiffres du PIB comme l'écolo convaincu peuvent ici tomber d'accord.

Le potentiel de l'économie circulaire

Permettons-nous, dans cette partie sur les énergies renouvelables, une parenthèse consacrée à l'économie circulaire. Les campagnes, de par leur espace, sont particulièrement bien adaptées au recyclage. Sans surprise, elles accueillent de belles entreprises qui donnent une seconde vie à des objets usagés. C'est le cas, dans la vallée de la Drôme, de GPA, une « casse » automobile qui emploie 170 personnes et recycle chaque année les pièces de 19 000 voitures. Une usine de 18 millions d'euros va voir le jour : elle accueillera une chaîne de démontage, où les voitures seront désossées. Celles qui attendent d'être décortiquées patientent dans d'immenses parkings bientôt recouverts par des centaines de mètres carrés de panneaux photovoltaïques.

Autre exemple, le succès très rapide de l'entreprise Remade in France, qui reconditionne des iPhone. Installée dans la campagne normande, elle a, pendant des mois, embauché à tour de bras. Son usine de Poilley, entre Avranches et Ducey, faisait travailler plus de 300 personnes : ouvriers, techniciens, ingénieurs, qui planchaient sur l'industrialisation de la réparation. Certes, alors que nous écrivons ces lignes, l'entreprise est placée en redressement judiciaire, mais sans doute du fait d'erreurs de gestion plutôt que d'un business model bancal. La situation actuelle de Remade ne remet pas en cause l'idée que ces entreprises non seulement créent, à la campagne, des emplois mais donnent une seconde vie à des objets promis à la poubelle. En bref, de la croissance et des emplois, mais sans la pollution qui va trop souvent avec.

Quand le bois n'est pas brûlé

Sur le parc d'activité emblématique de Biovallée, l'écosite d'Eurre, un bâtiment se détache. Sa forme est cylindrique et ses murs en bois attirent l'œil. Le campus Biovallée est un amphithéâtre moderne de 160 places où peuvent être organisés des conférences, des séminaires, des débats, etc. Quant au bois utilisé pour sa construction, ce matériau n'a plus rien d'original. Il est même devenu tendance. Notamment dans la vallée de la Drôme, où la ressource ne manque pas, en particulier le pin noir d'Autriche, qui occupe entre 30 % et 40 % des forêts du Diois et convient bien pour la fabrication de charpentes de haute qualité. Au total, une dizaine de petites entreprises, dont plusieurs sous forme de Scop, font travailler une soixantaine de personnes dans la construction bois.

Ce n'est qu'un début. En effet, on l'a dit, en France, la forêt est loin d'être surexploitée. Comme dans beaucoup de régions en Europe, elle regagne du terrain dans la Drôme

(+ 1 500 hectares par an en moyenne)[1]. Par ailleurs, la filière forêt française peut tout simplement regagner les parts de marché qu'elle a récemment perdues. Car, si certaines scieries s'en sortent très bien (comme celle de Siat Braun, en Alsace, à une demi-heure de Saales, qui emploie près de 300 salariés), beaucoup de petites ont fermé leurs portes du fait de la concurrence européenne : la Drôme a ainsi perdu 25 % de ses entreprises de transformation du bois rien qu'entre 2000 et 2010. C'est que, explique Marc Pradeilles, consultant spécialiste de la recherche de valeur économique pour les productions de montagne, « les forêts d'Europe centrale, souvent situées sur des reliefs assez plats, sont exploitées par des gros industriels qui peuvent produire de gros volumes et donc casser les prix. Une scierie française en Savoie va probablement acheter ce bois-là plutôt que du bois savoyard, trop cher ». Comme pour le fromage, le basalte ou n'importe quelle autre production, il faut donc monter en gamme. Ainsi, le massif de la Chartreuse, au-dessus de Grenoble, vient d'obtenir la première AOC bois en France. Elle labellise un bois à croissance lente, en altitude et dans une humidité constante.

Maisons individuelles, bâtiments publics… : on trouve désormais du bois partout, et notamment dans l'habitat collectif. À Strasbourg, par exemple, dans un îlot à bas bilan carbone en cours de construction dans le quartier du Port du Rhin : 443 logements y seront proposés. S'y insérera un immeuble de 11 étages entièrement en bois, hormis le soubassement en béton et une partie du bardage extérieur en acier. Citons aussi Ambiance Bois, coopérative d'une vingtaine de

1. « Bois. Fiche compétence », *Rhône-Alpes : compétences et territoires*, Mission ingénierie et prospective Rhône-Alpes, 2013, http://auvergne-rhone-alpes.direccte.gouv.fr/sites/auvergne-rhone-alpes.direccte.gouv.fr/IMG/pdf/Fiche_bois. df

personnes dans le Limousin ; Sauthon, qui emploie 200 personnes dans la région de Guéret (Creuse) pour fabriquer du mobilier pour chambre de bébé ; ou encore Vilac, dans le Jura, spécialisé dans les jouets en bois et qui emploie une quarantaine de personnes. Si ces entreprises se sont développées à l'époque du tout-plastique et du tout-pétrole, on imagine sans mal que les perspectives sont belles pour la filière dans les années à venir, apportant aux campagnes des emplois durables et de qualité.

L'espace utile, l'or du XXIe siècle

Des champs, des prairies, des forêts, des montagnes, la vallée de la Drôme n'en manque pas. Et les autres régions non plus : grâce à l'importante superficie de l'Hexagone, seuls 5,2 % des sols français sont artificialisés, selon Eurostat, moins qu'au Royaume-Uni (6 %), qu'en Italie (7 %), Allemagne (7,2 %), Belgique (12,1 %) ou qu'aux Pays-Bas (12,3 %). L'Espagne fait mieux (3,5 %), mais la France a la chance de posséder un territoire plus favorable géographiquement : ses zones non urbanisées bénéficient d'une grande diversité de climats propices à des utilisations variées. Dans un futur proche, et plus encore qu'aujourd'hui, nos champs seront notre grenier, nos forêts une partie de notre énergie et de notre pompe à carbone, nos prairies d'indispensables réservoirs à biodiversité, nos montagnes des lieux préservés où il restera possible de respirer à peu près correctement, tandis que nos plaines attireront éoliennes, parcs solaires ou centres de méthanisation.

L'espace sera un enjeu majeur du XXIe siècle. Et comme celui-ci a bien commencé, on le constate déjà : les terres font l'objet d'une lutte acharnée entre agriculteurs qui veulent s'agrandir, concurrence étrangère (notamment chinoise), étalement pavillonnaire et commercial, infrastructures de transport, développement de certaines énergies renouvelables au sol (agrocarburants, photovoltaïque, etc.). Il reste certes en France beaucoup de terres disponibles, mais l'artificialisation progresse toujours à un rythme effréné. « L'équivalent d'un département français est bétonné tous les sept ans dans le pays, et cela concerne souvent les meilleures terres, les plus plates, les plus accessibles. Les élus s'en moquent et préfèrent avoir un nouveau centre commercial et des centres-villes fantômes plutôt que des paysans autour de petites villes dynamiques[1] », taclent Lydia et Claude Bourguignon, agronomes et fondateurs du Laboratoire d'analyses microbiologiques des sols. Capables de parler pendant des heures de la richesse biologique du limon enfoui sous les pistes de l'aéroport Roissy-Charles-de-Gaulle (« les meilleures terres de France ! »), ils se désolent du peu d'intérêt apporté aux sols. « Il existe des directives européennes sur la qualité de l'air et de l'eau. Mais il n'y en a pas sur la qualité des sols. C'est très révélateur. Vous pouvez faire ce que vous voulez sur votre sol : comme il est privé, c'est un non-sujet politique. Il n'y a pourtant pas plus politique que la ressource qui va vous permettre de garantir votre sécurité alimentaire. »

Ce constat, Jean Vogel le fait quotidiennement à Saales. Vu de son bureau de maire, il serait tentant de céder à l'étalement urbain. « Quand une école est sur le point de fermer, mais que vous savez que des parents avec enfants veulent construire une maison dans le lotissement potentiel que vous avez le pouvoir de construire, il faut être solide dans ses convictions pour ne pas bâtir ce lotissement. » Pour préserver le centre-bourg, il

1. Claude et Lydia Bourguignon (entretien), « Les sols sont devenus un non-sujet », *Alternatives économiques*, 29 novembre 2017.

a ainsi refusé de construire plusieurs nouveaux lotissements. Avec succès pour le maintien des petits commerces. Mais il sait que la plupart des ménages aspirent à un carré de jardin, et que les logements du centre sont surtout choisis par défaut par les ménages qui ne peuvent s'offrir une maison individuelle avec terrain.

Sans surprise donc, l'étalement urbain se poursuit. Selon Eurostat, chaque Français occupe en moyenne 445 m^2 au sol (maisons, centres commerciaux, routes, etc.). Cette surface est 1,9 fois plus importante qu'au Royaume-Uni, 1,4 fois qu'en Allemagne, 1,3 fois qu'en Italie. Nos « bons » chiffres d'artificialisation (en pourcentage du territoire) sont donc surtout liés à la taille du territoire. « L'espace reste considéré, en France, comme une denrée inépuisable qu'il suffirait de lotir pour développer l'économie ou attirer des habitants[1] », regrettent Éric Hamelin et Olivier Razemon, auteurs d'un ouvrage sur le sujet. Difficile de les contredire : 73 % des espaces artificialisés entre 2006 et 2016 se situent dans des communes en « zones non tendues », c'est-à-dire sans déséquilibre entre offre et demande de logement[2]. Nous nous étalons pour avoir notre carré de jardin et notre pavillon individuel, en laissant des maisons vides ailleurs.

La lutte pour les terres est donc éminemment politique et raconte notre projet de société. Développer l'agriculture bio ? Presque personne ne s'y oppose. Sauf qu'il faut pour cela des terres agricoles. Certes, une grande partie des agriculteurs bio sont désormais d'anciens agriculteurs conventionnels qui ont fait leur conversion. Mais le dynamisme du bio est historiquement

1. Éric Hamelin et Olivier Razemon, *La Tentation du bitume. Où s'arrêtera l'étalement urbain ?,* Paris, Rue de l'échiquier, 2012.

2. « Objectif "zéro artificialisation nette". Éléments de diagnostic », Commissariat général au développement durable, 2018.

lié à des néoagriculteurs. Et ces nouveaux paysans ne trouvent pas facilement de terres.

Voilà pourquoi est née à Crest, dans la vallée de la Drôme, Terre de liens, qui achète des terres grâce à l'argent collecté par des citoyens et offre à de jeunes producteurs la possibilité de se lancer. L'association est désormais nationale, mais toujours basée à Crest, sur l'écoquartier du Val de Drôme. Partout en France, elle tente de maintenir des terres agricoles en production bio à forte valeur ajoutée sur des surfaces généralement petites. Depuis 2009, grâce à l'argent récolté auprès d'environ 20 000 personnes, Terre de liens a acquis 139 fermes confiées à 376 agriculteurs, dont 83 % commercialisent leur production en circuits courts. Mais les terres ne sont pas faciles à trouver, au contraire des candidats à l'installation : « Aujourd'hui, nos 40 animateurs régionaux ne sont pas assez nombreux pour instruire les dossiers des candidats à l'installation », explique Vincent Jannot, qui dirige l'association.

Bonne nouvelle : dans cette lutte politique pour la terre, la puissance publique s'est équipée. L'État a ainsi créé les sociétés d'aménagement foncier et d'établissement rural (Safer), structures locales sous tutelle des ministères de l'Agriculture et des Finances dont l'objectif est de permettre à des porteurs de projets (pas uniquement agricoles) de s'installer en milieu rural. Les Safer bénéficient d'un droit de préemption chaque fois qu'un propriétaire souhaite céder ses biens immobiliers à usage ou à vocation agricole. Elles peuvent acquérir ces terrains et les revendre à qui elles veulent, selon les orientations qu'on leur demande de donner aux territoires.

Le droit français a d'autres cordes à son arc pour protéger les terres. Depuis mi-2019, les maires des 222 communes Action cœur de villes (programme gouvernemental à destination des villes moyennes fragiles dont le centre-ville périclite) peuvent demander au préfet de geler pendant trois ou quatre ans toute nouvelle construction commerciale périphérique. Sur nos côtes, depuis 1975, le Conservatoire du littoral rachète des terres à l'amiable ou par préemption. De quoi freiner les constructions de bord de mer, rendre ces terres accessibles au public, voire maintenir ou installer des exploitations agricoles ; 200 000 hectares de côtes se trouvent actuellement sous protection du Conservatoire. Le bétonnage des sols ou leur rachat par des investisseurs étrangers n'est pas une fatalité.

S'il est possible de réguler sévèrement autour des villes moyennes ou sur les littoraux, rien n'empêche de le faire dans les campagnes. Il en va de notre indépendance alimentaire et énergétique. Il faudra cependant que les élus sortent de la logique de la compétition dans laquelle ils sont souvent engagés. De l'aveu même de Caroline Cayeux, maire de Beauvais et présidente de l'association Villes de France : « On a trop souvent joué les territoires les uns contre les autres pour les projets d'implantation commerciale, en tentant de faire venir, coûte que coûte, des consommateurs extérieurs à notre zone d'influence classique. Il faut donc réguler plus strictement[1]. » Avec un peu plus d'intelligence collective (ce qui n'est pas gagné) et pas mal de nouvelles réglementations contraignantes (ce qui est beaucoup plus simple à obtenir), les campagnes ont, avec l'espace naturel, un immense capital à valoriser.

Un tourisme sous-exploité

Au cœur de l'été, elle est une oasis de fraîcheur lors des journées de chaleur. La Drôme s'écoule lentement entre les montagnes et offre ses eaux limpides aux touristes qui la longent en voiture.

1. Caroline Cayeux et Philippe Estèbe (entretien), « Les villes moyennes doivent se réinventer », *Alternatives économiques,* 1er mars 2018.

Tous les cinq kilomètres, des parkings sauvages, sur le bas-côté de la route, indiquent aux visiteurs les points d'eau où se rafraîchir.

La carte postale n'a pas toujours été aussi belle. En 1989, 1990 et 1991, la rivière n'arrivait même plus jusqu'au Rhône : surexploitée par l'irrigation agricole, elle interrompait son cours, laissant dans son lit asséché des centaines de poissons morts. En effet, les surfaces irriguées dans la vallée ont doublé entre 1970 et 1990. Et, quand il y avait de l'eau, personne ne songeait à se baigner : la Drôme était une poubelle à ciel ouvert. En 1983, uniquement cinq kilomètres, sur cent cinq, étaient ouverts à la baignade[1] : les seules caves de la clairette de Die émettent dans les périodes d'activité des rejets équivalents à 30 000-60 000 habitants et les stations d'épuration étaient alors peu nombreuses, pour 60 campings dans la vallée, bondés en été.

Enfin, le gravier extrait de la rivière, très résistant, convient bien pour la construction des routes. Or les routes sont une passion française (1,1 million de kilomètres dans le pays, un record européen). Certes, le gravier est une ressource « renouvelable » qui, chaque année, descend des montagnes. Mais le rythme d'extraction dans la Drôme était largement supérieur à celui du renouvellement : en quarante ans, la rivière a perdu 5,9 millions de mètres cubes nets. Avec pour conséquences une baisse alarmante de son niveau (entre deux et cinq mètres) et une fragilisation inquiétante des digues et des ponts.

La rivière Drôme était ainsi un cas d'école de conflit d'usage. La ressource était exploitée à la fois par les agriculteurs (irrigation), les pêcheurs (loisir), l'industrie (gravier) et les professionnels du tourisme (kayak, tourisme en général). Mal gérée, ou plutôt non gérée, elle a constitué pendant des années un

1. DAVD (District d'aménagement du Val de Drôme), *Un SAGE pour la rivière Drôme. Une rivière et des hommes,* non daté.

bel exemple du concept de « tragédie des communs », popularisé par le chercheur américain Garrett Hardin[1] : les biens communs (air, eau, terrain communal) sont condamnés à être surexploités.

Les travaux de l'économiste Elinor Ostrom montrent toutefois que la tragédie des communs est évitable et que les acteurs sont capables de mettre en place une gestion raisonnée[2]. C'est exactement ce qui s'est passé dans la Drôme au début des années 1990. En 1993, le tout premier Sage de France est expérimenté. Ce schéma d'aménagement et de gestion des eaux est une sorte de « constitution » du territoire, dont le contenu est opposable aux décisions prises par les élus. Le Sage prévoit par exemple que le débit d'eau doit rester constamment supérieur à 2,4 m^3/seconde ; un élu ne peut autoriser les agriculteurs à pomper une quantité d'eau qui ferait passer le débit en deçà de cette limite. Pour faire respecter cette constitution, un « parlement », la commission locale de l'eau, est créé, de quoi mettre tous les acteurs autour de la table et tenter de régler les conflits d'usage sans avoir à se donner rendez-vous au tribunal. Enfin, les acteurs signent des sortes de « lois » découlant de la constitution : les contrats de rivière (1990-1998 et 1998-2005 pour la Drôme). Déclinant sur le terrain les principes généraux du Sage, ils mettent en place plusieurs stations d'épuration ainsi qu'un observatoire de la rivière, dans la réserve naturelle des Ramières, pour en surveiller le débit. En quelques années, les progrès sont spectaculaires. Commentaire de Jean Serret, président de la communauté de communes du Val de Drôme et pilier de la

1. Garrett Hardin, *La Tragédie des communs* (1968), traduction de l'anglais par Laurent Bury, présentation Dominique Bourg, Paris, PUF, 2018.

2. Elinor Ostrom, *Governing the Commons. The Evolution of Institutions for Collective Action,* Cambridge, Cambridge University Press, 1990.

protection de la rivière : « Quand vous rendez une rivière de cent kilomètres baignable, vous venez de créer un immense parc de loisirs 100 % gratuit. Et vous comprenez qu'en misant sur la qualité de vie sur le territoire, vous allez attirer des touristes, et ouvrir des pistes de développement. »

La protection de la rivière Drôme est exemplaire, pour deux raisons. Elle a d'abord été l'étincelle qui a lancé le projet Biovallée, les acteurs ayant pris conscience qu'ils pouvaient mettre en place un développement durable favorable au plus grand nombre. Elle a ensuite montré que le tourisme n'est pas un cadeau du ciel. Chaque région possède des « ressources touristiques » potentielles. À elle, ensuite, de les exploiter intelligemment à travers une politique de développement.

Activités de pleine nature, agrotourisme haut de gamme, culture vivante, histoire, artisanat... : la vallée de la Drôme a bien su s'adapter à l'essor du tourisme, enrichissant sa rente paysagère avec une offre culturelle étoffée, entre sentiers thématiques (route des arts, sentier du Castor, sentier des Huguenots), festivals (Crest Jazz Vocal, Saoû chante Mozart, festival Est-Ouest...) et résidence de nombreuses compagnies, notamment de théâtre de rue (à l'image de Transe Express, ses 17 salariés à temps plein et ses 150 collaborateurs réguliers). Au total, la vallée de la Drôme et le Diois offrent 75 lits touristiques pour 100 habitants, contre 40 dans la zone de référence[1], et la fonction « culture-loisirs » y pèse 4 % de l'emploi, contre 2 % dans le reste du rural rhône-alpin[2].

1. Dans cette étude de l'Insee, la vallée de la Drôme et le Diois sont comparés à un territoire dit de « référence », qui englobe à la fois le territoire étudié et des territoires ayant des caractéristiques similaires (ici, les autres territoires ruraux de la région Rhône-Alpes)

2. « Vallée de la Drôme – Diois : un territoire au caractère rural et touristique, mais avec des difficultés sociales », Insee, *La Lettre analyses,* n° spécial 8, 2011.

La culture fait le plein

La culture constitue un élément d'attractivité pour un territoire. Et *a priori*, sur ce point, les campagnes sont désavantagées. Si on veut une offre culturelle abondante, on se rend en ville. Et, si on hésite à s'installer à la campagne, l'absence d'offre culturelle peut conduire à y renoncer. « La faiblesse des équipements est incontestable[1] », note la géographe Claire Delfosse. Mais « des lieux culturels existent [...]. Outre le nombre important et bien réparti d'édifices patrimoniaux inscrits ou classés au titre des monuments historiques, il existe un maillage d'équipements culturels, que l'on peut qualifier de proximité, notamment grâce aux bibliothèques et médiathèques ».

Un coup d'œil aux statistiques permet également de déconstruire quelques idées reçues : tous les départements alpins (qui sont essentiellement ruraux) disposent de plus de 10 salles de cinéma pour 100 000 habitants, contre moins de 10 dans tous les départements d'Île-de-France, à l'exception de Paris. On compte également un peu plus de cinémas en Ardèche et dans la Drôme que dans le Rhône (malgré Lyon).

Les campagnes ne sont pas dépourvues non plus de musées, de théâtres, de salles de concert. Elles regorgent de petits lieux créatifs, souvent multifonctionnels : la salle de cinéma diffuse des films mais accueille aussi du théâtre, de la musique, de la danse. La médiathèque, outre qu'elle prête des livres et des DVD, propose des cafés-lectures avec des auteurs, des ateliers culturels pour les enfants ou des ateliers d'écriture. À Florac (2 000 habitants), en Lozère, la commune a créé la Genette verte,

1. Claire Delfosse, « La culture dans les ruralités, lieux et réseaux », *in* Yves Jean et Laurent Rieutort (dir.), *Les Espaces ruraux en France, op. cit.*, p. 333.

un complexe autour d'une grande salle de spectacles (272 fauteuils) qui accueille 4 500 spectateurs par an issus de 40 communes des environs. La dynamique a été lancée grâce au grand écran de cinéma surplombant la salle et aux écoles de danse et de musique qui ont été ouvertes.

« Ces spécificités des lieux de la culture en milieu rural suscitent des formes d'innovation artistique. En dehors des grands lieux culturels urbains, [les artistes] peuvent s'essayer à de nouvelles pratiques artistiques ou renouer avec des arts "dévalorisés" comme les marionnettes ou les contes[1] », note Claire Delfosse. La version la plus aboutie de cette innovation dans les pratiques est probablement le land art. Dans la Meuse, entre Bar-le-Duc et Verdun, la forêt constitue depuis 1997 un support créatif. À l'initiative du sculpteur François Davin, spécialiste de ce mouvement artistique, mais aussi des maires de 6 villages et d'une association, une dizaine de plasticiens internationaux sont invités chaque année – et logés chez les habitants – pour ériger des œuvres sur site, avec l'aide de bénévoles, de lycées professionnels, d'artisans. La centaine d'œuvres réparties sur 5 000 hectares attire 25 000 visiteurs par an.

L'autre point fort des territoires ruraux sur le plan culturel peut paraître paradoxal, puisqu'il s'agit des arts de rue. Au cœur du Cantal, Aurillac en est ainsi la capitale grâce au festival international qui se déroule chaque année à la fin du mois d'août. L'autre grand festival de rue se tient à Chalon-sur-Saône. En Ardèche, Annonay accueille un centre national des arts de rue.

Ces nouveaux espaces de culture, en même temps qu'ils favorisent l'innovation, contribuent à désacraliser l'art, souvent

1. *Ibid.*, p. 339.

intimidant. « Au-delà de l'inconfort [de ces lieux de culture], les artistes évoquent souvent les formes de convivialité et d'échanges particuliers qu'ils ont avec le public, souligne Claire Delfosse. Ils expliquent aussi qu'il peut être plus facile de faire venir le public dans des lieux qui ne sont pas étiquetés comme des hauts lieux culturels[1]. »

À ces spécificités s'ajoute l'itinérance. Une bibliothèque dans chaque village serait absurde, et les habitants de la campagne ne peuvent pas toujours aller à la culture ; alors c'est la culture qui vient à eux : bibliobus, cinémas itinérants, cirques... On compte ainsi 98 circuits de cinémas itinérants en France, qui couvrent, pour les trois quarts, des communes de moins de 2 000 habitants[2].

Mobiles ou fixes, les événements culturels font souvent le plein. À la campagne, on n'hésite pas entre 12 expositions, 15 pièces de théâtre, 25 concerts et 30 films, eux-mêmes diffusés cinq fois par jour. Alors quand le jazzman Bill Coleman s'installe dans le Gers en 1975, le petit festival qu'il lance avec d'autres attire rapidement les foules. Aujourd'hui, Jazz in Marciac est un des principaux festivals de jazz d'Europe, qui accueille 200 000 visiteurs par an. À une échelle moindre, de nombreux festivals ruraux ou semi-ruraux connaissent des succès remarquables, et pas uniquement en été. Ainsi le Festival international de la photo animalière et de nature a rassemblé 45 000 personnes mi-novembre 2018 à Montier-en-Der (Haute-Marne)[3] : des habitants passionnés par les grues, qui font étape dans la région quand elles migrent, ont créé l'événement il y a plus de vingt ans. Au même moment, dans le

1. *Ibid.*

2. Anne Fairise, « Quand les citoyens s'emparent de la culture », *Alternatives économiques,* 1er décembre 2018.

3. *Ibid.*

sud du département, la dizaine de conteurs professionnels du festival les Diseurs d'histoires terminaient 7 semaines de tournée dans 35 villages : 50 représentations au total, devant 3 000 habitants.

Dans les territoires les plus ambitieux, l'offre culturelle se transforme en outil de développement économique. En Ardèche, un écosystème s'est constitué depuis trente ans autour de Lussas (1 100 habitants) et ses États généraux du film documentaire, initiés par l'association Ardèche Images. Un pôle territorial de coopération économique (PTCE) regroupe désormais acteurs associatifs et privés autour de la création de documentaires, assurant tous les stades de production de ce format. À la clé, 24 emplois, loin d'être anodins dans un si petit territoire. À Marciac, la dynamique du festival de jazz a permis d'ouvrir un collège spécialisé dans l'enseignement du jazz.

Si l'offre culturelle est fragile du fait des faibles moyens consacrés par les collectivités locales à ce secteur, « on est loin du désert culturel et de la simple évidence patrimoniale », conclut Claire Delfosse.

Touristes étrangers : peut mieux faire

Reste que la plupart des territoires ruraux n'exploitent pas encore tout leur potentiel, vallée de la Drôme incluse. Il n'est pas besoin de s'en éloigner beaucoup pour trouver un meilleur élève : cinquante kilomètres au sud, en Drôme provençale, autour de la petite ville de Nyons, la région des Baronnies est devenue, aux yeux de certains chercheurs, un modèle touristique durable et rentable.

Alors que le tourisme pèse en France en moyenne 7 % du PIB, ce taux monte à 10 % dans les Baronnies. En 2016, les touristes y ont payé 565 000 nuitées marchandes et ont consommé près de 50 millions d'euros. Pas mal pour un territoire certes charmant, mais dépourvu de grand monument, de sommet connu, de large espace de baignade ou de cité historique.

Pour en arriver là, les Baronnies ont misé sur le haut de gamme. « Par rapport à d'autres régions, le prix des produits et de certains services, par exemple celui des gîtes, est plus élevé[1] », observe le chercheur Bernard Pecqueur. Surtout, la réussite tient à la coordination des acteurs, qui ont travaillé ensemble pour proposer une offre complète. L'idée est bien résumée par cette formule de Christian Teulade, lorsqu'il était directeur de la coopérative d'huile d'olive de Nyons : « Dans le litre d'huile d'olive, il y a aussi le chant des cigales[2]. » Mais également les montagnes, le patrimoine bâti local, les vins du pays, la lavande fine, les huiles essentielles, la truffe. Et quand tout le monde tire dans le même sens, tout le monde peut vendre plus cher et gagner plus.

À partir de leur olive noire et de leur huile, premières en France labellisées appellation d'origine contrôlée (AOC), en 1994, puis appellation d'origine protégée (AOP), en 1997, les Baronnies ont en effet cherché une montée en gamme totale. Une route de l'olivier a été ouverte, début d'une dynamique qui a permis de réhabiliter des moulins à huile, remettre en valeur, grâce à des financements européens, des terrasses en pierre sèche d'oliviers, créer un Institut du monde de l'olivier

1. Bernard Pecqueur cité dans Anne Fairise, « Les Baronnies, un virage touristique réussi », *Alternatives économiques,* 13 août 2019. Voir aussi Emmanuel Roux, Dominique Vollet et Bernard Pecqueur, « Coordinations d'acteurs et valorisation des ressources territoriales. Les cas de l'Aubrac et des Baronnies », *Économie rurale,* n° 293, 2006, p. 20-37.

2. Christian Teulade cité dans Anne Fairise, « Les Baronnies, un virage touristique réussi », *op. cit.*

à Nyons et publier un livre sur les routes de l'olivier, jusqu'à la naissance en 2014 du parc naturel régional (PNR) des Baronnies provençales. Au sein du syndicat d'aménagement des Baronnies, où sont regroupés les acteurs, la coopération est forte. « Très tôt, les oléiculteurs se sont préoccupés de la qualité de l'environnement. Ils s'inquiétaient dès que les champs de lavande sur les collines étaient en mauvaise forme », rappelle Bernard Pecqueur. Aujourd'hui, tout le monde en bénéficie : les professionnels du tourisme, bien sûr, mais aussi le monde agricole, artisanal, et le territoire en général.

Les Baronnies sont un cas d'école, qui méritent qu'on s'en inspire. Car, en matière de tourisme, la France est en retard. Certes, elle est le pays le plus visité au monde, avec 90 millions de visiteurs étrangers en 2018. Si on y ajoute les étrangers venus pour une journée sans dormir dans l'Hexagone – les « excursionnistes » –, nous accueillons plus de 200 millions d'étrangers par an. Du coup, le tourisme constitue le premier poste d'excédent de la balance des paiements de la France : les recettes tirées du tourisme des étrangers se sont élevées à 53,7 milliards d'euros en 2017, dépassant de 17 milliards d'euros celles des touristes français à l'étranger. Et les perspectives sont prometteuses : 1,7 milliard de personnes devraient partir en voyage à l'étranger en 2030, contre 1,4 en 2018. Les trois quarts de nos recettes touristiques sont issues du reste de l'Europe. « La France constitue et constituera à l'avenir un lieu privilégié du tourisme “domestique” pour les Européens[1] », note Laurent Davezies. Incertitudes géopolitiques dans une grande partie du monde, climat tempéré, paysages variés, territoire entretenu et équipé : « Les avantages touristiques de la France aux yeux des Européens constituent un

1. Laurent Davezies et Thierry Pech, « La nouvelle question territoriale », *op. cit.*, p. 24.

atout économique dont le potentiel de développement est loin d'être épuisé. »

Mais, derrière ces bonnes nouvelles, s'en cachent de moins encourageantes. Si l'Hexagone est le pays le plus visité au monde, c'est en partie grâce aux voyageurs qui le traversent et n'y dorment qu'une nuit. Ils étaient 11 millions en 2008, selon l'Insee, en transit vers l'Espagne, l'Italie ou les pays du Maghreb[1]. Il faut également noter les dépenses proportionnellement faibles des touristes étrangers : le pays ne se classe que troisième pour les recettes totales liées à ce secteur, très loin derrière les États-Unis, proche de l'Espagne. Il ne figure sans doute même pas dans le top dix des recettes par touriste étranger. Et la tendance est inquiétante : selon les chiffres de l'Organisation mondiale du tourisme, la France ne représente plus que 3,5 % du tourisme mondial, contre 8 % en 1978[2]. L'ouverture de la Chine et d'autres destinations explique en partie cette baisse. Mais des pays comparables à la France, notamment l'Espagne, affichent de meilleures performances.

Le parc hôtelier français, vieillissant, est souvent mis en cause. La légendaire arrogance tricolore en matière d'accueil et le mauvais niveau des Français en langues étrangères sont aussi fréquemment évoqués. Dans un rapport d'information à l'Assemblée nationale, les députés Marguerite Deprez-Audebert et Didier Martin préviennent donc : « La France tend à se reposer de façon excessive sur son rang de première destination mondiale », ce qui encourage « l'idée selon laquelle le tourisme en France "marche tout seul", sans qu'une stratégie politique forte n'ait nécessairement besoin d'être élaborée ». Déjà, en 2011,

1. Marie Antczak et Marie-Anne Le Garrec, « Les visiteurs étrangers en France », in *Le Tourisme en France*, Insee Références, 2009.

2. Marguerite Deprez-Audebert et Didier Martin, « Rapport d'information sur le tourisme », Assemblée nationale, 2019.

les sénateurs André Ferrand et Michel Bécot prévenaient : « Il est indispensable de ne pas s'endormir sur les lauriers d'une place de première destination touristique mondiale en partie illusoire », dénonçant une méconnaissance des enjeux par les pouvoirs publics, laquelle « découle, sans doute, du fait que le tourisme est essentiellement une activité de services, implicitement considérée comme moins "noble" que des secteurs industriels "purs et durs"[1] ». Un constat partagé par Laurent Davezies, qui souligne que « la politique régionale française a depuis cinquante ans développé de nombreux grands projets pour nos territoires, hier industriels, aujourd'hui "métropolitains", mais semble ne pas encore avoir pris la mesure du potentiel, pour l'avenir, de cet espace massif[2] ».

Il ne faut cependant pas se focaliser sur les touristes étrangers, et se rappeler que la grande majorité des touristes en France sont français. Si les touristes étrangers dépensent chaque année 50 milliards d'euros dans l'Hexagone, c'est 100 milliards pour les touristes français. Et ce chiffre va augmenter, puisqu'en 2050 le pays comptera 7 millions de retraités en plus, des gros consommateurs de tourisme. Les territoires ruraux ont donc là une opportunité majeure à saisir. Mais, comme le note le géographe Pascal Desmichel, « si le tourisme rural représente plus du tiers de la fréquentation touristique des Français […] les données statistiques, avec leurs nombreuses limites, semblent montrer une stabilité, voire un recul d'une fréquentation qui reste dispersée et souvent saisonnière ou de courte durée[3] ».

1. André Ferrand et Michel Bécot, « Le tourisme, un atout formidable pour la France », Sénat, 2011.

2. Laurent Davezies et Philippe Estèbe, « Les nouveaux territoires de la croissance », *op. cit.*, p. 39.

3. Pascal Desmichel, « Les défis du tourisme rural », *op. cit.*, p. 294.

Le rôle de l'économie résidentielle...

Tous les matins, la descente d'Étoile-sur-Rhône et le rond-point de Beauvallon, entre Crest et Valence, bouchonnent. Des centaines d'habitants de la vallée de la Drôme parcourent les trente kilomètres qui les séparent de la préfecture de la Drôme pour aller travailler. Les navetteurs se rendent aussi dans les autres pôles d'emploi de la vallée du Rhône, riche de son industrie. Faut-il s'en lamenter ? Pas vraiment, car si les habitants de la vallée migrent quotidiennement, ils reviennent avec des salaires en poche. Salaires dépensés en bonne partie dans le territoire de Biovallée.

Et puis il y a ceux qui restent travailler dans la vallée, et dont la clientèle est essentiellement locale. Services publics, services marchands, commerce... : dans la vallée de la Drôme et le Diois, 11 000 emplois sont directement et essentiellement destinés à satisfaire la demande locale ; ce que les économistes appellent l'économie présentielle[1]. La « sphère présentielle », dans la vallée de la Drôme et le Diois, pesait ainsi autour de 70 % de

1. Dans cette sous-partie, les termes « économie présentielle » et « économie résidentielle » sont utilisés. Ils désignent tous les deux l'ensemble des emplois qui répondent localement à la demande des ménages (services à la personne, commerce, services au public...). Cependant, l'économie résidentielle tient compte uniquement des résidents présents sur un territoire alors que l'économie présentielle englobe également la population non résidente (touristes, excursionnistes, résidents temporaires...). Enfin, Laurent Davezies, régulièrement cité dans cet ouvrage, élargit la notion d'économie résidentielle à l'ensemble des emplois domestiques à destination des « agents résidants inactifs sur le territoire : retraités, touristes, actifs employés ailleurs ("navetteurs") [en s'intéressant aux] salaires de fonctionnaires, prestations sociales, dépenses de tourisme ». Il précise : « Dans un deuxième temps, c'est la circulation interne des revenus dans les territoires qui permet le développement des emplois domestiques » (Laurent Davezies, « Il y a économie résidentielle et économie résidentielle... », *Pour*

l'emploi total en 2014, contre 66 % en France en moyenne. Les économistes focalisés sur la capacité d'un territoire à exporter lisent ce chiffre comme une faiblesse. D'autres l'interprètent avec plus d'optimisme : une sphère présentielle importante, c'est un territoire où les acteurs économiques échangent beaucoup localement, et sont plus résilients face aux chocs extérieurs. Quel argument l'emporte ?

Pour le savoir, il faut bien distinguer les différents types de revenus d'un territoire. Il y a d'abord ceux issus de la production exportée, qu'elle soit agricole, industrielle ou relevant du secteur des services. Quand les producteurs du Gers fabriquent du foie gras et le vendent aux citadins bordelais, ils reçoivent grâce à leur travail de l'argent venu de Bordeaux, ce qui enrichit l'ensemble du territoire du Gers. Mais les travaux de Laurent Davezies ont documenté que l'essentiel se joue ailleurs.

Dans l'économie actuelle, les revenus les plus importants sont indépendants des activités exportatrices. Ils correspondent, nous l'avons vu avec le cas de la vallée de la Drôme et du Diois, à la demande locale. Ainsi, quand Mme Michu achète son pain à la boulangerie d'un petit village des Cévennes, elle apporte des revenus à ce territoire rural qui surplombe Avignon. Or Mme Michu travaille dans une banque à Avignon. Des revenus gagnés en ville sont donc dépensés à la campagne. Le territoire n'a pas exporté de production et n'a pas été rétribué par des résidents extérieurs. Mais il a attiré des revenus obtenus ailleurs par ses propres habitants. En outre, les Cévennes accueillent de nombreux retraités, souvent venus de la région parisienne, installés là pour profiter du calme et de la nature. Leurs revenus (les pensions de retraite) sont essentiellement payés par des urbains

---

n° 199, 2008, p. 50-52). Ces notions étant très proches, elles sont ici utilisées de façon indifférenciée en fonction des termes retenus dans les études citées.

via des cotisations sur leurs salaires : ils sont donc « nationaux ». Mais c'est le territoire des Cévennes qui en profite – comme de ceux des demandeurs d'emploi ou des familles nombreuses.

Laurent Davezies a calculé, au niveau national, le poids respectif des différentes « bases » de richesse. En 2008, la base « productive », c'est-à-dire les revenus tirés des exportations vers l'extérieur d'une zone d'emploi, ne s'élevait qu'à 19 % ; 13 % des revenus venaient des emplois publics, 12 % des allocations sociales (chômage, RSA, allocations familiales), tandis que plus de la moitié, 56 %, était issue de la base résidentielle (la consommation des locaux – dont les retraités – et des touristes).

On le voit : l'économie résidentielle est essentielle, apportant 80 % des revenus d'un territoire, bien plus que l'économie productive. Laurent Davezies le concède : « Les meilleurs analystes de la Nouvelle Économie géographique, focalisés sur la seule dimension productive de l'économie des territoires, n'avaient pas pris la mesure de la puissance des effets stabilisateurs, non pas dans le registre productif mais dans celui de la formation du revenu[1]. »

Penser l'avenir économique d'un territoire, c'est donc aujourd'hui se préoccuper avant tout de l'économie résidentielle, c'est-à-dire de l'ensemble des activités économiques ayant pour but de satisfaire des besoins locaux. Or les sommes en jeu sont énormes : les revenus résidentiels s'élevaient à 1 900 milliards d'euros en France en 2017. L'argent se trouve là où la population croît. Et, comme les campagnes connaissent ces dernières années des progressions démographiques plutôt supérieures aux villes, elles s'enrichissent sous cet aspect mécaniquement plus vite.

1. Laurent Davezies et Philippe Estèbe, « Les nouveaux territoires de la croissance », *op. cit.*, p. 3.

Le géographe Boris Chabanel a lui aussi sorti la calculatrice et obtient des chiffres à donner le vertige. « La métropole de Lyon est considérée comme un fleuron de l'économie française. Mais le territoire importe 80 milliards d'euros de produits chaque année, et exporte seulement 70 milliards. Capter des richesses extérieures pour les mettre dans un seau percé, ça ne sert pas à grand-chose quand on fait du développement économique », tacle le chercheur. « En 1970, quand une entreprise produisait 100 euros de richesses sur un territoire, elle générait 103 euros pour le territoire. Aujourd'hui, pour 100 euros créés, il n'y a que 59 euros générés », poursuit-il. « Plus encore qu'hier, retenir un dollar ou un euro sur un territoire, c'est aussi important que de parvenir à l'exporter. » Relocaliser une partie de la consommation, et augmenter ce que les économistes appellent la « propension à consommer localement », est donc un enjeu majeur.

L'économie résidentielle constitue le principal gisement d'emploi des territoires, urbains ou, plus encore, ruraux. Dans ce cadre, quels secteurs semblent les plus prometteurs ? Dans l'absolu, ils sont tous concernés par l'amélioration de la provenance de la consommation locale, même si la France ne va pas bien sûr, du jour au lendemain, construire une usine d'assemblage d'iPhone dans chaque région. Mais tous les secteurs peuvent relocaliser une partie de la production, à l'image de ce qui s'est passé avec la bière. D'autres peuvent mieux exploiter leur potentiel, comme le tourisme. Enfin, les services à la personne recèlent un important gisement d'emplois. Dans une société vieillissante, l'économie du *care* va connaître une forte croissance. Certains territoires ruraux l'ont bien compris, à l'image du département de la Lozère : 4 500 personnes y travaillent dans l'accueil et l'aide aux personnes âgées, en situation de handicap ou en difficulté sociale. Proportionnellement à la population, c'est 1,5 fois plus que dans le territoire de référence[1] et près de 2,5 fois plus que dans l'ex-région Languedoc-Roussillon[2].

La plupart des territoires ruraux se montrent créatifs pour attirer les professionnels de santé. Le conseil départemental de l'Allier propose ainsi depuis 2006 aux étudiants de troisième cycle en médecine générale de financer une partie de leurs études s'ils s'engagent à s'installer pendant trois ans dans un secteur déficitaire : 42 médecins ont signé ; la moitié se trouvent déjà en exercice, les autres terminent leurs études[3]. L'État a depuis copié le dispositif au niveau national, qui concernait 1 700 étudiants en tout en 2017. Le conseil départemental de Saône-et-Loire est allé encore plus loin avec la création début 2018 d'un centre de santé départemental, qui salarie les médecins et s'occupe de toutes leurs formalités extra-médicales : 37 médecins ont été convaincus, tandis que 15 000 personnes ont retrouvé un médecin traitant. On mesure l'ampleur du succès quand on sait que le nombre de généralistes y a diminué de 13,5 % dans le département entre 2007 et 2017[4].

... et ses limites

Faut-il, alors, faire une croix sur l'économie productive ? Non, car l'économie est un jeu à somme nulle : les revenus que Mme Michu a gagnés dans le centre d'Avignon mais qu'elle dépense dans les Cévennes sont perdus pour le centre d'Avignon, qui va en souffrir. C'est ainsi que la plupart des centres-villes français

1. Les territoires comparables de la région Languedoc-Roussillon.

2. Pascale Marasovic, « La Lozère se revitalise », Insee, *Synthèse. Repères pour l'économie du Languedoc-Roussillon*, n° 6, 2013.

3. Anne Fairise, « Quand les déserts médicaux innovent », *op. cit.*

4. François Béguin, « En Saône-et-Loire, des médecins salariés contre les déserts médicaux », *Le Monde,* 18 mars 2019.

ont connu un fort déclin, les habitants les plus riches ayant déménagé, avec leurs gros revenus, en périphérie.

Par ailleurs, les économies purement résidentielles ont des effets néfastes sur le plan environnemental, car elles supposent des mouvements de travailleurs navetteurs. Si 100 % des revenus des Cévennes viennent d'habitants qui travaillent tous les jours à Avignon, la planète est condamnée par leurs gaz à effet de serre. L'économie résidentielle pose aussi des problèmes de saisonnalité. Les stations de sports d'hiver sont par exemple depuis bien longtemps confrontées à l'enjeu des sept (bientôt neuf) mois de l'année sans neige, avec la nécessité de trouver des activités économiques complémentaires de l'or blanc.

Autre limite, souvent sous-estimée : les coûts sociaux de l'économie résidentielle. Certes, la présence de personnes sur un territoire apporte des revenus, mais ceux-ci doivent être mis en balance avec les coûts. Quand un cadre parisien proche de la retraite s'installe dans les Cévennes, il a des attentes élevées en termes d'équipement (services, culture, santé) qui vont obliger la collectivité à investir (dans une nouvelle maison médicale, par exemple). Comme le résume le géographe Gérard-François Dumont : « Certains [territoires] risqueraient de vivre le passage de l'avantage d'avoir une population de jeunes retraités, encore en bonne santé et avec des pensions satisfaisantes à, vingt ans, plus tard, un pourcentage très élevé de personnes très âgées, très demandeuses de services à domicile, avec des pensions au pouvoir d'achat éventuellement diminué et privilégiant la tranquillité au détriment des activités[1]. »

Les populations aisées qui disposent d'un capital social et politique important adoptent parfois des attitudes de type *nimby*

1. Gérard-François Dumont cité dans Gwénaël Doré, *Hors des métropoles, point de salut ?, op. cit.*, p. 178.

(not in my backyard), qui consistent à privilégier leur confort de vie, quitte à ralentir le dynamisme économique du territoire où elles se sont installées. Le risque existe aussi que la baisse des dépenses publiques et sociales voulue par la plupart des exécutifs élus affaiblisse les territoires dépendants de leur base sociale.

Des auteurs mettent enfin en garde contre le risque d'« assistanat » de certains territoires, qui ne chercheraient plus à produire sur le territoire puisqu'ils peuvent se contenter, à court terme, d'attirer les habitant qui souhaitent quitter les villes. L'urbaniste Pierre Veltz écrit ainsi que « des territoires qui dépendent trop exclusivement de la dépense publique ou de revenus non liés au secteur concurrentiel finissent par perdre le contact avec ce qu'est l'univers intellectuel, mental et moral de l'économie moderne[1] ». Jean Pisani-Ferry soulève également le risque politique d'une telle situation : « En Europe, nombre de régions riches refusent de payer pour leurs voisines. Nous ne sommes pas à l'abri de ces phénomènes[2]. » Une situation à la catalane, où Paris et Lyon ne voudraient plus payer pour la Bourgogne et le Nord-Est, remettant ainsi en cause l'unité de la France.

Pierre Veltz s'inquiète plus largement d'« une France internationalement compétitive étouffée par une France de la redistribution ayant perdu le lien avec les marchés de grand large ». Ce raisonnement revient à regretter que de prétendus Français assistés (chômeurs, fonctionnaires, etc.) entravent la réussite des « premiers de cordée » (entrepreneurs, investisseurs). Pourtant, à de rares exceptions près, l'assistanat est un mythe ; l'immense majorité des personnes – comme

1. *Ibid.*, p. 177.
2. *Ibid.*, p. 290.

des territoires – cherchent à réussir par elles-mêmes et, lorsqu'elles sont effectivement dépendantes des autres, subissent la situation. Par ailleurs, la part du productif a certes reculé en dehors des métropoles, mais les territoires non métropolitains partaient avec « de l'avance ». Celle-ci a été perdue, mais ils sont aujourd'hui en moyenne aussi productifs que les métropoles.

Dans les faits, les territoires sont rarement super-productifs ou super-résidentiels. Et, d'un point de vue économique national, les territoires à dominante résidentielle ne sont pas problématiques s'ils veillent à conserver également une part « productive », c'est-à-dire la capacité d'exporter leur production et d'en tirer des richesses. C'est le cas dans la région parisienne : la ville de Saint-Denis est dépendante de l'économie résidentielle, et plus encore de sa base « sociale » (minima sociaux, allocations...). Mais elle accueille aussi désormais de nombreuses entreprises à la recherche de locaux abordables financièrement. Des revenus produits à Saint-Denis par des habitants parisiens retournent ainsi dans Paris intra-muros. Et, inversement, des Dyonisiens vont chaque jour travailler à Paris et rapatrient des revenus à Saint-Denis. Comme Paris et Saint-Denis, la plupart des territoires sont désormais « productivo-résidentiels » et constituent ce que Laurent Davezies et Magali Talandier appellent des « systèmes productivo-résidentiels » (SPR).

L'économiste et la géographe ont observé 131 SPR, soit les 131 principaux bassins économiques français. Ils ont analysé l'intensité des flux entre une ville-centre et son « hinterland » (sa zone d'influence), ainsi que leur portée. Paris émet par exemple des flux de richesse importants, et les individus qui les consomment le font un peu partout en France, mais assez peu en Île-de-France. À l'inverse, concernant Nantes, Rennes,

Toulouse, Montpellier ou Bordeaux, « de nombreux retraités quittent ces villes dynamiques mais restent dans le même espace régional[1] ».

Les villes qui fonctionnent seraient alors celles qui parviennent à conserver leurs retraités à proximité pour qu'ils reviennent régulièrement consommer ? Ce n'est pas seulement cela, expliquent les auteurs : « Au sein des SPR, écrit Laurent Davezies, existe une réciprocité de la relation productivo-résidentielle entre la ville et son hinterland : la qualité résidentielle de l'hinterland a des effets positifs sur la dynamique de l'aire urbaine, mais l'hinterland bénéficie, en retour, de flux de revenus en provenance de l'aire urbaine[2]. » Magali Talandier détaille : « Attention, il ne faut pas penser que lorsque ça marche, l'hinterland n'est que le jardin de la métropole. Un SPR fonctionne bien lorsque l'hinterland a sa propre capacité de développement, et qu'il ne se contente pas de capter les richesses de la métropole proche. Dans les meilleurs élèves, la première source de revenus de l'hinterland ce sont les revenus qu'il génère grâce à d'autres territoires que la métropole. » Nous le verrons plus loin, la zone industrielle des Herbiers profite un peu de la présence de Nantes à une heure de route, mais elle travaille aussi avec Angers, le reste de la Vendée et plus globalement le Grand Ouest.

Ces observations ébranlent le modèle, suivi par de nombreux décideurs politiques, selon lequel il faudrait encourager des métropoles puissantes qui ruisselleraient ensuite sur les territoires voisins. C'était l'objectif de la loi de modernisation de l'action publique territoriale et d'affirmation des métropoles (Maptam) de 2014, qui répondait à cette idée que « libérer » les métropoles

1. Laurent Davezies et Philippe Estèbe, « Les nouveaux territoires de la croissance », *op. cit.*, p. 42.

2. *Ibid.*, p. 43.

leur permettrait de donner leur pleine mesure. Les flux circulent en fait dans les deux sens, et la bonne ou la mauvaise santé des territoires voisins est décisive dans celle d'une métropole. Si Lille sous-performe, c'est parce que la région voit une partie de ses cadres partir s'installer à trente minutes de Bordeaux ou à Albi. Lyon ruisselle évidemment sur son bassin, mais celui-ci est surtout constitué d'une population nombreuse, jeune, diplômée, attirée par les montagnes des Alpes et les campagnes ensoleillées et peu peuplées de l'Ardèche ou de la Drôme. « L'idée d'un développement "métropolitain" "hors-sol", tout entier tourné vers la mondialisation et tournant le dos aux territoires périphériques doit être remise en cause[1] », affirme Laurent Davezies, pourtant favorable à une politique privilégiant les métropoles. « L'économie résidentielle n'est pas qu'une ponction sur les revenus des territoires industrieux, c'est aussi, et plus encore, une condition du succès de nos grands pôles productifs », conclut-il.

Cela dit, un environnement de qualité n'est pas suffisant pour qu'une métropole se porte bien. La Côte d'Azur dans son ensemble sous-performe sur le plan économique, alors qu'elle dispose de conditions exceptionnelles (mer, soleil). « Ce gaspillage d'un potentiel territorial rare fait du Sud-Est français une Californie sans "high-tech", de Nice une Miami sans ses investisseurs du business... La problématique de ces territoires semble non pas d'être trop résidentiels, mais insuffisamment productifs[2] », note Laurent Davezies.

De même, nous l'avons vu, les retraités ne sont pas les seuls à se déplacer vers la moitié sud-ouest de la France et les territoires ruraux. De nombreux actifs, dont des cadres, suivent le même chemin. Et emportent dans leurs valises idées, créativité

1. *Ibid.*, p. 44.
2. *Ibid.*, p. 44.

et entreprises. Une étude de l'Insee observant les déplacements d'entreprises entre les régions entre 1996 et 2001 constatait que la carte des nouvelles installations coïncidait avec celle des migrations de personnes[1]. Bref, la moitié sud-ouest n'est pas condamnée à devenir une maison de retraite géante qui attendrait fébrilement le versement des pensions le 8 ou le 9 de chaque mois.

La recette des territoires qui fonctionnent est résumée par Laurent Davezies : ils doivent « marcher sur les deux jambes » ; « les deux piliers de l'économie locale doivent atteindre une taille critique leur permettant non seulement de se développer, mais mieux encore, une fois ce stade franchi, de s'épauler mutuellement[2] ». Le quart nord-est, France productive par excellence pendant des décennies, souffre aujourd'hui de sa faible attractivité résidentielle. Nice, à l'inverse, est très dépendante de l'économie résidentielle, et sous-performe sur le plan des créations d'emploi. L'économie productive seule n'est pas durable ; elle doit être couplée avec l'économie résidentielle.

*

Certaines campagnes vivent une renaissance. Des territoires qui connaissent une telle résurrection, il en existe plusieurs, notamment aux abords des villes, et au sud de la ligne Cherbourg-Genève. L'ensemble des campagnes françaises est concerné, à divers degrés, par cette dynamique.

1. Caroline Roux et Frédéric Gilli, « Les transferts d'établissements dans les aires urbaines du Bassin parisien », Insee Picardie, 2005.

2. Laurent Davezies et Patrick Tanguy, « Économie productive, économie résidentielle dans la base économique des Pays du Finistère », *in* Jean-Charles Lollier, Lionel Prigent, Hervé Thouément (dir.), *Les Nouveaux Facteurs d'attractivité dans le jeu de la mondialisation,* Rennes, Presses universitaires de Rennes, 2005

Cette renaissance repose sur la qualité de vie et l'attractivité démographique, qui nourrissent à la fois l'économie résidentielle et celle, plus classique, liée à la production de biens et de services vendus dans les territoires extérieurs (les exportations). Car les campagnes sont productives, en matière d'exploitation des ressources naturelles mais aussi sur le plan industriel. Prenons la direction de la Vendée et du Tarn pour en saisir la mesure.

Chapitre 4

De la Vendée à la région d'Albi, des campagnes productives

Les campagnes bien sûr ont un avenir : un jardin pour le week-end, un endroit où l'on vieillit bien et un grenier de qualité. Dans un monde où les métropoles seraient les mieux placées pour résister à la concurrence étrangère et tirer parti des innovations technologiques, le rural ce serait le tourisme, la silver économie (économie des seniors) et l'agriculture bio. Un modèle économique où il s'agirait de capter le maximum de revenus créés en ville et de les faire fructifier à travers des emplois répondant à cette nouvelle demande locale. Voilà ce qu'expliquent en substance la plupart des théories optimistes sur l'avenir des campagnes.

Et après tout, pourquoi pas ? « On oppose trop économie productive et économie résidentielle, en imaginant que la première serait noble, pas la seconde. S'occuper des personnes âgées, ce n'est pas un métier noble ? », s'agace Hugo Bevort, directeur des stratégies territoires au Commissariat général à l'égalité des territoires. « Par ailleurs, Paris est plus dépendante du tourisme que la Creuse ! », souligne-t-il pour rappeler que tous les territoires, qu'ils soient urbains ou ruraux, sont à la fois productifs et résidentiels.

Et heureusement, car l'économie qui repose sur la production de biens et de services majoritairement consommés hors de la zone de production est indispensable. L'industrie est motrice pour d'autres activités économiques. Et les emplois dans des secteurs engagés dans la compétition mondiale sont utiles. Ils sont certes davantage menacés, mais ils créent des richesses qui vont ensuite se multiplier dans l'économie. Philippe Frocrain et Pierre-Noël Giraud montrent ainsi que la création d'emplois exposés dans un territoire encourage la création d'emplois abrités[1]. Leurs calculs sur la période 2008-2016 aboutissent à un multiplicateur estimé d'emploi local de 0,8 : 100 emplois exposés créés font naître 80 emplois abrités.

Ainsi, les campagnes ne sont pas seulement agricolo-agricoles, ou résidentialo-touristiques. La preuve à travers la région des Herbiers, au nord-est de la Vendée, et la ville d'Albi, qui racontent bien l'articulation entre campagnes et villes.

Quand les usines regardent passer les trains

Lorsque l'on entre sur le parking (neuf) des entrepôts (neufs) de chez Le Roy Logistique, un détail saute aux yeux : toutes les voitures garées sont rigoureusement alignées, en position de départ. Espaces extérieurs entretenus, intérieurs modernes et impeccables… Éric Grignon accueille pile à l'heure fixée avec un franc sourire : « Bienvenue aux Herbiers, un coin où l'atmosphère n'est pas comme les autres. » Effectivement, autour des usines, des parcs d'activité, des ronds-points, de l'autoroute, l'observateur ne voit que des champs. On cherche sur la carte la métropole la plus proche, celle dont dépendrait l'impressionnante zone industrielle. Mais Nantes est à une heure, Angers aussi, de même pour « La Roche » (La Roche-sur-Yon) ou « Les Sables » (Les Sables-d'Olonne).

1. Philippe Frocrain et Pierre-Noël Giraud, *Dynamique des emplois exposés et abrités en France, op. cit.*, et « L'évolution de l'emploi dans les secteurs exposés et abrités en France », *op. cit.*

Les Herbiers, c'est une petite ville de 16 000 habitants, pas de gare ferroviaire, pas d'hôpital, mais des chiffres à rendre jaloux un Allemand et un Suisse réunis : 13 000 emplois privés, dont 41 % dans l'industrie (contre 13,9 % en moyenne dans l'Hexagone). C'est aussi quelques entreprises locomotives, comme Jeanneau, qui fabrique des bateaux de plaisance de luxe (1 100 salariés), K-line et ses fenêtres en aluminium (1 200 salariés) et, à quelques kilomètres de là, de gros voisins, comme Fleury Michon (plus de 3 000 personnes dans la région). Mais, plus impressionnant encore, la ville et les quelques villages alentour accueillent une myriade de PME à forte croissance. L'association Les Herbiers Entreprises, qui regroupe les entreprises de plus de 10 salariés sur la communauté de communes, compte plus de 130 membres. Les Herbiers, c'est enfin le taux de chômage le plus faible de France depuis plusieurs années (4,5 %), un podium partagé avec… Saint-Flour.

Retour chez Le Roy Logistique, un groupe breton de 600 personnes, dont 70 sur le site des Herbiers : un logisticien est un excellent indicateur de la santé économique d'un territoire. Or ce que racontent les entrepôts de chez Le Roy, c'est que la région va bien, très bien même. L'entreprise a eu beau construire un deuxième entrepôt, immense, il y a quelques années, les 45 000 m^2 du site débordent. « Les entreprises du coin grossissent vite, et leurs bâtiments ne leur suffisent pas, donc ils font beaucoup appel à nous », explique Éric Grignon. « En ce moment, c'est moi qui ai un peu de mal à suivre », s'amuse-t-il en passant devant des marchandises en attente d'être rangées.

« Ici, on ne considère pas vraiment qu'on est dans le rural », note Jean-François Giraud, patron du façonnier textile Chic & Style, depuis son usine elle aussi flambant neuve qui accueille 48 salariés. On ne sait pas bien si la remarque tient au fait que l'autoroute relie rapidement Les Herbiers aux grandes villes de l'Ouest, ou si, à ses yeux, la réussite économique de la région était inimaginable dans le rural. Reste que, aux Herbiers, ce sont les usines qui regardent passer les camions, et non les vaches les trains (d'une part il n'y a pas vraiment de vaches, d'autre part il n'y a plus de train !).

Les vaches (et les trains) étaient pourtant nombreuses il y a encore quelques décennies. À la sortie de la Seconde Guerre mondiale, la Vendée était une région pauvre, agricole, aux familles larges et aux revenus faibles. Que s'est-il alors passé aux Herbiers ces soixante-dix dernières années ? Pour l'expliquer, certains remontent à 1793 et la guerre de Vendée. Les monarchistes catholiques de l'Ouest sont alors massacrés par les « colonnes infernales » révolutionnaires du général Turreau. « Les Vendéens ont appris à ne rien attendre de Paris et à se débrouiller par eux-mêmes », assure aujourd'hui Véronique Besse, maire des Herbiers.

Thierry Berthet et Jacques Palard, chercheurs au CNRS, mettent également en avant l'importance de la religion catholique dans la région[1]. En 1957, 91 % des habitants du canton des Herbiers assistent à la messe régulièrement, contre moins de 50 % sur la côte vendéenne. « L'industrialisation [...] s'est faite sous l'inspiration de chrétiens qui ont orienté l'industrie pour nourrir tous ceux qui n'avaient pas à manger dans la région. » L'autre spécificité historique des Herbiers, c'est sa très forte population, au début du XXe siècle, de fermiers et de métayers, c'est-à-dire d'agriculteurs travaillant pour un propriétaire. De quoi « préparer à l'intégration au milieu industriel une main-d'œuvre formée à la fois à l'autonomie que procure la gestion quasi indépendante

1. Thierry Berthet et Jacques Palard, « Culture politique réfractaire et décollage économique. L'exemple de la Vendée du Nord-Est », *Revue française de science politique,* vol. 47, n° 1, 1997, p. 29-48.

du travail agricole et à la sujétion au propriétaire foncier ». Et voilà comment, cent ans plus tard, ce « petit bout de France qui est un bel exemple », comme l'a qualifié Emmanuel Macron en visite aux Herbiers en juin 2018, a pris des accents allemands : surreprésentation de l'industrie, usines à la campagne, relations sociales patrons-ouvriers de qualité, innovation et montée en gamme.

Mais, avant de décrire davantage ce miracle, c'est vers l'Espagne que l'on se dirige, et plus précisément à Albi, préfecture du Tarn. À l'époque de ce reportage, en décembre 2017, le but est de prendre le pouls des villes moyennes. Avec la même interrogation qu'aujourd'hui pour les campagnes qui les entourent : ces villes sont-elles condamnées à se traîner à la remorque des métropoles ? Ou peuvent-elles se développer par elles-mêmes ?

À l'arrivée à Albi, en ces derniers jours de décembre, les nuages noirs chargés de pluie encombrent le ciel. Mais l'imposante cathédrale Sainte-Cécile rayonne fièrement au-dessus des 52 000 habitants et des vieux murs de la cité, offrant aux visiteurs un superbe spectacle architectural. Et des visiteurs, il y en a de plus en plus depuis qu'en 2010 le vieux centre de la préfecture du Tarn a été classé au patrimoine mondial de l'Unesco.

Au début des années 1960, Albi était pourtant en fâcheuse posture. À quelques kilomètres au nord, les mines de charbon de Carmaux fermaient une à une, et les entreprises albigeoises qui leur étaient liées avec. Même punition pour la caserne du régiment parachutiste en 1992. Le centre ancien, insalubre, se vidait : sa population s'est réduite de près de 30 % entre 1968 et 1975[1]. La mairie, qui s'inquiétait de la fuite des habitants et

1. Ygal Fijalkow, Elsa Martin et Cédric Calvignac, « Le retour des commerces en centre-ville comme stratégie d'aménagement local : le cas d'Albi »,

des emplois vers la périphérie, lança alors, à partir de la fin des années 1970, par petites touches, une politique de réhabilitation du centre.

Rénovation du patrimoine immobilier privé, implantation de logements sociaux, piétonisation (et creusement de parkings souterrains), puis construction du Grand Théâtre des Cordeliers… : la ville s'est transformée. Rien qu'entre 2000 et 2015, au moins 90 millions d'euros furent investis dans ces chantiers, essentiellement par la mairie. Avec des résultats spectaculaires : entre 1982 et 1990, la population du centre ancien grimpa de 33 %, sans perdre son caractère plutôt populaire. Autre élément décisif : la forte mobilisation de l'État. Pour compenser la fermeture des mines et le départ des parachutistes, il réhabilita l'ancienne caserne Lapérouse, qui accueille une nouvelle université, tandis que l'école d'ingénieurs des mines d'Albi-Carmaux (Emac) fut créée pour permettre à l'industrie locale d'innover et de se reconvertir. « L'intervention de l'État à ce moment-là a été une petite étincelle dont les acteurs locaux se sont servis pour lancer une dynamique propre », résume Frédéric Martorell, chargé de cours à l'université d'Albi.

Depuis, la préfecture du Tarn mène sa barque, portée par les vents favorables liés à la présence de Toulouse à une heure de route, mais aussi par des acteurs locaux déterminés à se développer par eux-mêmes. PME innovantes, vie universitaire et centre qui revit… : Albi est emblématique du destin chahuté puis prometteur de nombreuses petites villes et campagnes du Sud-Ouest français. Le lien entre Albi et Les Herbiers n'a rien d'exagéré : seul l'accent distingue les propos des chefs d'entreprise des deux villes, aux motivations économiques et locales communes.

Espaces et sociétés, n° 168-169, 2017, p. 109-128.

Emplois, revenus, niveau de vie : les territoires ruraux se portent bien

« Est-ce que je suis le responsable d'agence le plus chanceux de France ? Oui, c'est possible ! On me taquine pas mal là-dessus. On me dit que je vais bientôt être au chômage technique. » Laurent Soullard a le sourire : comme directeur d'agence de Pôle emploi, il doit gérer le taux de chômage le plus faible de France. « Nous en sommes d'autant plus fiers que ce taux de chômage est bas malgré une population active qui augmente. » Il est dû en effet au rythme rapide de créations d'emplois privés : + 8 % entre 2008 et 2018, contre + 4 % en moyenne en France. Autre motif de fierté : la réussite industrielle. À une époque où certains prédisent la mort de l'industrie dans l'Hexagone, et plus encore dans les campagnes, Les Herbiers créent des emplois dans ce secteur, et regagnent des marchés en France et à l'international. La sphère productive (les emplois essentiellement tournés vers l'exportation hors de la zone) concerne 55 % des emplois, contre 34 % en France en moyenne. Dans l'Hexagone, seule la zone d'emploi de La Ferté-Bernard, dans la Sarthe, fait mieux (56 %).

Qui dit plein-emploi dit plein-salaire, et donc territoire qui se porte bien. Même si, à la campagne, les salaires sont souvent peu élevés. C'est le cas aux Herbiers, et c'est un sujet sensible. « Oui, c'est vrai, le Vendéen travaille pour pas cher », concède Fabien Moreau, patron de Cosika, une « start-up du bâtiment » à la croissance fulgurante, spécialisée dans l'aménagement d'intérieur (conception et fabrication de la décoration). Aux Herbiers, l'heure de travail est payée 11,80 euros nets en moyenne, contre 14,60 en France. « Mais beaucoup d'entreprises versent de l'intéressement et de la participation, et c'est souvent l'équivalent d'un treizième mois », se défendent en chœur Véronique Besse, maire des Herbiers, et Éric Grignon, patron de Le Roy Logistique et ex-président de l'association Les Herbiers Entreprises. Par ailleurs, si les salaires sont faibles, le coût de la vie l'est aussi. Résultat – et c'est un indicateur que les décideurs des Herbiers observent de près –, beaucoup d'habitants sont propriétaires : 87 % des plus de 65 ans possèdent leur logement, contre 74 % en France. « Si à vingt-cinq ans t'es pas propriétaire ici, c'est que t'as raté ta vie », s'amuse Fabien Moreau.

L'ambiance semble légère, dans ce petit bout de Vendée, parce que l'air de la cohésion sociale flotte entre les usines. Et c'est une des raisons de la réussite économique du territoire. Éric Grignon explique : « Je viens de l'extérieur et, en arrivant, j'ai été frappé par la valeur travail qui règne ici : les salariés sont de gros bosseurs, et sont très constructifs. Nous, on est à l'écoute et on leur montre un vrai attachement. Les relations sociales sont très apaisées. » Dans cette petite ville où les entrepreneurs sont majoritairement locaux, « patrons et salariés sont souvent allés à l'école ensemble et sont tous engagés dans la vie locale », ajoute Véronique Besse.

Héritage de la forte culture catholique, la vie associative est riche. Les Herbiers comptent 300 associations, notamment sportives, et conservent en mémoire le beau parcours en Coupe de France de football, en 2018, et une finale au Stade de France face au Paris-Saint-Germain. Autre motif de fierté : le complexe de loisirs du Puy-du-Fou, situé à quinze minutes, principale attraction touristique de la région, dans laquelle s'engagent chaque année 4 000 bénévoles. Et tant pis pour les polémiques autour de son fondateur, Philippe de Villiers. Ici, on apprécie ce qu'il a fait pour le territoire.

L'atout de la qualité de vie au travail

Même ambiance au sein des entreprises, si l'on en croit les acteurs qui, à l'unisson, louent un dialogue social de qualité, l'absence de conflits. Une preuve en serait la faible représentation ici des syndicats. « Avec le plein-emploi, ce n'est pas facile de trouver des salariés, donc on en prend soin », explique Fabien Moreau, de Cosika. « On fait confiance aux salariés et on est très à l'écoute, parce qu'ils sont particulièrement impliqués et constructifs, c'est un cercle vertueux », se réjouit Yoann Arrivé. « Il y a une exigence mutuelle entre patrons et salariés. Et, comme la majorité joue le jeu, ça marche », abonde Éric Grignon. La raison ? « 90 % des entreprises ont leur siège social ici », se félicite la maire Véronique Besse. « Les chefs d'entreprise sont sincèrement attachés au territoire. »

Cette cohésion sociale peut parfois tourner au paternalisme. Le sociologue du travail Benoît Raveleau a ainsi observé en Vendée un système de dépendance réciproque : « La dépendance de l'ouvrier à l'égard de l'usine est atténuée par le recours à des ressources extra-salariales[1] » comme certaines formes de bienveillance dont il bénéficie, voire des avantages en nature (avances sur salaire, etc.). « De même, l'enracinement du patron dans sa localité où il a son usine est certes pour lui un moyen de maintenir le contrôle du maître, mais c'est aussi une façon d'empêcher les chefs d'entreprise d'échapper à leur responsabilité et à leur devoir[2]. » Sous peine de se couper de l'engagement de leurs salariés. Ainsi, Fabien Moreau, jeune entrepreneur de

1. Benoît Raveleau, « Le métier de patron : du miracle au défi entrepreneurial vendéen », *in* Françoise Piotet (dir.), *La Révolution des métiers*, Paris, PUF, 2002.
2. *Ibid.*

trente et un ans, dont la société Cosika, âgée de trois ans, compte déjà 27 salariés, explique qu'aux Herbiers « tout le monde bosse dur pour gagner sa vie, mais on a la réussite humble. Les patrons vivent dans les mêmes lotissements que les salariés, ils vont dans les mêmes restaurants, et ils ne s'achètent pas la plus grosse voiture ». Yoann Arrivé, quarante et un ans, P-DG de Concept Alu (150 salariés aux Herbiers), va dans le même sens : « À la fête de l'école, il n'y a pas de patron et d'ouvrier. Quand on sert des frites, on sert des frites. »

Élus et patrons racontent en *off* ces histoires où des chefs d'entreprise continuent de faire travailler des salariés en grande difficulté (alcoolisme par exemple), par attachement à leurs équipes et au territoire. Quitte à parfois enjoliver les choses. Chacun évoque volontiers ces 600 salariés des meubles Gautier qui, en 1999, se sont mis en grève pour défendre leur patron, que la direction parisienne voulait écarter. Mais oublie de rappeler qu'ils l'ont fait de nouveau en 2017, cette fois-ci pour obtenir une amélioration de salaire.

Le territoire est solide sur les plans à la fois économique et social, et les deux se renforcent. « Je discute de ça très souvent avec les élus : le plein-emploi, c'est bien, mais il faut que ça suive niveau qualité de vie pour arriver à résoudre nos difficultés de recrutement », explique Éric Grignon. Message reçu par Véronique Besse : « Nous avons créé un guichet unique pour les nouveaux arrivants, afin de répondre à leurs besoins : logement, crèche, écoles… De plus en plus de citadins viennent s'installer ici depuis quelques mois, même si, jusque-là, notre dynamisme était quasiment uniquement lié aux locaux. »

À Albi, on est peut-être un peu moins chauvin. Il faut dire que les Tarnais de naissance croisent tous les jours dans la vieille ville davantage de nouvelles populations, entre touristes ponctuels et néo-Albigeois durables. Les historiques comme les nouveaux n'en sont pas moins très attachés à la région. À l'image de Vincent Lemaire, patron de Safra, entreprise de carrosserie automobile fondée en 1955, un des principaux employeurs de l'agglomération avec ses 245 salariés : « Malgré le fait qu'on soit un peu isolés, on n'a jamais pensé à partir, parce que Albi fait partie de notre identité. Et, quand des clients viennent et qu'on les emmène en ville, ils sont très agréablement surpris. »

En termes de dynamique productive, Albi n'est pas Les Herbiers. Ces dix dernières années, elle n'a pas créé beaucoup d'emplois privés (+ 2 % entre 2008 et 2018) et certains habitants reprochent aux élus de se préoccuper trop des touristes, pas assez des entreprises et des habitants qui vivent là à l'année. Mais la transformation de la ville et sa mue post-crise portent leurs fruits. Le solde migratoire (arrivées-départs) est positif depuis le milieu des années 1970, et il est désormais quasiment aussi favorable que celui de Toulouse. Le niveau de revenu, quant à lui, a bien mieux résisté que dans les autres anciens territoires miniers, proche du niveau de vie médian français.

Le gros travail effectué par les élus pour réhabiliter le centre-ville et le doter de services et d'équipements de deuxième niveau (théâtre, université...) a fait la différence : « Pour attirer un jeune ingénieur, et son conjoint, ce n'est pas toujours simple. Petite boîte, petite ville, ça ne donne pas forcément envie », concède Vincent Lemaire. « Mais, quand les salariés veulent avoir un enfant, beaucoup franchissent le pas et choisissent Albi plutôt que Toulouse. Ils s'attachent très vite à la ville, font construire leur logement ici, et s'inscrivent alors durablement dans l'entreprise. Nous avons peu de turnover, c'est une force. » « S'installer à Toulouse ? Jamais de la vie », rigole Fabien Nazaret, à la tête d'Aurock, une jeune entreprise d'une vingtaine de salariés dont l'activité principale consiste à mettre en forme des pièces en titane pour Airbus. Dans des locaux neufs qui sentent encore la peinture, il reçoit, la petite quarantaine, en baskets et pull simple : « On n'a pas des gros salaires ici, par contre, on fait en sorte que les gens aient un job qui leur plaît. Quand on embauche, on regarde surtout leur motivation. Job intéressant et super-qualité de vie, ça marche », poursuit-il. « Ni trop loin de Toulouse, ni trop proche, Albi est bien positionnée, commente Stéphanie Guiraud-Chaumeil, maire de la préfecture du Tarn. Dans un territoire moyen comme le nôtre, il ne faut jamais relâcher l'effort, mais nous avons su mettre en place les avantages de la grande ville sans perdre les points forts de la petite. Culture, sport, université... : en misant sur la qualité de vie, nous permettons que se maintienne un tissu économique dynamique », déroule-t-elle.

Les bonnes performances de l'emploi

À l'image des Herbiers et d'Albi, la plupart des territoires ruraux (les supposés wagons) ne décrochent pas par rapport aux métropoles (les supposées locomotives) : les principaux indicateurs économiques en témoignent. À commencer par ceux de l'emploi. Certes, les villes ont eu tendance, en moyenne, ces dernières décennies, à concentrer les emplois, mais sans que cela constitue un raz-de-marée : les 14 métropoles françaises rassemblaient 43,7 % des emplois en 2011 contre 41,3 % en 1971[1]. Par ailleurs, ce mouvement de concentration a nettement ralenti : dans les grandes aires urbaines celle-ci n'a progressé que de 0,08 % par an entre 1990 et 2012, contre 0,19 % par an entre 1975 et 1990[2].

Mieux, les territoires non métropolitains ne se contentent pas de créer des emplois de service à destination des urbains. Ainsi,

1. Gilles Poupard, « Développement local et emploi productif : un monopole des métropoles ? », *Population et avenir,* n° 725, 2015, p. 4-8.

2. Observatoire des territoires, « Emploi et territoires », CGET, 2016.

l'emploi productif hors des métropoles représentait en 2011 34,1 % de l'emploi total, à peine moins que dans les métropoles (35,1 %)[1]. Les campagnes continuent donc de produire des biens et des services consommés ailleurs, et exportent quasiment autant que les villes. Plus surprenant peut-être encore, les territoires non métropolitains créent de nombreux emplois de « cadres des fonctions métropolitaines » (CFM). Entre 1999 et 2011, le nombre de ces emplois de cadre à haute valeur ajoutée y a augmenté de 46 %, à peine moins que dans les métropoles (+ 51 %)[2].

Les territoires ruraux comptent par ailleurs plus d'emplois dans l'économie sociale et solidaire (ESS), c'est-à-dire dans les associations, les coopératives et les mutuelles. L'ESS représente 13,8 % de l'emploi total et 17,7 % de l'emploi privé dans les territoires ruraux, contre respectivement 10,5 % et 13,9 % en moyenne sur l'ensemble du territoire. Et les campagnes conservent leur train d'avance : l'emploi dans l'ESS a progressé dans les territoires ruraux d'environ 5 % entre 2008 et 2015, à peu près autant qu'au plan national[3].

Ces résultats honorables en matière d'emploi se retrouvent logiquement sur le plan du chômage. Il existe quelques petits miracles locaux, à l'image des Herbiers. Mais d'autres territoires ruraux figurent parmi le top dix des zones d'emploi aux taux de chômage les plus faibles : par exemple Saint-Flour et Mauriac (Cantal) ou encore Vitré (Ille-et-Vilaine). Plus globalement, les territoires ruraux s'en sortent bien : parmi les

1. Gilles Poupard « Développement local et emploi productif : un monopole des métropoles ? », *op. cit.*

2. *Ibid.*

3. « L'économie sociale et solidaire dans les territoires ruraux », Tressons, 2019, https://www.avise.org/ressources/leconomie-sociale-et-solidaire-dans-les-territoires-ruraux-etude-tressons

36 départements français les plus ruraux, les deux tiers ont un taux de chômage inférieur à la moyenne nationale (8,6 %), note Samuel Arlaud[1]. Bien sûr, nous l'avons vu, l'indicateur cache des différences de situation. Aux Herbiers et à Vitré, le taux de chômage faible ressemble à un plein-emploi « total » : le nombre d'actifs ne baisse pas et de nouveaux emplois sont créés en nombre. À Saint-Flour et à Mauriac, en revanche, les populations ont beaucoup vieilli et ont pris leur retraite : le taux de chômage est faible avant tout parce que le nombre d'actifs baisse et parce qu'il faut s'occuper de toutes les personnes qui ont quitté la vie active ; s'il y a plein-emploi, c'est davantage « par défaut » – même si bien sûr on crée aussi de nouveaux emplois à Saint-Flour.

Voilà pour la photo. Qu'attendre du film du futur proche ? *A priori,* des bonnes nouvelles. La très rude crise de 2008 étant globalement derrière nous, il est possible que nous nous trouvions de nouveau sur la voie historique de la convergence des territoires. En 2016 et en 2017, le nombre d'emplois a progressé dans toutes les régions de France, une première depuis 2006[2]. Le Commissariat général à l'égalité des territoires confirme le diagnostic dans un passionnant baromètre[3]. Le CGET observe « une réduction des disparités territoriales entre 2013 et 2017 », notamment en matière d'emploi, de revenus, de recours au RSA ou de couverture numérique. L'amélioration se confirme si on observe les départements où le taux de chômage a le plus baissé

1. Samuel Arlaud, « Dynamiques de l'emploi, innovations sociales », *op. cit.,* p. 144.

2. Grégory Verriest et Guylène Tandeau de Marsac, « En 2016, l'emploi progresse dans toutes les régions », *Insee Focus*, n° 102, 2017 ; Éric Planchais et Grégory Verriest, « En 2017, l'emploi progresse encore dans toutes les régions », *Insee Focus,* n° 135, 2018.

3. CGET, « Baromètre de la cohésion des territoires », 2018.

depuis 2013 : Territoire de Belfort, Pas-de-Calais, Haute-Saône, Vosges, Ardennes, Meuse, Haute-Marne ; des départements ruraux, industriels et situés plutôt loin des métropoles.

De même, si la concurrence internationale a affaibli la France, le plus gros des délocalisations est probablement derrière nous. Philippe Frocrain et Pierre-Noël Giraud montrent ainsi qu'entre 1999 et 2015 la part des emplois exposés à la concurrence internationale a diminué, passant de 27,5 % à 23,6 %[1]. Sur cette période, le secteur exposé a perdu environ 400 000 emplois mais, dans le même temps, le secteur abrité en a créé 2,78 millions. La France peut donc, sur ce plan, regarder sereinement l'avenir : son économie, et notamment celle des campagnes, n'est pas condamnée à voir partir les emplois.

Enfin, les territoires ruraux semblent voir tourner en leur faveur une grande controverse de géographie économique : celle du lien entre emploi et migration. Est-ce la population qui suit les emplois ou les emplois qui suivent les nouveaux habitants ? Durant l'exode rural (essentiellement 1850-1970), les gens ont incontestablement suivi les emplois, quittant la campagne pour trouver du travail en ville. Et ce mouvement ne serait pas terminé, si l'on en croit une étude récente menée en France par quatre chercheurs[2]. Le CGET est plus sceptique. Rappelant qu'« il reste difficile de déterminer qui, de la démographie ou de l'économie, entraîne l'autre : les deux sont interdépendants[3] », le Commissariat général à l'égalité

1. Philippe Frocrain et Pierre-Noël Giraud, « L'évolution de l'emploi dans les secteurs exposés et abrités en France », *op. cit.*

2. Jens Abildtrup, Mohamed Hilal, Virginie Piguet et Bernard Schmitt, « Determinants of Local Population Growth and Economic Development in France Between 1990 and 2006 », *Revue d'économie régionale et urbaine*, n° 1, 2018, p. 91-128.

3. Observatoire des territoires, *Emploi et territoires*, *op. cit.*

des territoires note que, historiquement, « la population a plutôt tendance à “suivre” l’emploi, au sens où la création d’emplois attire de la main-d’œuvre », mais que « c’est de plus en plus la dynamique démographique qui détermine la création d’emplois, dans la sphère présentielle ». « Dans la majorité des cas, dès à présent, *jobs follow people*[1] », confirmait en 2010 Francis Aubert. Plus tranché encore, le géographe Pierre Veltz considère que, « dans le moyen terme, les entreprises iront là où les gens auront envie d’aller, c’est-à-dire de vivre[2] ».

« La géographie économique est très déterminée par les choix de mobilité et de résidence des catégories de main-d’œuvre qui possèdent les capacités de négociation les plus fortes. La qualité de vie devient un facteur crucial de développement et il y a de plus en plus convergence entre la dynamique productive et la qualité résidentielle qu’offre un territoire[3] », note encore Pierre Veltz. Laurent Davezies confirme quant à lui que « le facteur travail (qualifié) sera de plus en plus recherché, et l’on pourrait assister à des localisations d’entreprises tenant compte de façon croissante des aspirations résidentielles des actifs convoités[4] ».

Les emplois, sans doute, désormais, tendent à suivre davantage les gens que l’inverse. Une telle évolution est mécanique dans

1. Francis Aubert, « Et si les choix résidentiels des ménages s’émancipaient des contraintes de localisation liées à l’emploi… ? », *Territoires 2040,* n° 1, 2010, p. 79-84.

2. Pierre Veltz, *Paris, France, monde. Repenser l’économie par le territoire,* La Tour-d’Aigues, L’Aube, 2002, p. 67.

3. Pierre Veltz, « Métropoles et territoires. Actes des Matinées du CGEDD, 2015 », *in* Gwénaël Doré, *Hors des métropoles, point de salut ?, op. cit.*, p. 181.

4. Laurent Davezies et Patrick Tanguy, « Économie productive, économie résidentielle dans la base économique des Pays du Finistère », *in* Jean-Charles Lollier, Lionel Prigent, Hervé Thouément (dir.), *Les Nouveaux Facteurs d’attractivité dans le jeu de la mondialisation, op. cit.*

une économie toujours plus fondée sur les services, et notamment les services à la personne. Par ailleurs, dans notre économie moderne, où priment les compétences des actifs qualifiés, les choix de localisation de ces derniers deviennent déterminants. Or, soucieux de leur qualité de vie et hésitant de moins en moins à s'installer dans les territoires ruraux, ils y emportent avec eux leurs compétences, leurs idées, leur motivation et leurs entreprises.

Démographie, emploi, revenus... : les grands indicateurs socio-économiques montrent ainsi que les territoires non métropolitains tirent leur épingle du jeu. Laurent Davezies a pu résumer ainsi la situation : « Toutes les variables du développement territorial ont été globalement favorables aux territoires "périphériques" dans les trente ans passés : croissance démographique, solde migratoire, variation de l'emploi – y compris du seul emploi salarié privé –, revenu par habitant, contrôle du chômage et de la pauvreté[1]. » Sans doute cette affirmation n'a-t-elle plus à être conjuguée au passé.

Comment l'industrie rurale résiste, et pourquoi cela va durer

L'industrie conserve un rôle de locomotive dans l'économie. Par ses consommations intermédiaires (les produits qu'elle utilise dans le cadre de sa production), elle fait souvent travailler de nombreux autres secteurs. Ainsi, la chaîne de production d'un avion implique des motoristes, des équipementiers, des entreprises de sous-traitance, des prestataires de services, etc.

1. Laurent Davezies et Philippe Estèbe, « Les nouveaux territoires de la croissance », *op. cit.*, p. 34.

Une unité supplémentaire de valeur ajoutée produite dans le secteur de l'aéronautique génère par exemple 4,8 unités de valeur ajoutée dans le reste de l'économie française[1]. Par ailleurs, l'industrie est dans le pays à l'origine de 85 % de l'effort de recherche mené par les entreprises, pour seulement 13,8 % de l'emploi.

Aux Herbiers, personne ne doute de son importance, elle qui pèse ici, nous l'avons dit, 41 % des emplois. Pour paraphraser Fabien Moreau, « si t'es patron aux Herbiers et que t'as pas construit ton usine, c'est que t'as raté ta vie ». Les bâtiments neufs fleurissent le long de la D755 qui relie la bretelle d'autoroute au centre-ville. Parc Ekho 1, puis 2, 3, et maintenant 4... : ici, non seulement l'industrie ne connaît pas la crise, mais elle se développe. Par quel miracle ? Le secret est probablement dans le capital des entreprises, resté très familial.

Les belles histoires d'entreprises suivent en effet souvent le même scénario : après la Seconde Guerre mondiale, un ex-agriculteur devenu artisan lance son petit atelier, qui devient petite manufacture à la seconde génération puis usine à la troisième. Ici, on ne vend pas à la première offre, on grossit et on développe l'emploi sur le territoire. « J'ai repris l'entreprise dans une situation un peu compliquée, mais on a réussi rapidement à relever le tête », se rappelle Hugues Pasquier, quarantenaire, à la tête de Sachot Usinage (30 salariés), une PME qui fabrique des pièces d'usinage pour l'industrie. « À ce moment-là, j'aurais pu choisir le profit à court terme, en faisant cracher du cash à la boîte, avant de la revendre. À la place, j'ai construit une nouvelle usine, pour passer un cap. Ici, tout le monde fonctionne de la même manière. »

1. Marc Chevallier, « Pourquoi l'industrie est-elle vitale pour notre économie ? », *Alternatives économiques,* 1er mai 2012.

Privilège des entrepreneurs locaux attachés au territoire, la gestion à long terme leur donne des capacités d'anticipation assez rares. Yoann Arrivé, P-DG de Concept Alu, montre fièrement le début de sa ligne de production, entièrement automatisée. « Quand on a construit ce bâtiment, on l'a volontairement surdimensionné pour avoir la place d'installer cette machine. Grâce à notre stabilité, on peut se permettre de prendre ce coup d'avance. » Un autre bâtiment va bientôt voir le jour : « Il va être dimensionné pour le chiffre d'affaires attendu en 2030, pas 2022. » Même refrain chez Cosika : « On construit des boîtes pour les faire durer, et les transmettre. Pas pour les vendre à des investisseurs extérieurs. Si j'ai besoin d'argent, c'est crédit bancaire, ou nouvelle activité », explique Fabien Moreau. Avant de détailler : « On a inventé un logiciel qui s'appelle Murunik. Le concept : vous voulez décorer une pièce, je vous la modélise en 3D, et ça vous donne immédiatement le chiffrage, en tenant compte du prix des matériaux, de la main-d'œuvre, etc. Pour financer le développement de ce logiciel, on a lancé une gamme de meuble (Delatelier) qu'on fait fabriquer et qu'on vend. Parfois, j'embauche des gens motivés qui font des candidatures spontanées même si je n'ai pas encore de travail pour eux. À moi de trouver du chiffre d'affaires ensuite pour m'y retrouver ! »

Les Herbiers représentent certes un exemple particulièrement réussi, mais les campagnes en général sont bel et bien beaucoup plus industrielles qu'on le croit. 64 % des emplois industriels français sont situés en dehors des métropoles, contre seulement 50 % pour l'ensemble des emplois, tous secteurs confondus[1].

1. Fédération nationale des agences d'urbanisme, « La crise, l'industrie et les territoires », 2014.

Une implantation ancienne

L'implantation de l'industrie dans les campagnes remonte à plusieurs siècles, notamment à travers la proto-industrie. Mais son développement date surtout de l'après-guerre : entre 1954 et 1975, les effectifs de l'industrie hors Paris progressent de 900 000 personnes, pendant qu'ils stagnent dans la capitale, autour de 136 000. L'agro-industrie n'y est pas pour rien : un secteur hyper-performant se met en place, qui crée des emplois et devient un des points forts de la balance commerciale française. Les grandes entreprises participent aussi à ce mouvement d'industrialisation en installant de nombreuses usines à la campagne. « Foncier bon marché, disponibilité d'une main-d'œuvre jeune et féminine, peu qualifiée et fidèle (parce que majoritairement propriétaire de son logement et se trouvant dans un bassin d'emploi limité), absence de culture ouvrière, généralisation du camion, relations privilégiées avec un nombre restreint d'acteurs publics et privés locaux[1] » : voilà la recette, résumée par la chercheuse Christine Margetic, d'une délocalisation réussie à la campagne de segments de production. Quant à l'État, en choisissant la région toulousaine pour y implanter l'écosystème Airbus, il encourage l'industrie dans l'ensemble des campagnes environnantes. Entre 1990 et 1999 encore, la part de l'emploi manufacturier dans l'espace à dominante rurale est passée de 23 % à 25 %, avec une forte croissance des industries agricoles et alimentaires (+ 7 %).

Bien sûr, toutes les campagnes françaises ont subi des fermetures nombreuses et douloureuses dans les années 1990 et pendant la crise de 2008. Mais, « plus récemment, on observe plutôt

1. Christine Margetic, « Trajectoires de l'industrie rurale en France », *in* Yves Jean et Laurent Rieutort (dir.), *Les Espaces ruraux en France, op. cit.*, p. 281.

une résistance, voire une progression des chiffres, qui tiennent à la diversité des activités, à la capacité d'adaptation des firmes à des donneurs d'ordre puissants, et à la poursuite – même faible – des emplois dans l'industrie agroalimentaire, le plastique, et plus récemment le textile[1] », note Christine Margetic, qui cite aussi le numérique et ses percées dans l'industrie rurale. « Les campagnes françaises sont d'anciens bastions de l'industrialisation et témoignent aujourd'hui d'une vraie résistance de ce secteur économique : l'agroalimentaire y côtoie la cosmétique, la chaussure ou encore la production d'énergie[2] », insiste-t-elle.

Dans certains départements ruraux, notamment ceux à qui on prédit le pire, l'industrie représente jusqu'à 20 % des emplois, contre 13,8 % en moyenne en France : c'est le cas dans le Jura, en Haute-Saône, en Mayenne, dans les Vosges ou encore en Haute-Loire[3]. Et, au-delà des bastions industriels ruraux bien connus des spécialistes (Choletais [49], Nord-Vendée [85], campagnes bretonnes et normandes, Santerre et Thiérache, Vimeu [Picardie], Oyonnax [01], Yssingelais [43], etc.), l'industrie s'est diffusée dans de nombreuses campagnes. À l'échelle de la France, 5 510 communes comptent plus de 50 emplois industriels – parmi lesquelles 300 de faible densité de population –, pour 40 000 salariés en tout. Cette bonne santé de l'emploi industriel à la campagne n'est pas une spécificité de l'Hexagone. Le Mittelstand allemand (tissu d'entreprises de taille moyenne et intermédiaire) est lui aussi très largement implanté en zone rurale, avec des PME florissantes qui choisissent de rester dans leur village ou petite ville d'origine.

1. *Ibid.*

2. Christine Margetic, « Les usines à la campagne », *Pour,* n° 229, 2016, p. 35-41.

3. Samuel Arlaud, « Dynamiques de l'emploi, innovations sociales », *op. cit.,* p. 141.

Pas encore convaincu ? Deux autres instituts confirment le diagnostic. Trendeo d'abord, qui analyse chaque année les évolutions de l'emploi : l'institut a dénombré, sur la période 2009-2017, 6 600 emplois industriels créés à Saint-Nazaire, 5 500 à Belfort-Montbéliard, 2 000 à Cholet[1] ; des villes moyennes qui ne se trouvent pas en dépendance vis-à-vis d'une métropole. Ensuite, le rapport 2018 de Business France, l'agence chargée de l'internationalisation de l'économie française : il établit que les entreprises étrangères ont investi dans 1 323 projets en France en 2018, un record depuis dix ans ; et 40 % de ces projets d'investissement étaient cette année-là localisés dans des agglomérations de moins de 200 000 habitants[2]. Les régions qui ont accueilli en 2018 le plus d'investissements, rapportés à leur produit intérieur brut (PIB), étaient les Hauts-de-France, Grand-Est, Bourgogne-Franche-Comté et Occitanie. Ce sont celles qui accueillent aussi le plus d'usines étrangères. Preuve que, vu de l'étranger, le *made in* France a encore de l'avenir, notamment en dehors des métropoles. L'industrie française sort sonnée de quarante ans de désindustrialisation violente. Mais, depuis deux ans, elle crée plus d'emplois qu'elle n'en détruit. Là encore, les campagnes ont de nombreux atouts à faire valoir.

Les campagnes, mal placées pour accueillir l'industrie...

Comme le souligne le géographe Jean-Paul Diry, « en théorie, l'espace rural présente peu d'atouts pour l'implantation

1. Trendeo, « Les zones plus ou moins dynamiques pour l'emploi industriel en France », 2017.

2. Business France, « Bilan 2018 des investissements internationaux en France », 2019.

industrielle : éloignement des axes de communication modernes rapides et à grand débit, main-d'œuvre peu qualifiée voire en quantité insuffisante, capitaux limités, la plupart des groupes sociaux disposant d'une épargne réduite, environnement global peu satisfaisant (tissus industriels d'amont inexistants, services aux entreprises lointains), refus des cadres et des techniciens de s'installer dans les déserts de services[1] ». D'ailleurs, comme l'écrit Christine Margetic : « Tant dans la littérature universitaire que dans les politiques d'aménagement du territoire, peu de place est accordée à l'industrie rurale, hormis aux industries agroalimentaires[2]. » Dans l'imaginaire collectif, l'agriculture, c'est la campagne, l'industrie, c'est la banlieue des métropoles, et les services, ce sont les cœurs de celles-ci.

Il faudrait ajouter la fin du modèle de l'industrie rurale paternaliste, fondé sur une symbiose entre le patron local respectueux et l'ouvrier fidèle, travailleur et discipliné. « La distance spatiale entre classes sociales s'est renforcée dans la dernière période[3] », estiment les sociologues du rural Ivan Bruneau et Julian Mischi. « Les dirigeants des entreprises résident de moins en moins sur place. Auparavant, les cadres des usines ou des entreprises publiques étaient fréquemment des individus issus de familles "du coin" qui avaient connu une promotion interne et s'engageaient dans la vie locale. Rarement d'origine populaire, les nouveaux responsables, davantage mobiles, sont désormais seulement de passage à la tête des établissements en proie à des réorganisations managériales », poursuivent-ils.

1. Jean-Paul Diry, *Les Espaces ruraux,* Paris, Sedes, 1999.

2. Christine Margetic, « Trajectoires de l'industrie rurale en France », *op. cit.,* p. 278.

3. Ivan Bruneau et Julian Mischi, « Les "gilets jaunes" veulent rompre avec le sentiment de dépossession », *Le Monde,* 3 janvier 2019.

Dès 2002, Benoît Raveleau estimait que « les procédés techniques de fabrication (électronique) entraînent la croissance des ingénieurs, le recentrage des missions techniques sur des spécialistes et le recrutement de compétences externes, parfois à distance, ce qui se traduit par [...] un nouveau style de gestion des rapports sociaux marquée par une plus grande dépendance des ouvriers à l'égard des dirigeants au travers du contrôle du travail et de la qualité, de la précarité et de la flexibilité, voire parfois de chantage à l'emploi et de délocalisations, d'où une certaine perte de confiance à l'égard du patronat[1] ». Une spécificité du rural favorable à l'industrie serait donc là en train de disparaître.

... restent des terres d'industrie

Mais, dans le même temps, de nombreux facteurs demeurent favorables à l'industrie à la campagne. D'abord, la transformation de produits agricoles ou la valorisation de matières premières locales issues de la culture, de l'élevage ou de la forêt. Il faut par exemple 10 litres de lait pour fabriquer 1 kilo dc cantal : un atelier de transformation proche du lieu de production est indispensable pour éviter le transport d'une matière brute destinée à être largement réduite (outre que, dans le cas du fromage, il faut transformer le lait rapidement). L'industrie alimentaire, c'est 430 000 emplois directs et 2,4 millions d'emplois indirects. C'est l'un des principaux contributeurs positifs à la balance commerciale de la France. Le secteur traverse une crise sérieuse, entre changement de modèle de consommation et forte concurrence internationale, mais il va pendant longtemps encore faire vivre les campagnes.

1. Benoît Raveleau, « Le métier de patron : du miracle au défi entrepreneurial vendéen », *op. cit.*

Un autre facteur est la prédilection pour l'installation à la campagne d'activités sensibles, comme le nucléaire ou le traitement de ses déchets. Ce n'est clairement pas la piste de développement la plus excitante pour les territoires ruraux, mais la bataille autour du centre d'enfouissement de Bure montre bien l'enjeu économique de ce secteur. La Meuse et la petite commune de 82 habitants touchent déjà de l'argent public dans la perspective d'accueillir un centre d'enfouissement de déchets nucléaires. Au sein de la population locale, certains s'opposent à ce projet dont ils craignent le pire, d'autres estiment que le territoire peut difficilement se passer de cette manne, sans parler de l'activité économique que générerait un tel centre s'il était créé.

Certains territoires ruraux ont par ailleurs su transformer d'anciennes compétences artisanales en industrie. C'est le cas par exemple de la vallée de l'Arve, en Haute-Savoie, pour le décolletage et la mécanique de précision. Aujourd'hui, environ 1 000 TPE (très petites entreprises) et PME (petites et moyennes entreprises) y réalisent 65 % du décolletage en France[1]. Fin 2018, le gouvernement français a labellisé 136 territoires d'industrie : des territoires, souvent ruraux, qui se distinguent par leur écosystème industriel dense, et ont généralement une longue tradition dans le domaine. Entre Montbard et Venarey-les-Laumes, aux confins du Morvan et à plus d'une heure de route au nord de Dijon, la « metal' valley » regroupe par exemple 8 grosses entreprises de la métallurgie qui emploient plus de 1 500 personnes : une tradition de métallos qui remonte aux années 1930. Cela dit, aux Herbiers, trois générations ont suffi à hisser le territoire parmi les plus industriels du pays.

1. Samuel Arlaud, « Dynamiques de l'emploi, innovations sociales », *op. cit.*, p. 144.

Les grandes entreprises françaises et internationales continuent elles aussi d'ouvrir dans les campagnes des usines ou d'y faire appel à des sous-traitants. Hermès, Kering, Louis Vuitton, Longchamp… : les maroquiniers de luxe créent régulièrement de nouveaux centres de fabrication dans l'Ouest, en Bretagne et dans les Pays-de-la-Loire, mais aussi dans le Cantal, comme nous l'avons vu dans le chapitre 2. Les emplois n'y sont certes pas très bien payés, et pas toujours qualifiés, mais ils embauchent, et constituent un relais de croissance pour des territoires ruraux en reconfiguration. La preuve aux Herbiers avec Chic & Style. Façonnier pour des grandes maisons de luxe, l'entreprise peinait à trouver des salariés pour travailler le textile, malgré le passé de la région en la matière. Son P-DG Jean-François Giraud a donc créé une formation en partenariat avec Pôle emploi et un organisme de formation. « Nous avons formé 12 femmes (ex-boulangères, secrétaires…) pendant quatre cents heures. J'en ai gardé 7 en contrat de professionnalisation, et tout se passe bien. »

L'exemple de Chic & Style montre que la faiblesse des salaires n'est un avantage que si les entreprises jouent le jeu. Comme l'explique Laurent Soullard, directeur de Pôle emploi Les Herbiers : « Je dis la même chose aux entreprises et aux demandeurs d'emploi : c'est bien d'avoir un projet idéal en tête, mais il faut aussi être prêt à s'adapter. » Pour les territoires ruraux, l'enjeu est de taille, puisque leur bassin de recrutement est plus limité que celui des métropoles. Les difficultés de recrutement ne sont pas une fatalité.

Une autre tendance favorable à l'industrie dans les campagnes tient au choix d'entrepreneurs « capricieux » d'amener leur entreprise dans leur valise sur leur lieu de vie. Nous y reviendrons.

À ces facteurs s'en ajoute un autre, comme on le découvre aux Herbiers en se promenant d'usine en usine : l'espace.

« Pour produire, il faut l'autoroute, la fibre et du foncier. Aux Herbiers, on a les trois, ce qui n'est pas le cas partout », note Fabien Moreau, de Cosika. « Les élus locaux sont très réactifs. Je vais les voir, je leur dis que j'ai besoin de m'agrandir, et bingo. » Même refrain chez Éric Grignon, avec ses entrepôts de logistique gourmands en terrains : « Je suis allé voir les élus pour obtenir un terrain pour le deuxième bâtiment. Ça a pris dix minutes. Mon collègue de l'agence du site de Rennes a eu beaucoup plus de difficultés à s'agrandir. » Les grandes usines offrent en outre de larges espaces de stockage. Chez Sachot Usinage, on produit un peu plus que ce que commandent les clients. « En ville, les industriels sont en flux tendu, parce qu'ils n'ont pas de place. Ils commandent pile ce dont ils ont besoin. Mais le jour où ils doivent produire plus, ils sont coincés. Nous, on a pu stocker des pièces d'avance, donc on est très flexibles. Ils sont donc ravis de nous avoir comme fournisseurs. L'espace est pour nous un avantage comparatif », explique Hugues Pasquier.

Fausses fragilités...

Tout cela durera-t-il ? Non, affirme la Nouvelle Géographie économique, qui estime que les campagnes vont décrocher en termes de productivité. Elle rappelle que les salaires ont tendance à converger entre villes et campagnes. Intellectuellement, l'argument semble imparable : si, dans un premier temps, les campagnes ont bénéficié d'un avantage en termes de coûts car les salaires étaient faibles, la baisse du chômage et la syndicalisation dans certaines entreprises ont poussé les salaires à la hausse. Dès lors, un entrepreneur n'a plus de raison de privilégier la campagne.

Mais les campagnes rattrapent-elles vraiment les villes en matière de salaires ? Indéniablement, la tendance existe en France depuis les Trente Glorieuses. Mais l'écart ne se résorbe pas complètement car les individus sont peu mobiles. Ainsi, « la concurrence sur le marché du travail favorise la dispersion de l'industrie vers les zones rurales [...] d'autant plus que les secteurs sont concurrentiels et intensifs en travail, et que seule une fraction de la main-d'œuvre est susceptible de migrer, ce qui conduit à la persistance des écarts de salaire réels[1] », expliquent les économistes Carl Gaigné et Florence Goffette-Nagot. Aux Herbiers, par exemple, malgré une situation de plein-emploi, les salaires restent relativement faibles, alors que, selon la théorie économique classique, le plein-emploi devrait les pousser à la hausse, parce que les travailleurs se trouvent en position de force et peuvent faire jouer la concurrence. Dans les faits, ce phénomène demeure marginal et on négocie peu son salaire de base. En effet, la plupart des grandes entreprises proposent des systèmes d'intéressement et de participation. Et, du côté de l'industrie, une fois installée, des déterminants plus puissants que les salaires entrent en jeu : l'écosystème industriel, des compétences spécifiques, les relations sociales, familiales, associatives... L'activité reste donc sur le territoire, quand bien même le coût du travail aurait renchéri par rapport à la situation initiale.

L'autre argument utilisé par Laurent Davezies pour affirmer que l'âge d'or industriel des campagnes est terminé découle de sa théorie des effets amonts et avals. Selon celle-ci, rappelons-le, les secteurs moteurs du XXe siècle (énergie,

1. Carl Gaigné et Florence Goffette-Nagot, « Localisation rurale des activités industrielles. Que nous enseigne l'économie géographique ? », *Revue d'études en agriculture et environnement,* n° 87, 2008, p. 101-130.

automobile, biens de consommation) faisaient travailler tout le reste du pays (en consommant acier, verre, pneus, caoutchouc, etc.). Ce ruissellement économique aurait disparu car les nouveaux secteurs économiques moteurs (comme le numérique) ont des effets amonts très faibles. La production de demain serait donc plus concentrée que celle d'hier. L'argument est contestable.

D'abord, depuis un siècle, les moyens de communication se sont considérablement améliorés. Un camion quittant l'usine Michelin de Bourges pour livrer des pneus d'avion à Airbus à Toulouse mettra environ six heures via l'autoroute A20 contre pas loin du double il y a quarante ans. Le patron de l'usine Pasquier d'Étoile-sur-Rhône (Drôme) mettra, grâce au TGV, 2 h 12 à rejoindre le centre de Paris depuis Valence, contre probablement le triple il y a trente ans. Via Skype, un sous-traitant d'Airbus dans le Gers rencontrera en une demi-seconde des collaborateurs d'Airbus partout en France comme à l'étranger. Tout cela, sans doute, favorise l'éclatement de la production. Laurent Davezies concède que « l'usage des nouvelles technologies peut apporter de nombreuses ressources aux territoires périphériques », mais estime que la concentration des nouvelles activités économiques sera plus forte que leur dispersion. Il invite aussi (à raison) à ne pas croire aux vertus magiques de la création d'infrastructures de transport. Lyon a été la première ville reliée à Paris par le TGV (en 1981), mais elle a décollé plus tard. Toulouse, encore aujourd'hui isolée par rapport aux autres grandes villes, s'en est relativement mieux sortie.

Ensuite, la production est probablement plus éclatée qu'hier. Laurent Davezies rejette cette idée. « Certes, écrit-il, les activités manufacturières ont connu une très importante "désintégration verticale", se spécialisant dans leur cœur de métier et dans l'assemblage de composants achetés à d'autres entreprises/

secteurs[1]. » Mais, dans le même temps, leur poids a beaucoup reculé au profit des services, qui pratiquent peu l'externalisation. Ainsi, « sur les vingt ou trente années passées, le poids des échanges inter-industriels dans la production a globalement décru, leur augmentation dans les secteurs manufacturiers déclinants étant plus que compensée par l'augmentation du poids des secteurs à faible externalisation[2] ».

Sauf que le secteur des services parvient de plus en plus à vendre à d'autres entreprises, comme le montre une étude de l'Insee de 2011[3]. Notamment parce que « plusieurs barrières techniques ou institutionnelles ont été levées, ce dont les échanges de services devraient pouvoir tirer parti. L'essor des nouvelles technologies de l'information et de la communication (NTIC), la suppression de barrières réglementaires à l'échange, dans les domaines financier et bancaire par exemple, ont notamment concouru à la baisse des coûts de transaction sur les services ». Du coup, les entreprises de services peuvent de plus en plus choisir leur localisation, y compris éloignée de leurs clients principaux.

La croissance des Trente Glorieuses fut celle de la production et de la consommation de masse. Des produits standard étaient fabriqués à la chaîne dans des endroits concentrés, puis progressivement consommés en masse dans des endroits concentrés (ce fut l'apogée de l'hypermarché). Déjà aujourd'hui, et plus encore demain, les biens et les services sont et seront plus spécifiques, personnalisés et dans le « sur-mesure ». Peut-on réellement envisager que cela entraînera une économie plus concentrée, du point

1. Laurent Davezies et Philippe Estèbe, « Les nouveaux territoires de la croissance », *op. cit.*, p. 20.

2. *Ibid.*, p. 21.

3. Muriel Barlet, Laure Crusson, Sébastien Dupuch et Florence Puech, « Des services échangés aux services échangeables : une application sur données françaises », Insee, *Économie et statistique*, n° 435-436, 2011.

de vue de la production ou de la consommation ? De nombreux secteurs en croissance prouvent aujourd'hui le contraire.

Aux Herbiers, l'entreprise Concept Alu (150 salariés) fabrique des vérandas haut de gamme et innovantes (volets roulants, etc.). Le début de la ligne de production est standardisé et automatisé. Puis, plus la production avance, plus la véranda est spécifique, avec intervention humaine. « Faire de la véranda standard, ça ne nous intéresse pas », confie Yoann Arrivé, le P-DG. Si toute la production se trouve aux Herbiers, la commercialisation se fait désormais sur 50 % du territoire français, grâce à une trentaine de concessionnaires. « La création de ce réseau franchisé a été une innovation aussi importante que la pergola », poursuit Yoann Arrivé. « On connaît bien l'ouest de la France et les envies de la population, mais on ne connaît pas les autres territoires, on ne sait pas ce qu'aiment les gens. Grâce à nos franchisés locaux, on peut s'adapter. Nous sommes dans une logique de réponse à la demande, plutôt que dans celle d'une offre standard. Le chiffre d'affaires ne m'intéresse pas. Ce qui m'intéresse, c'est être capable d'être flexible et d'aller vers du sur-mesure. Notre offre produit est standardisée à 90 %. Mais on va faire la différence sur le 10 % de sur-mesure. »

À l'image de Concept Alu, les entreprises industrielles françaises, qu'elles soient rurales ou urbaines, savent qu'elles ne peuvent pas compter uniquement sur une production de masse à faible valeur ajoutée. De toute façon, face à l'Asie, il est impossible de s'en sortir en matière de prix. Elles ont donc depuis longtemps adopté des stratégies de montée en gamme. « Je suis de la génération qui a vu les usines de textile, de chaussures et de meubles fermer pour aller en Chine, explique Yoann Arrivé. Nous savons qu'il faut innover constamment et sur tous les plans. »

« On ne peut pas faire de l'industrie répétitive bas de gamme, même avec des salaires faibles. Il faut qu'on vise les marchés de niche à haute valeur ajoutée et le luxe », confirme Fabien Moreau. « Les gens ont les compétences pour, ici. » Stratégie validée chez Chic & Style : « Quand j'ai racheté en 2011, nous étions moyen de gamme. On s'est positionnés sur le luxe, parce que c'est là que nous pouvons faire la différence, en offrant une qualité irréprochable. Le marché est loin d'être saturé : on n'arrive pas à suivre le rythme, dans le textile comme ailleurs. » La santé du groupe Jeanneau, avec ses bateaux haut de gamme, le confirme. L'industrie suit ici la même logique que l'agriculture : en misant sur la valeur plutôt que sur le volume, on se donne des marges de manœuvre financières qui permettent de durer, et de durer à l'endroit où on le souhaite.

« À côté des méga-usines 4.0 à la Amazon, qui seront proches des autoroutes, il pourrait y avoir à l'avenir des micro-fabriques, à l'image de ce qui se passe aujourd'hui à Barcelone », pronostique Magali Talandier. Ces micro-fabriques, petites unités de fabrication misant sur le haut-de-gamme et les productions non standardisées, « auront complètement leur place dans les campagnes », assure la chercheuse. Là aussi, la volonté des consommateurs de favoriser le local, quitte à payer plus cher, est très favorable. Cette tendance au *small is beautiful* est confirmée par Christine Margetic : « Ce mouvement de "retour à la PME" de néoentrepreneurs ruraux n'est pas forcément lié à un milieu spécifique ; il est significatif d'un changement de systèmes de valeurs : petit n'est plus synonyme de médiocre, mais plutôt de lieu privilégié d'actions managériales, d'où la volonté d'essaimer par création de filiales plutôt que de dépasser la taille des 50 salariés[1]. » Dans un univers mondialisé où les multinationales sont le visage le plus tangible

1. Christine Margetic, « Trajectoires de l'industrie rurale en France », *op. cit.*, p. 282.

d'un capitalisme triomphant mais jugé dangereux, beaucoup de consommateurs projettent sur le petit et le local des valeurs positives.

... et vraies forces

Après avoir remis en cause les faiblesses supposées des campagnes sur le plan industriel, allons plus loin dans l'analyse de leurs points forts. Outre leur stabilité financière, l'espace dont elles disposent et le faible coût du travail, beaucoup de PME rurales bénéficient d'un autre avantage : la très bonne connaissance de tous les acteurs locaux, liée au fait qu'ils sont peu nombreux. En matière économique, en effet, connaître son voisin est un atout, surtout s'il ne s'agit pas d'un concurrent. Aux Herbiers, Éric Grignon, qui a été à la tête de l'association qui regroupe 130 entreprises de la communauté de communes, explique : « Faire travailler tout ce petit monde ensemble est assez simple. Bien sûr, on est dans le monde de l'entreprise, donc on ne se fait pas de cadeaux, mais il y a globalement de la bienveillance. Les deux gros électriciens du coin se tirent la bourre, mais si un salarié de l'un candidate chez l'autre, on se prévient mutuellement, on ne fait pas de débauchage sauvage. » Les chercheurs Alain Berger et Pascal Chevalier confirment que, quand de nouvelles industries s'installent en rural sur des créneaux d'activité peu présents ou absents, « la concurrence prend alors une forme originale dans la mesure où les concurrents potentiels disposent de marchés respectifs qui ne se chevauchent pas ou peu[1] ». Conséquence : « Les entreprises du milieu rural plus isolé fonctionnent plus facilement en réseau professionnel. »

1. Alain Berger et Pascal Chevalier, « Nouveaux systèmes productifs ruraux et relations rural-urbain », *in* Samuel Arlaud, Yves Jean et Dominique Royoux

Cette entente tient aussi au fait que chacun est à un moment ou un autre fournisseur ou client de l'autre. « Pour construire mon nouveau bâtiment, explique Éric Grignon, je fais d'abord appel à des Vendéens. Pas à n'importe quel prix bien sûr, mais quand même. » « Si les gens peuvent faire faire en local ici, ils le font systématiquement. Même avec un surcoût de 10 % », confirme Fabien Moreau. « En fait, je ne fais même pas de devis comparatif quand j'ai besoin de quelque chose : je fais travailler mon voisin, même s'il y a un surcoût, parce qu'ici, on sait que les boîtes sont solides et qu'on n'aura pas de mauvaise surprise. » À la campagne, les bruits courent vite, difficile d'être un escroc et de durer. « On s'appelle souvent entre patrons, si on a besoin de quelque chose, ou si on a reçu un bon candidat qu'on n'a pas pu embaucher », ajoute Fabien Moreau, qui a pu lancer son activité notamment grâce au Réseau Entreprendre Vendée, dans lequel il a été accompagné par Éric Grignon. « Association Les Herbiers Entreprises, centre des jeunes dirigeants, Réseau Entreprendre… : notre réussite vient beaucoup de ces réseaux. » Un discours repris par Yoann Arrivé : « Je fais peu de réseautage d'affaires. En revanche, je crois aux réseaux locaux, et à la solidarité entre entreprises locales. »

Ces réseaux, les institutions publiques les fréquentent également beaucoup. Cosika, pour ne citer qu'elle, est née dans la pépinière d'entreprise Greentech, créée par la communauté de communes. Tous les chefs d'entreprise, ici, louent l'activisme des élus pour obtenir l'autoroute, la fibre, ou pour réduire les difficultés de recrutement. Pôle emploi, les élus et l'association Les Herbiers Entreprises ont ainsi organisé un salon de l'emploi. Il y avait 1 000 postes à pourvoir avant l'événement et, assurent

(dir.), *Rural-Urbain. Nouveaux liens, nouvelles frontières,* Rennes, Presses universitaires de Rennes, 2005.

les organisateurs, 200 contrats auraient été signés grâce à cette journée.

À six cents kilomètres de là, le refrain est le même dans la pépinière d'entreprise Albisia. Elian Coment y co-dirige Neotim, une petite entreprise (5 personnes) spécialisée dans les capteurs thermiques. Arrivé à Albi grâce à l'école des mines, le dirigeant confirme que « les liens que l'on a créés avec l'école et qu'on entretient, les échanges à la pépinière d'entreprise ou encore avec les autres industriels nous permettent d'avoir des idées, puis de gagner des marchés dans la région et au-delà. »

À l'entrée d'Albisia, on tombe immanquablement sur le grand sourire de Jocelyne Sanchez, sa directrice, qui accompagne 13 jeunes sociétés. « Ici, tout le monde joue le jeu : élus, patrons, école des mines, chambre de commerce et d'industrie... La proximité entre tous et l'intelligence des acteurs ont permis de créer un écosystème vertueux pour chacun », se réjouit-elle. Il y a deux ans, elle a vu partir Aurock, la PME de Fabien Nazaret, après quatre années passées à la pépinière. « C'est triste de les voir s'en aller », lâche-t-elle. « Mais, en général, ils ne vont pas bien loin... »

Ce qui vaut pour des start-up industrielles vaut aussi pour des entreprises plus grosses, assure Vincent Lemaire. Son entreprise (245 salariés) ne souffre pas de sa localisation dans le Tarn. « Au contraire, dans une ville de la taille d'Albi, tout est facile quand j'ai une démarche à faire. Un coup de fil à la mairie, à la chambre de commerce et d'industrie ou au centre de formation du coin, et j'ai rapidement des réponses à mes questions. On trouve des solutions plus vite parce qu'on se connaît. »

L'autre grande force des territoires ruraux – qui vient en bonne partie de cette solidarité locale – tient à leur inertie relative. Dans un monde où la flexibilité, la capacité à bouger vite et à s'adapter en permanence sont valorisées parce que souvent vitales, celle-ci peut être perçue comme un handicap. Mais cette inertie a aussi des avantages. Car, à la campagne, les entreprises, plus lentes à bouger, sont aussi plus résilientes. Ainsi, si les créations d'entreprises sont proportionnellement plus nombreuses dans les territoires urbains, les entreprises créées dans les campagnes sont plus solides. Dans une étude portant sur la période 1993-2000, les chercheurs Jean-Pierre Huiban, Francis Aubert et Anne-Marie Dussol ont observé que 45 % des entreprises étaient encore en activité huit ans plus tard lorsqu'elles avaient été créées dans le rural, contre 38 % dans le périurbain et 27,5 % dans les pôles urbains[1]. Par ailleurs, les entreprises localisées dans le rural sont plus souvent reprises. Parmi les créations d'entreprises en 1993, 27,5 % étaient des reprises dans le rural contre 18 % dans le périurbain et 13 % dans l'urbain[2]. Commentaires des auteurs de l'étude : « D'une façon générale, les reprises ont un taux de survie plus élevé que les autres formes de création, ce qui avantage donc le rural sur ce plan. Cependant, il faut noter que l'avantage du rural (et du périurbain), en termes de survie, demeure présent quel que soit le motif de création : les créations pures, les transferts et les reprises. »

Or cette question de la reprise des entreprises va devenir dans les prochaines années un enjeu économique important. 45 000 TPE et 15 000 PME et ETI (établissements de taille intermédiaire) changent de main tous les ans. Un rythme qui va s'accélérer, car les dirigeants d'entreprise, comme le reste de la population, vieillissent : 20,5 % d'entre eux étaient âgés

1. Jean-Pierre Huiban, Francis Aubert et Anne-Marie Dussol, « La démographie des établissements industriels : une différenciation entre espaces urbains, périurbains et ruraux », *Revue d'économie régionale et urbaine,* n° 5, 2010, p. 751-779.

2. *Ibid.*

de plus de soixante ans en 2016, selon une étude menée par BPCE, contre 17,4 % en 2010[1]. « Or, l'âge du capitaine influe directement sur le dynamisme de l'entreprise : faute de trouver un repreneur, les dirigeants âgés ont tendance à limiter leurs investissements[2] », note le journaliste Marc Chevallier.

Pourquoi les entreprises sont-elles plus durables à la campagne ? Sûrement parce que, dans un monde toujours plus mobile, « ce sont les facteurs les moins mobiles qui confèrent à la dotation d'un site son caractère plus ou moins particulier[3] », jugent Francis Aubert, Bertrand Schmitt et Michel Blanc. « Aujourd'hui, l'accélération de la mobilité renforce l'importance relative des facteurs fixes. Après les facteurs liés aux biens de la nature, c'est le facteur travail qui joue le rôle le plus marqué dans ce sens[4]. » Les chefs d'entreprise aux Herbiers ou à Albi n'ont pas besoin de chercheurs pour le savoir : conserver leur main-d'œuvre compétente est leur sujet de préoccupation numéro un, bien avant le coût du travail ou le poids de la réglementation, qui ont davantage l'honneur des plateaux télé et des dirigeants du Medef. On le constate aussi à travers le recrutement des développeurs informatiques : alors que ces derniers sont particulièrement mobiles et changent régulièrement d'employeur, parvenir à en fidéliser un bon est devenu pour une entreprise un argument de compétitivité.

1. Alain Tourdjman et Thomas Le Dret, « La cession-transmission des entreprises en France », Les Carnets de BPCE L'Observatoire, mai 2019.

2. Marc Chevallier, « Favoriser la transmission d'entreprise », *Alternatives économiques*, 1er mars 2018.

3. Francis Aubert, Bertrand Schmitt et Michel Blanc, « Les espaces ruraux, refuges d'activités déclassées ou milieu attractif pour de nouvelles orientations productives ? », *in* Jean-Pierre Sylvestre (dir.), *Agriculteurs, ruraux et citoyens. Les mutations des campagnes françaises*, Dijon, CRDP de Bourgogne/Educagri, 2002, p. 261.

4. *Ibid.*

Et c'est bien là un des avantages des entreprises rurales : le turnover y est moins fort qu'en ville ; les entreprises réalisent donc des gains économiques importants. Recruter un salarié, le former et attendre qu'il soit efficace et productif prend du temps, et coûte donc cher. Ces « coûts d'ajustement » s'élèveraient à 15 % dans les pôles urbains et seulement 9 % dans les territoires ruraux[1]. « Les marchés [du travail] ruraux [...] bénéficient d'une stabilité de la main-d'œuvre permettant de réduire l'ensemble des coûts non salariaux et d'investir dans la production de compétences (plus fréquemment réalisée en interne dans l'entreprise, du fait de la non-disponibilité des qualifications recherchées sur le marché local et des difficultés d'attraction de la zone)[2] », écrit Gwénaël Doré. Les sénateurs Jean François-Poncet et Claude Belot confirment que « le niveau relativement faible de compétences professionnelles [dans les territoires ruraux] doit être nuancé du fait que les entreprises mettent en place des programmes d'investissement à long terme sur un personnel dont la fidélité leur est souvent acquise[3] ». Or ces salariés se révèlent ensuite capables d'inventer, comme l'assure Yoann Arrivé, chez Concept Alu, aux Herbiers : « On arrive à innover parce qu'on fait confiance aux salariés, qui sont très inventifs. »

Il faut donc relativiser la sous-qualification des travailleurs ruraux par rapport à leurs homologues urbains. En ville, « les technologies les plus capitalistiques correspondent à une demande de travail peu importante quantitativement, mais très qualifiée[4] »,

1. Gwénaël Doré, *Hors des métropoles, point de salut ?, op. cit.*, p. 158.

2. *Ibid.*

3. Jean François-Poncet et Claude Belot, « Le nouvel espace rural français », Sénat, 2008.

4. Francis Aubert et Carl Gaigné, « Histoire de la dynamique territoriale de l'industrie. Le rôle de la demande de travail », *Cahiers d'économie et sociologie rurales,* n° 76, 2005, p. 49-70.

écrivent les économistes Francis Aubert et Carl Gaigné. Dans les campagnes, à l'inverse, beaucoup d'entreprises travaillent avec des techniques plus anciennes, qui demandent souvent beaucoup de main-d'œuvre. Celle-ci y est moins qualifiée, mais « la part des compétences spécifiques est plus importante[1] », poursuivent Francis Aubert et Carl Gaigné. Les salariés y posséderaient donc des savoir-faire particuliers, très précis, quand les travailleurs urbains très qualifiés sont adaptables et flexibles, mais plus généralistes et moins spécialistes d'une production particulière. Tout l'enjeu, dès lors, consiste à réutiliser les compétences spécifiques des travailleurs ruraux lorsqu'une activité traditionnelle périclite – nous y reviendrons.

L'industrie appelle l'industrie

Cette recette du développement industriel rural existe dans presque toutes les campagnes, à des degrés divers. Et, dans les territoires où cela fonctionne le mieux, les premières réussites en entraînent d'autres, avec un « effet taille ». L'exemple des Herbiers montre ainsi que le succès appelle le succès, et qu'il est de plus en plus facile d'investir sur le territoire. « Un de nos partenaires-fournisseurs, basé en Espagne, s'est implanté et a créé des emplois à quelques kilomètres de notre entreprise », détaille Yoann Arrivé. D'autres fournisseurs se sont rapprochés, illustrant le concept d'effet en amont repéré par l'économiste François Perroux. Autre effet d'entraînement, en aval cette fois : le développement du secteur industriel dans sa globalité, comme l'explique Hugues Pasquier (Sachot Usinage) : « J'ai travaillé dans l'industrie à Montpellier, et il était compliqué de trouver du personnel qui connaissait le secteur. Ici, beaucoup de jeunes

1. *Ibid.*

ont travaillé dans l'industrie en intérim et ont découvert cette culture. » Dernier avantage : le financement. « Je vais voir le banquier en short et en tee-shirt, et j'obtiens mes financements facilement, s'amuse Fabien Moreau. C'est logique ! Si ma boîte tombe à l'eau, mon nouveau bâtiment trouvera un repreneur en quelques jours. »

À l'image des Herbiers, il existe en France des dizaines de systèmes productifs locaux (SPL), déclinaison (plutôt rurale) des clusters urbains (dont la Silicon Valley, en Californie, est l'exemple le plus emblématique) et des districts industriels italiens. Érigés comme modèles dans les années 1980, les SPL sont des petits territoires ayant réussi une spécialisation économique. C'est par exemple le cas de la région rurale d'Yssingeaux, entre Le Puy-en-Velay et Saint-Étienne, spécialisée dans la plasturgie depuis les années 1950. « Héritier d'une vieille proto-industrie textile et métallurgique initiée par les marchands-fabricants lyonnais et stéphanois, l'Yssingelais demeure un bassin industriel dynamique rassemblant près de 800 entreprises pour 10 000 emplois[1] », explique Éric Bordessoule.

À Yssingeaux, comme dans les autres SPL, les acteurs ont su repérer la spécialisation économique et la faire fructifier. « Le maintien [industriel] doit à une construction territoriale liée à une filière économique [le plastique] [...]. L'implication d'entrepreneurs locaux pourtant individualistes contribue d'une part à l'individualisation et à l'autonomisation du territoire face à Saint-Étienne très proche, et, d'autre part, à l'essaimage dans la vallée d'une image de réussite et la construction d'une identité forte[2] », écrit Christine Margetic. Un SPL est donc un territoire

1. Éric Bordessoule, « L'espace rural français, quelle typologie ? », *in* Yves Jean et Laurent Rieutort (dir.), *Les Espaces ruraux en France, op. cit.*, p. 370.

2. Christine Margetic, « Trajectoires de l'industrie rurale en France », *op. cit.*, p. 282.

où les acteurs deviennent conscients d'une de leurs forces et l'exploitent intelligemment. Ce qui explique de nombreux petits miracles industriels locaux, qui n'ont de miracle que l'apparence, car leur réussite est le fruit d'une longue histoire. La pérennité de ces SPL « s'explique à la fois par la capacité à articuler les ressources économiques, sociales et culturelles dans la durée et par la remobilisation d'un savoir-faire local pour de nouvelles productions[1] », souligne encore Christine Margetic. Ainsi, à Yssingeaux, outre le plastique, « le tissu d'ameublement et la rubannerie haut de gamme se sont substitués aux anciennes fabrications textiles, alors que la mécanique de précision et la sous-traitance automobile succédaient à la métallurgie[2] », note Éric Bordessoule.

Le rôle de l'entrepreneur

Le « modèle » des Herbiers est-il duplicable ailleurs ? En Vendée, les avis sont partagés. Une chose est sûre : « On peut créer de belles boîtes à plein d'endroits », affirme Yoann Arrivé, patron de Concept Alu. « L'entrepreneur est le plus décisif. Si son but, c'est de développer l'activité sur le territoire à long terme sans exploiter les ressources et les gens, la confiance vient très rapidement. » Un avis partagé à Albi. « Ce n'est pas l'autoroute depuis Toulouse qui crée les entreprises à Albi, c'est l'envie d'investir dans un cadre de vie qui nous convient », explique Fabien Nazaret, patron d'Aurock. « L'innovation n'est pas liée à la taille de la ville. C'est une histoire d'hommes et de femmes qui se rencontrent, et qui développent leur activité à l'endroit où ils le veulent », abonde Elian Coment, patron de Neotim.

1. *Ibid.*, p. 287.
2. Éric Bordessoule, « L'espace rural français, quelle typologie ? », *op. cit.*

Comment expliquer ces choix de localisation ? Pierre Veltz y voit des « dimensions sociétales profondes[1] ». Évoquant le capitalisme rhénan en Allemagne, il note que, « du côté des entreprises, une dimension cruciale est la dimension d'engagement qui qualifie leur rapport à une société locale donnée ». L'économiste se dit frappé par « le degré d'attachement à la société locale et régionale, non seulement des PME mais aussi des grandes firmes ». Un constat qui résonne directement avec l'expérience des Herbiers.

Le rôle de l'entrepreneur privé dans la création de richesses, mis en valeur par Joseph Schumpeter dans les années 1940, a été oublié au profit de modèles économiques mathématiques organisés autour de grands agrégats (coût du travail, coût de transport, disponibilité du capital...). Sauf que l'économie est avant tout une science humaine dans laquelle des humains font des choix moins rationnels que ce qu'avaient prévu les modèles économiques. Tijlbert Vink, patron de l'Herbier du Diois, à Die, aurait tout intérêt à s'installer au bord de l'autoroute A7, proche de Valence. Ses clients lui seraient reconnaissants de ne pas avoir à venir jusqu'à Châtillon-en-Diois, une heure et demie de temps et d'essence plus loin. Sauf que Tijlbert est né ici parce que son père, hollandais, a choisi de s'y installer. Et il s'est attaché à ce territoire, ces paysages, ces gens. Il veut de l'espace pour que ses enfants puissent courir dehors. Il ne veut pas être stressé par les bouchons. Pas être intoxiqué par la pollution. Alors il reste à Châtillon-en-Diois, crée 50 emplois et construit son usine neuve ici, et tant pis pour les quelques marchés perdus ou les coûts de transport plus élevés.

1. Pierre Veltz, *Mondialisation, villes et territoires. L'économie d'archipel*, Paris, PUF, 1996, p. 243.

Ce type de « biais cognitifs », comme les appelleraient les économistes orthodoxes, sont connus. Mais beaucoup les sous-estiment, voire les oublient. À la question : pourquoi telle entreprise se trouve-t-elle ici ? Le début de la réponse est : regardez qui en est à la tête. « Comprendre la trajectoire de firmes industrielles suppose de cerner les choix initiaux de leur implantation en milieu rural, confirme Christine Margetic. De manière générale, le lieu de résidence est encore actuellement le premier facteur de localisation[1]. »

La chercheuse Marie Raveyre a de son côté mené une étude auprès de 21 PMI (petites et moyennes industries) non agroalimentaires dans des territoires ruraux non périurbains, un peu partout en France[2]. Elle note que « les entreprises étudiées ne sont pas strictement nées du terroir, sans être pour autant des importations urbaines ». Elles sont lancées par d'anciens cadres urbains : « Ces dirigeants, créateurs de leur activité, ont des comportements et des systèmes de valeurs éloignés de ceux des patrons traditionnels de PME. Le mode de fonctionnement de ces PMI porte la marque des représentations de leurs dirigeants en quête de nouveaux modes de management, envisageant sans réticence innovations technologiques et ouvertures commerciales. » Loin de s'enfermer dans un rural pourtant plutôt isolé, ces PMI « s'appuient sur des facteurs locaux, mais ne s'y limitent pas, car elles participent aussi à des dynamismes nationaux, voire internationaux ». Elles peuvent en effet compter, généralement, sur le réseau de ces entrepreneurs néoruraux, qui ont ramené de leur localisation précédente des carnets d'adresses et, souvent, la connaissance des marchés existant en dehors du territoire

1. Christine Margetic, « Trajectoires de l'industrie rurale en France », *op. cit.*, p. 282.

2. Marie Raveyre, « De nouveaux dirigeants de PMI pour le milieu rural. Enseignements d'étude de cas », *Norois*, n° 197, 2005, p. 83-94.

d'installation. Ainsi, les entrepreneurs néoruraux peuvent faire jouer une double proximité : une proximité dite « organisée », construite dans le passé et qu'ils font vivre à distance grâce au numérique ou en se déplaçant ponctuellement, et une proximité géographique locale grâce à l'interconnaissance poussée entre les acteurs des territoires ruraux.

Bien connaître ses voisins est utile sur le plan économique, nous l'avons dit, mais les chercheurs ont aussi mis en évidence l'importance des « liens faibles », ces liens éloignés constitués en un réseau généralement étendu et distant. La force de ces néoentrepreneurs est donc de s'ancrer dans un territoire en y nouant des liens solides tout en conservant à l'extérieur d'indispensables liens faibles.

Détaillant encore le portrait des 21 entreprises installées loin des villes qu'elle a étudiées, Marie Raveyre note que ces nouvelles industries rurales ne sont généralement pas des entreprises de haute technologie, mais qu'elles ont quatre orientations en commun : « La spécialisation sur des créneaux de marché, l'élasticité technique, l'intégration dans des réseaux interentreprises à la fois locaux et nationaux/internationaux et la flexibilité du travail[1]. » Cette description correspond par exemple à l'entreprise Aurock, rencontrée à Albi. Spécialisée dans les pièces en titane, elle est capable d'évoluer rapidement sur le plan technique ; elle est très flexible et travaille surtout localement avec Airbus Toulouse, mais ponctuellement au plan national.

Et voilà comment un territoire peut changer rapidement. « Les acteurs privés apparaissent souvent à l'initiative[2] », notent les

1. *Ibid.*

2. Emmanuel Roux, Dominique Vollet et Bernard Pecqueur, « Coordinations d'acteurs et valorisation des ressources territoriales », *op. cit.*

chercheurs Bernard Pecqueur, Emmanuel Roux et Dominique Vollet. Confirmation par Anne Albert-Cromarias et Alexandre Asselineau, deux chercheurs qui mettent en avant le rôle des « entrepreneurs capricieux », qui décident de se lancer loin des métropoles avec l'idée d'aller précisément « là où les autres ne sont pas[1] ».

Le cadre de vie n'est pas un bonus optionnel dont bénéficieraient certains entrepreneurs : il constitue la motivation principale du lieu d'implantation de l'entreprise. Alain Berger et Pascal Chevalier ont étudié 250 chefs d'entreprise non agricoles : près des trois quarts déclarent avoir localisé leur activité en milieu rural pour des raisons personnelles liées à leur envie de profiter de commodités pour eux et pour leur famille[2]. Le même discours que celui entendu aux Herbiers, à Albi, dans le massif vosgien ou dans la Drôme.

Mais cette installation à la campagne est aussi parfois vue, par les entrepreneurs, comme un défi, une conquête : réussir à un endroit où l'histoire n'est pas écrite. « Nous serons toujours un peu des rebelles », explique ainsi Christian Haessig, directeur de la Laiterie du Climont. « On résiste sur ce territoire parce qu'on y croit, on fait vivre des producteurs de lait ici, et on amène un peu de fantaisie dans un monde standardisé. »

Ces entrepreneurs capricieux viennent remplacer une génération de patrons souvent vieillissants, et réinventent des activités économiques. L'association Ipamac s'est ainsi intéressée à l'avenir des bistrots dans le Massif central. Grâce à une enquête sociologique sur les patrons de café, elle a relevé des

1. Anne Albert-Cromarias et Alexandre Asselineau, « Territoires : ces entrepreneurs "capricieux" qui réussissent loin des métropoles », *The Conversation*, 22 octobre 2018.

2. Étude citée dans Gwénaël Doré, *Hors des métropoles, point de salut ?*, *op. cit.*, p. 163.

parcours très variés, entre « héritier du café de ses parents, “néo” [rural] de la première génération, couple d’hôteliers-restaurants étrangers, jeune fan de musique organisant des concerts hebdomadaires, fabricant de bière artisanale qui a “plaqué” sa vie parisienne et petit restaurateur qui a fait ses classes chez un grand chef cuisinier londonien[1] ». Alain Berger et Pascal Chevalier ont également noté que ces nouveaux entrepreneurs ruraux se lançaient sur des secteurs plus novateurs que ceux généralement privilégiés dans les campagnes (agriculture, BTP, commerce de proximité)[2]. Ils tentent leur chance dans les biens de consommation, les services, le tourisme, élargissant la palette productive des territoires et atténuant le risque de déclin du territoire si un secteur important traîne la patte. Ils représentent dès lors un espoir majeur pour le rural isolé. « Les entrepreneurs néoruraux sont un type de nouvel arrivant largement “courtisé” par les territoires car leur contribution tant qualitative que quantitative au développement économique est importante. Pour le rural isolé l’accueil de migrants est encore plus crucial que pour le reste du milieu rural[3] », confirme la chercheuse Séverine Saleilles.

Facteurs historiques favorables d’une part, nouvelle vague d’entrepreneurs de l’autre : les campagnes sont et resteront des territoires majeurs de l’industrie française. Et, comme l’industrie va enfin un peu mieux en France, les perspectives sont pour elles aussi encourageantes.

1. Pascal Desmichel, « Les défis du tourisme rural », *op. cit.,* p. 303.

2. Alain Berger et Pascal Chevalier, « Nouveaux systèmes productifs ruraux et relations rural-urbain », *op. cit.*

3. Séverine Saleilles, « Quel accompagnement au réseautage des entrepreneurs néo-ruraux ? Réflexions à partir des résultats d’études réalisées en France sur ce public », XVIe colloque de l’Association de science régionale de langue française, Clermont-Ferrand, 2009.

Le numérique va transformer les campagnes

« C'est une mini-Silicon Valley ici. » Le sourire aux lèvres, Fabien Moreau observe la réaction de son interlocuteur. Le patron de Cosika, aux Herbiers, s'amuse un instant de la comparaison, mais enchaîne vite : « C'est le même esprit, dans le sens où on voit plein de gens qui réussissent, et on se dit : pourquoi pas nous ? Ici, on ne jalouse pas le succès, on cherche à l'obtenir, parce qu'on voit que c'est possible. Alors on essaie d'être créatif et positif, et ça marche. En France, et notamment dans certaines campagnes, on manque de créativité et d'inventivité, et on se focalise sur les aspects négatifs », regrette-t-il. Faut-il avoir un état d'esprit un peu américain pour réussir ? « Aux Herbiers, on a les mêmes contraintes que partout, globalement, mais on est moins fatalistes », note Hugues Pasquier. « On a bien compris qu'il fallait innover tout le temps, et se réinventer en permanence », renchérit Yoann Arrivé.

Pour innover et se réinventer, le rural a longtemps été handicapé par son isolement. L'amélioration des infrastructures et des moyens de transport a atténué ce désavantage. Puis le numérique et le haut débit l'ont quasiment réduit à néant. C'est en tout cas ce qu'affirment aux Herbiers les chefs d'entreprise : « Maintenant qu'on est équipés de la fibre, on n'a plus rien à envier à qui que ce soit », confirme Éric Grignon. À Albi, Fabien Nazaret assure lui aussi : « Pourquoi est-ce qu'on irait tous se mettre au même endroit, à Toulouse ? Avec le haut débit, c'est très facile de produire ici. »

Le numérique, c'est à la fois une aide à la conception des projets (réunions par visioconférence), à la production (serveurs, productions automatisées, gestion de maintenance assistée par ordinateur…), à l'organisation (gestion des matières premières et de la logistique), mais aussi à la commercialisation. Les exemples sont innombrables. Sur le premier point : la salle de réunion de la nouvelle usine d'Aurock, par exemple, est équipée pour les visioconférences. Sur le deuxième : chez Concept Alu, tout le début de la ligne de production des vérandas est automatisé. Sur le troisième : 12 opérateurs travaillent chez Le Roy Logistique à l'optimisation en temps réel des trajets des chauffeurs et au taux de remplissage des camions. Sur le dernier point, enfin : le meilleur exemple est probablement la maison Royer et ses cosmétiques, à quelques kilomètres des Herbiers.

Sébastien et Olivier Royer ont d'abord repris l'exploitation d'élevage d'escargots de leurs parents. Fournir 150 restaurateurs de la région ? « C'était sympa, mais on commençait à s'ennuyer. On s'est rendu compte en travaillant que nos mains cicatrisaient très vite quand on se blessait. Ça a fait tilt. » Désormais, leurs cosmétiques à base de bave d'escargot sont disponibles dans 800 points de vente en France et dans 11 pays étrangers. « Nous, on est surtout concentrés sur la production : nous sommes passés de 1 tonne par an à 10 tonnes. Pour le reste, on a beaucoup externalisé (site web, réseaux sociaux, publicité en ligne). Avec le numérique, c'est très facile de travailler avec des gens de partout. On a vraiment accès à tout, désormais, à la campagne. »

Si « travailler avec des gens de partout » est plus simple, c'est en grande partie grâce à l'émergence du télétravail. Sur le sujet, on a beaucoup lu depuis une dizaine d'années : le télétravail va bousculer le monde du travail, redessiner la carte française, changer les entreprises… Jusqu'alors, les prévisions ont été bien trop optimistes, l'inertie l'emportant sur la mobilité. Mais les choses changent, et le mouvement d'exode urbain accélère le développement du télétravail. Quand 84 % des cadres parisiens déclarent vouloir quitter la capitale, on peut penser que 10 % sont près de le faire, surtout lorsque d'anciens collègues ou des amis ont franchi le pas et y ont trouvé leur compte. Pour les entreprises, c'est un mini-séisme, car les remplacer relève du casse-tête. À *Alternatives économiques* par exemple, de nombreux départs de salariés ces dernières années répondaient au projet de trentenaires de quitter Paris. Au point que l'entreprise s'est ouverte à la question.

Un quart des salariés télétravaillent ponctuellement, selon une enquête publiée par l'Ifop en janvier 2018. Certes, seuls 6 % le font de manière contractuelle, mais cela s'explique en partie par un cadre juridique peu favorable jusqu'à récemment. Depuis les ordonnances Macron de septembre 2017, le télétravail est plus simple à mettre en place, sans avoir besoin de modifier le contrat de travail.

Selon plusieurs études et enquêtes, le télétravail améliore la productivité des salariés[1]. D'abord parce que ceux qui le pratiquent éprouvent confiance et autonomie, et veulent rendre à l'entreprise ce qu'ils identifient comme un geste en leur faveur. Ensuite parce que, paradoxalement, beaucoup de télétravailleurs constatent un allongement de leur temps de travail. Enfin parce que sont ainsi évités des déplacements fatigants ou stressants. À l'inverse, les télétravailleurs ressentent souvent une surcharge de travail, parfois de l'isolement, ou font état de coûts personnels supplémentaires liés à l'activité professionnelle. Et certaines entreprises se montrent du coup de plus en plus réticentes au télétravail.

Il faut donc oublier l'idée que le télétravail « sauvera » les campagnes, en permettant à des millions de cadres supérieurs de s'y installer. Ne serait-ce que parce que, très prosaïquement, à court terme, toutes ne sont pas équipées de connexions

1. Caroline Diard, « Après 25 ans d'hésitations, la France semble se convertir pour de bon au télétravail », *The Conversation,* 2 janvier 2019.

suffisantes pour un entretien Skype convenable. Reste que cette forme de travail va s'inscrire dans l'équation. Les mentalités y sont de plus en plus favorables. Et, dans un contexte de plein-emploi des cadres, les entreprises sont conscientes qu'elle peut permettre de conserver des salariés difficiles à remplacer.

Certains territoires ont choisi de faire avancer plus vite le dossier. La chambre de commerce et d'industrie (CCI) du Gers, en région Occitanie, a ainsi mis en place une politique d'accueil et d'accompagnement des « net-entrepreneurs » urbains. Depuis 2008, 236 actifs se sont installés dans ce département rural dépourvu d'autoroute[1] : 236 actifs, dans le Gers, ce n'est pas rien… Car il faut compter au moins le double d'habitants, ce qui, parfois, suffit à sauver une classe de la fermeture. « Nous avons eu un boom en 2010-2013, avec une trentaine d'arrivées par an. Depuis, le flux s'est stabilisé autour d'une dizaine d'implantations annuelles[2] », précise Audrey Fievet, animatrice du programme d'accueil, qui voit dans cette stabilisation un effet de la concurrence accrue à laquelle se livrent aujourd'hui, sur ce créneau, les collectivités des territoires ruraux. D'autres territoires ont en effet tenté leur chance, à l'image de la petite ville de Murat (1 900 habitants), située dans le Cantal, à une quinzaine de kilomètres de Saint-Flour. Entre 2008 et 2013, 25 télétravailleurs et free-lances s'y sont installés. Selon une étude menée en 2014 par l'Agence régionale de développement des territoires d'Auvergne, leur arrivée (52 personnes en comptant les familles) a permis d'injecter 1,9 million d'euros localement. Pour un emploi créé sur le lieu d'accueil des télétravailleurs (la

1. Anne Fairise, « Le télétravail peine à se généraliser », *Alternatives économiques,* 1er décembre 2018.

2. Audrey Fievet citée dans *ibid.*

COcotte numérique), un autre l'était sur le territoire. Depuis, Murat a également installé un fablab doté d'imprimantes 3D, autre levier nécessaire à l'émergence de projets.

Les néoruraux du numérique seront-ils les sauveurs des campagnes ? Nous en sommes loin. « La majorité des entreprises qui ont mis en place du télétravail ne souhaitent pas le développer au-delà d'un jour ou deux par semaine, pour ne pas rompre le lien avec leurs salariés. La figure du salarié télétravailleur à temps plein est ultra-minoritaire dans les zones rurales. Et sa présence résulte souvent d'un arrangement avec l'employeur qui accepte de prendre en compte le projet de vie de son salarié[1] », insiste Bruno Moriset, géographe, chercheur en économie numérique. Par ailleurs, il ne suffit pas de mettre en place des infrastructures numériques (fibre, espaces de coworking…) pour que la mayonnaise prenne. Ces espaces doivent être animés et les néoruraux accompagnés.

Le numérique pourrait également être un atout sur une autre question, plus méconnue, de l'organisation territoriale : celle du conjoint. « Je ne crois pas à la plupart des arguments sur la supériorité des métropoles en matière de production, à part peut-être sur la question de l'emploi du conjoint, concède l'économiste Olivier Bouba-Olga. Dans les petits bassins d'emploi, attirer un ingénieur, c'est possible, mais trouver un emploi (souvent qualifié) pour son conjoint, c'est souvent compliqué. » « La question du conjoint est un vrai frein pour attirer les talents », confirme Vincent Lemaire à Albi. « Pour les cadres, c'est vrai que c'est compliqué, ajoute Éric Grignon aux Herbiers. Le conjoint est souvent très hésitant. » Le numérique pourrait changer la donne. Illustration dans la Drôme avec Tijlbert Vink, patron de l'Herbier du Diois. « Ma compagne travaille essentiellement en

1. Bruno Moriset cité dans *ibid.*

télétravail, et elle monte à Paris toutes les deux à trois semaines. Grâce au numérique, elle peut travailler ici. Et elle est loin d'être la seule. »

Le numérique aurait-il rendu les distances caduques ? Peut-on, n'importe où, produire n'importe quoi ? Pas exactement. Aux Herbiers, personne n'oublie de rappeler l'autoroute. « Je ne serais pas venu à Albi sans l'autoroute qui mène à Toulouse », affirme quant à lui Vincent Lemaire, patron de Safra. « D'ailleurs, on voit que Castres, qui est à la même distance de Toulouse que nous mais qui n'a pas l'autoroute, souffre davantage », assure-t-il. « L'autoroute, Toulouse et son aéroport, c'est clairement un atout. Mais Albi pourrait exister sans Toulouse et, avec le numérique, on n'est plus obligés d'être à Paris pour produire et innover », nuance Elian Coment.

« Les transports ne sont pas un problème dès lors que l'entreprise est implantée à moins d'une demi-heure d'un accès autoroutier, à moins de trois quarts d'heure d'une ville d'importance régionale, à moins d'une heure d'un aéroport et si l'aller-retour à Paris est envisageable sur la journée[1] », notent les deux sénateurs Jean François-Poncet et Claude Belot. Globalement, sur le terrain, tous les entrepreneurs rencontrés confirment le diagnostic.

Pour les industries agroalimentaires par exemple, « la qualité des infrastructures et le niveau général d'accessibilité des territoires sont des conditions nécessaires, mais les facteurs essentiels sont de nature organisationnelle[2] », précise Gwénaël Doré. Bien sûr, une entreprise agroalimentaire va être aussi attentive à la proximité des bassins de consommation. Mais, comme le

1. Jean François-Poncet et Claude Belot, « Le nouvel espace rural français », *op. cit.*

2. Gwénael Doré, *Hors des métropoles, point de salut ?, op. cit.*, p. 153.

montre la filière du porc en Bretagne, cet élément n'est pas le plus important : si la région est excentrée sur le territoire, elle n'en produit pas moins la moitié du porc national. Les chercheurs Pierre Daucé et Yves Léon ont observé le développement de l'agroalimentaire autour de Lamballe (Bretagne) ; ils notent que « le rôle joué par le milieu social, par le dynamisme et la capacité d'organisation des acteurs semble avoir été décisif[1] » dans le succès de la filière.

Des capacités d'innovation

Silicon Valley, incubateurs de start-up, *smart cities,* etc. : les lieux de l'innovation, *a priori,* seraient urbains. Les économistes ont tendance à confirmer ce constat, affirmant qu'une nouvelle division du travail sépare des métropoles peuplées de cadres hyperqualifiés qui innovent de campagnes aux simples emplois de fabrication. « On peut être innovants tout en étant installés à la campagne[2] », martèle pourtant Fabien Versange, cofondateur de SiteW. Sa société de sept personnes accompagne des entreprises dans la création de leur site internet. L'un des fondateurs étant originaire du Cantal, la start-up est localisée à cinq minutes de route d'Aurillac.

La recherche géographique et économique ne démentira pas le jeune chef d'entreprise. François Deltour, Sébastien Le Gall et Virginie Lethiais ont mené une enquête sur l'innovation dans 1 253 PME. Leur conclusion : « La capacité d'innovation des

1. Pierre Daucé et Yves Léon, « Analyse d'un mécanisme de polarisation économique dans une région rurale : l'exemple de la région de Lamballe en Bretagne », *Revue d'économie régionale et urbaine,* n° 5, 2003, p. 925-950.

2. Fabien Versange cité dans Catherine Quignon, « "On peut être innovants tout en étant à la campagne" : la start-up qui fait le pari du Cantal », *Le Monde,* 4 mars 2019.

PME [...] n'est pas plus importante dans les grands pôles urbains que dans les espaces ruraux[1]. » Pour François Deltour, « c'est l'accès aux ressources qui importe », et, dans ce contexte, les technologies de l'information et de la communication (TIC) jouent un « rôle transformatif d'autant plus fort que les PME sont isolées[2] ». En clair, les entreprises pour lesquelles le numérique est le plus décisif sont celles installées à la campagne.

Surtout, l'innovation va bien au-delà du numérique. Difficile à concevoir, alors que le président de la République, Emmanuel Macron, affirmait durant sa campagne électorale : « Une start-up nation est une nation où chacun peut se dire qu'il pourra créer une start-up. Je veux que la France en soit une. » Mais l'innovation n'a pas attendu la mode des start-up pour exister, et les campagnes non plus. Une étude menée auprès de 3 700 entreprises de l'agroalimentaire souligne que, pour innover, « une localisation en milieu rural n'est pas défavorable[3] ». Et d'autres chercheurs assurent que « les entreprises parviennent à innover, peu importe où elles se trouvent[4] ». Ces résultats ne sont guère surprenants, dans la mesure où, nous l'avons vu, les effectifs des entreprises rurales sont plus stables que ceux des urbaines. Et que la plus faible qualification des travailleurs ruraux ne les empêche pas de posséder des compétences spécifiques de bon niveau. Le diplôme, à lui seul, ne fait pas l'innovation : l'expertise dans un domaine précis compte aussi.

1. François Deltour, Sébastien Le Gall et Virginie Lethiais, « Le numérique transforme-t-il le lien entre territoire et innovation ? Une étude empirique sur les PME », *Revue d'économie industrielle*, n° 156, 2016, p. 23-55.

2. François Deltour, « Les TIC pour l'innovation. Résultats d'enquêtes auprès de PME », communication au colloque de l'École nationale supérieure des mines de Nantes, 2016.

3. Gwénaël Doré, *Hors des métropoles, point de salut ?*, *op. cit.*, p. 294.

4. Mario Polèse, Richard Shearmur et Laurent Terral, *La France avantagée. Paris et la nouvelle économie des régions*, Paris, Odile Jacob, 2014.

Pourquoi les métropoles ne vont pas tout rafler

« Vous connaissez le site "Paris je te quitte" ? », demande avec un sourire Éric Grignon, aux Herbiers. Non, on ne connaît pas. On y découvre des témoignages de trentenaires qui ont quitté Paris pour gagner en qualité de vie. À l'image de Julien et sa femme, qui se sont installés dans le Cantal, lui travaillant dans le numérique et ayant fréquenté la COcotte numérique, l'espace de coworking de Murat, elle orthophoniste, accueillie à bras ouverts par le pôle de santé de Saint-Flour. Pourquoi quitter Paris ? Les témoignages se ressemblent souvent. Les ex-Parisiens ont apprécié vivre quelques années dans la capitale, profiter de sa vie culturelle et de son offre de loisirs. Mais le coût de l'immobilier, les temps de trajet, les bouchons et la pollution, ça finit par lasser, surtout quand on veut élever des enfants.

Les bouchons, c'est l'aspect urbain le plus repoussant pour les habitants des Herbiers et d'Albi : « Nantes devient invivable en termes de circulation », assure Éric Grignon. « Albi est à une heure de route à l'est de Toulouse. On va aussi vite en banlieue est de la ville rose que ceux qui habitent en banlieue ouest, c'est du délire ! », s'exclame Fabien Nazaret. « Pour moi, il était inconcevable de vivre ça tous les jours », poursuit-il. D'autant que les bouchons du soir mènent généralement les métropolitains à des logements trop petits et trop chers...

Les métropoles ne vont donc pas tout rafler. La concentration a ses avantages, beaucoup étudiés par les économistes. Mais elle peut aussi être contre-productive. Et la victoire elle-même des métropoles est sans doute à reconsidérer.

Plus fortes, vraiment ?

Parmi les nombreux travaux documentant le « printemps des métropoles », décrit au chapitre 2[1], ceux de Laurent Davezies ont été les plus poussés, et donc les plus commentés. Ils ont fait l'objet de critiques serrées notamment de la part des économistes Olivier Bouba-Olga et Michel Grossetti[2], qui ont montré que le creusement des disparités interrégionales de PIB mis en avant par Laurent Davezies était en fait essentiellement lié à la croissance économique de l'Île-de-France. Or cette région affiche une « surproductivité » assez artificielle. Ainsi, ses salaires plus élevés sont essentiellement liés à la présence sur son territoire de sièges sociaux de grands groupes et d'entreprises du monde de la finance et du luxe. Si on retire l'Île-de-France de l'analyse, on ne constate plus de creusement des inégalités entre régions « métropolitaines » et « non métropolitaines ».

Au passage, l'analyse par le prisme régional est critiquable, surtout depuis la réforme de la carte territoriale en 2015. Les treize nouvelles régions constituent quasiment toutes des mini-France, avec une métropole-capitale, des villes secondaires et des campagnes. Difficile dans cette configuration de tirer des conclusions sur l'effet des métropoles.

L'universitaire André Larceneux a quant à lui rappelé que l'Île-de-France captait artificiellement une partie de la richesse française : par exemple, la valeur ajoutée produite par la Société générale dans le quartier de la Défense est issue d'un ensemble

1. P. 63.

2. Olivier Bouba-Olga et Michel Grossetti, « La métropolisation, horizon indépassable de la croissance économique ? », *Revue de l'OFCE,* n° 143, 2015, p. 117-144.

de richesses créées partout en France[1]. Laurent Davezies lui-même avait reconnu cet effet composition, écrivant dès 2015 que « la nouvelle géographie de l'activité, de plus en plus discriminante géographiquement [au profit des métropoles], renvoie moins à des différences de performances des aires urbaines et des territoires dans les mêmes registres d'activité qu'à une différenciation structurelle des économies territoriales[2] ».

Cet effet composition change tout à l'analyse de la surproductivité supposée des métropoles. Comme l'écrit l'économiste Frédéric Gilli : « Il y a une différence entre créer la plupart de la richesse et concentrer la plupart de la richesse créée. Disposant des fonctions stratégiques pour l'accès aux marchés, les métropoles sont en situation de capter une part de la valeur créée dans les territoires avec lesquels elles sont en relation[3]. » Frédéric Gilli ajoute que « la richesse des métropoles vient de leur capacité à capter la richesse d'un réseau [via] des activités d'intermédiation plutôt que de création ». Il est difficile en effet d'établir la localisation exacte de la création des richesses. Comme le souligne Pierre Veltz : « Où situer la valeur ajoutée produite par une entreprise comme Renault ? Le Technocentre, avec ses salaires élevés, contribue évidemment au PIB de l'Île-de-France ; mais cette valeur ajoutée n'existerait pas sans les usines de production situées en province ou à l'étranger[4]. » « La notion de PIB local,

1. André Larceneux, « Géographie de la production et des revenus ? Remarques critiques sur les analyses de Laurent Davezies », *Revue d'économie régionale et urbaine,* n° 4, 2018, p. 737-761.

2. Laurent Davezies et Philippe Estèbe, « Les nouveaux territoires de la croissance », *op. cit.,* p. 51.

3. Frédéric Gilli, « Les territoires de l'innovation… ne sont pas ceux qu'on croit », *L'Économie politique,* n° 68, 2015, p. 20-35.

4. Pierre Veltz cité dans Sandra Moatti, « Les métropoles sont-elles vraiment les locomotives qui tirent le pays ? », *Alternatives économiques,* 1er novembre 2015.

dans une économie aussi interconnectée que la nôtre, est très artificielle. Au total, l'essentiel de la valeur ajoutée n'est pas localisable : elle est dans le réseau[1] », complète la journaliste Sandra Moatti.

Ce qui est vrai pour les métropoles l'est aussi pour les campagnes. Ces dernières ne sont pas riches que de ce qu'elles produisent sur le territoire, mais aussi de leur capacité à interagir avec des métropoles. Le cas des grandes entreprises l'illustre bien : l'usine Renault de Batilly (Meurthe-et-Moselle) n'est pas productive seulement parce qu'elle est située dans la campagne autour de Metz, mais parce qu'elle est intégrée à un groupe à la fois urbain, rural, français et international.

L'Insee, lui aussi, on l'a vu, a pu assurer que « les grandes aires urbaines portent la croissance démographique française[2] ». Des travaux épinglés par Olivier Bouba-Olga[3]. L'économiste regrette l'utilisation de moyennes trop globalisantes, et donc trompeuses : « Il n'est pas possible d'avancer une proposition générale du type "les métropoles sont plus dynamiques que les autres catégories de territoires", puisque cela dépend desquelles, idem pour chacune des catégories retenues, d'ailleurs[4]. »

D'autres arguments sont opposables à l'idée que nous connaîtrions un printemps des métropoles. Le premier est la période concernée : l'analyse porte essentiellement sur les années

1. *Ibid.*

2. Vincent Vallès, « Entre 2011 et 2016, les grandes aires urbaines portent la croissance démographique française », *op. cit.*

3. Olivier Bouba-Olga, « Quels territoires gagnent vraiment des habitants ? », blog « La fabrique du chiffre », co-édité par l'Idies et *Alternatives économiques*, 2019, https://blogs.alternatives-economiques.fr/idies/2019/01/04/quels-territoires-gagnent-vraiment-des-habitants

4. Olivier Bouba-Olga, « Les approximations de l'Insee : nouvel épisode », blog de l'auteur, université de Poitiers, 2019, http://blogs.univ-poitiers.fr/o-bouba-olga/2019/01/17/les-approximations-de-linsee-nouvel-episode/

2008-2013, soit celles de la crise économique la plus violente qu'ait connue la France depuis 1929. Les premiers indicateurs disponibles depuis la reprise indiquent que les inégalités interrégionales ont tendance à se réduire, comme nous l'avons montré au chapitre 2.

Par ailleurs, le « printemps » a surtout concerné quelques métropoles : Toulouse, Montpellier, Nantes, Bordeaux, Rennes et Lyon. D'autres sous-performent en termes de création d'emplois : Lille, Strasbourg, Nice, Rouen et Grenoble – cette dernière étant pourtant l'archétype de la métropole innovante, avec une très forte concentration de chercheurs et d'entreprises de la tech. Par ailleurs, si l'Île-de-France crée des emplois et les concentre, elle a aussi le solde migratoire le plus négatif du pays, et ce depuis les années 1990. La principale métropole de France est donc aussi la région la plus répulsive... Difficile d'y voir un modèle, sauf à être un adorateur de la croissance économique.

France Stratégie elle-même a modéré l'idée d'un printemps métropolitain. Cette institution qui conseille le Premier ministre a longtemps été très prolixe sur cette question. Encore en 2016, elle estimait que « la France n'échappe pas au phénomène métropolitain », et invitait l'exécutif à « s'appuyer sur les métropoles pour constituer des moteurs de croissance profitant à l'ensemble des territoires ». Fin 2017, ses analyses sont devenues plus nuancées, jusqu'à reconnaître, à travers l'étude des métropoles qui ruissellent et aident leurs territoires voisins, que certaines métropoles fonctionnent moins que leur environnement proche[1]. Cette approche déplaît à l'économiste Olivier Bouba-Olga : « Le problème, c'est que la notion de ruissellement implique une

1. Cécile Altaber et Boris Le Hir, « Dynamique de l'emploi dans les métropoles et les territoires avoisinants », France Stratégie, 2017.

hiérarchie qui n'a pas lieu d'être[1]. » Quoi qu'il en soit, « le "récit métropolitain" s'effondre tranquillement », note-t-il en commentant une nouvelle publication du Commissariat général à l'égalité des territoires qui montre qu'il n'existe pas de forte attractivité migratoire qui serait propre aux métropoles, mais que ces dernières sont avant tout le reflet des dynamiques de leur région[2].

Reste que, dominant pendant près de dix ans, le discours métropolitain a eu le temps d'infuser : « Le monde politique veut accélérer le développement des métropoles sur une base quasi idéologique, alors que le débat scientifique est loin d'être tranché », regrette le géographe Laurent Rieutort.

La concentration ne fait pas tout

L'idée d'un printemps des métropoles laisse penser que la concentration est par nature plus productive. Mais la plupart des théoriciens de la concentration s'accordent sur le fait que l'agglomération des entreprises sur un même territoire ne crée pas nécessairement de bons résultats. Dans son analyse des grappes d'entreprises, Michael Porter note qu'une grappe fonctionne en diamant (ou en losange)[3]. Celui-ci est composé, sur ses quatre faces, des facteurs de production (coût du travail, du capital, ressources naturelles), de la demande locale (clients),

1. Olivier Bouba-Olga, « Les modèles de développement économique en question : des métropoles aux villes moyennes », intervention lors d'un séminaire organisé par les agences d'urbanisme de Lyon et de Saint-Étienne, 4 décembre 2018.

2. Observatoire des territoires, « Les mobilités résidentielles en France : tendances et impacts territoriaux », CGET, 2018.

3. Voir par exemple Michael E. Porter, « Clusters and the New Economics of Competition », *Harvard Business Review*, vol. 76, n° 6, 1998, p. 77-90.

d'industries en amont (fournisseurs) et de la stratégie des entreprises (est-ce qu'elles investissent ? innovent ? coopèrent ?). La grappe ne fonctionne que si les quatre faces du diamant sont fertiles, et si elles interagissent entre elles.

Cela prend du temps (au moins une dizaine d'années) et nécessite une gouvernance de qualité, entre intervention de l'État pour aider au dialogue et mobilisation des acteurs économiques via les associations professionnelles. Michael Porter raconte ainsi l'histoire de l'industrie du cuir en Catalogne dans les années 1990. Alors que les membres de la grappe pointaient du doigt la trop forte réglementation environnementale espagnole pour expliquer leurs difficultés, notamment face aux pays en voie de développement, ils se sont rendu compte que leur concurrent principal était l'industrie italienne, et que mieux valait s'en sortir par le haut en adoptant des comportements exigeants en matière environnementale (usine de nettoyage et de tannage, centre R&D).

De même, le bilan des pôles de compétitivité en France est relativement décevant[1]. Ces nouveaux outils visent à accélérer l'innovation sur certains territoires qui ont une forte concentration d'entreprises dans un secteur donné. Certains fonctionnent plutôt bien (comme Plastipolis, dans la région d'Oyonnax [Ain]), d'autres beaucoup moins (comme Aquimer, à Boulogne-sur-Mer [Pas-de-Calais], dont la labellisation comme pôle de compétitivité est en sursis). En octobre 2018, l'État a réduit leur nombre à 48 (plus 8 en sursis), contre 71 auparavant.

Non seulement la concentration sur un même territoire ne crée pas de croissance « par magie », mais il existe des déséconomies d'agglomérations. Les principales sont bien connues : pression

1. Haithem Ben Hassine et Claude Mathieu, « Évaluation de la politique des pôles de compétitivité : la fin d'une malédiction ? », France Stratégie, 2017.

sur les salaires à cause du coût de l'immobilier, congestion, conséquences néfastes sur l'environnement. Il faut y ajouter le creusement des inégalités, car les métropoles, au premier rang desquelles Paris, sont des concentrés d'inégalités[1]. Enfin, quand on est trop nombreux, on se connaît moins, ce qui constitue un handicap sur le plan économique.

Il faut en outre sortir, lorsqu'on évoque la concentration, de l'approche purement comptable de la croissance économique et des entreprises. Comme l'écrit Gwénaël Doré, « ce ne sont pas nécessairement les entreprises qui souffrent les premières des déséconomies d'échelle, et c'est souvent la collectivité qui en assume le coût. La concentration peut donc continuer à s'accentuer alors que son coût global, pour l'ensemble de la société, est bien plus important que les économies qu'elle autorise[2] ». C'est le cas par exemple en matière de pollution de l'air. De même, s'il y a concentration à Bordeaux, cela peut être au détriment de Mulhouse, qui va devoir supporter des coûts d'entretien de réseaux (eau, énergie, culture…) devenus surdimensionnés après le départ de ses habitants en Aquitaine. Encourager la concentration crée donc des déséquilibres territoriaux contre-productifs pour les deux types de territoires : ceux qui gagnent en concentration (embouteillages, pollutions) comme ceux qui perdent (décroissance subie).

La métropolisation n'est pas une fatalité

À côté de l'épaisse littérature consacrée aux avantages de la concentration et des métropoles, les territoires peu denses ont eux

1. Institut d'aménagement et d'urbanisme de la région Île-de-France, « Gentrification et paupérisation au cœur de l'Île-de-France », 2019.

2. Gwénaël Doré, *Hors des métropoles, point de salut ?*, *op. cit.*, p. 133.

aussi des arguments à faire valoir. En premier lieu, les logiques de localisation sont aussi nombreuses que les activités économiques sont variées. Bien entendu, une coopérative laitière qui collecte le lait dans le Cantal et le transforme en fromage ne va pas se localiser en banlieue parisienne. Comme le souligne Jean Pisani-Ferry, alors à France Stratégie, « autant les effets d'agglomération sont essentiels pour certaines activités, autant il serait absurde de supposer qu'ils jouent pour tous les segments de production de tous les secteurs. Nombre d'activités n'ont aucun besoin de se regrouper pour être efficaces[1] ». Il cite en exemple des activités modernes tels les centres d'appel ou les services financiers ou comptables.

L'économiste Matthieu Crozet estime que les firmes ont tendance à se concentrer si elles souffrent peu de la concurrence, si elles sont peu sensibles au coût du travail et si elles utilisent un grand nombre de bien intermédiaires diversifiés (comme l'automobile)[2]. À l'inverse, les entreprises vont s'éloigner des centres si elles font beaucoup appel à de la main-d'œuvre peu qualifiée, si elles ont des coûts de transport réduits ou si, à l'inverse, elles sont dépendantes d'une ressource naturelle difficilement transportable (agroalimentaire, pétrole…). Cette typologie se complique évidemment du fait qu'une même entreprise, au-delà d'une certaine taille, coche presque toutes les cases. Louis Vuitton, dont le siège se situe au centre de Paris, a par exemple ouvert en 2013 un centre de recherche à côté de Chartres (Loiret), en plein cœur de la Comestic Valley (un pôle de compétitivité consacré aux parfums et aux cosmétiques et qui s'étend de la région Centre

1. Jean Pisani-Ferry, présentation des journées de débat « La nouvelle géographie de la croissance », *Le Monde,* 16 juin 2015.

2. Matthieu Crozet, « L'impact des choix de localisation des firmes multinationales sur les dynamiques industrielles », *Revue économique,* vol. 51, n° 3, 2000, p. 735-746.

à la Normandie en passant par l'Île-de-France), puis a ouvert mi-2018 un troisième atelier de fabrication de maroquinerie de luxe en Vendée.

L'urbaniste et économiste Pierre Veltz, qui a beaucoup travaillé sur les métropoles et leurs avantages, note ainsi que « des zones non métropolitaines suffisamment denses pour permettre des effets de masse critique, en termes de marché du travail notamment, et disposant de réseaux de coopération internes et externes suffisamment structurés peuvent constituer des foyers de développement économiques très dynamiques[1] ». « Des zones enclavées ont été des foyers de développement actif (Oyonnax en est un bon exemple) alors que des régions magnifiquement dotées par leur situation (Marseille) connaissent d'énormes difficultés. »

En fait, il faut interpréter la métropolisation non comme une tendance inexorable à la concentration dans les métropoles, mais comme un puissant mouvement de réorganisation économique et territoriale. « La métropolisation n'est pas qu'un simple phénomène de croissance des grandes agglomérations », mais « un processus qui fait entrer dans l'aire de fonctionnement des grandes agglomérations des villes et des villages de plus en plus éloignés et qui engendre ainsi des morphologies urbaines mais aussi "rurales" de type nouveau[2] », estime ainsi l'urbaniste François Ascher. Une analyse partagée par Daniel Béhar : « Incontestablement, la métropolisation polarise » mais, dans le même temps, les métropoles s'étalent toujours plus loin et rayonnent sur des territoires toujours plus larges. Ce qui fait dire à l'urbaniste qu'il existe des territoires métropolisés... sans

1. Pierre Veltz cité dans Gwénaël Doré, *Hors des métropoles, point de salut ?*, *op. cit.*, p. 143.

2. François Ascher, « Métropolisation », *in* Jacques Lévy et Michel Lussault (dir.), *Dictionnaire de la géographie et de l'espace des sociétés*, Paris, Belin, 2003.

métropole. Ainsi, le Pays basque est inscrit dans des processus de production modernes et mondialisés. Les dynamiques villes côtières concentrent en partie l'activité, mais la diffusent aussi dans l'arrière-pays, notamment le long des axes de communication. Dans la même logique, Pierre Veltz considère que c'est le pays tout entier qui constitue une sorte de « métropole distribuée[1] » dont Paris serait le centre. Laurent Davezies affirme quant à lui qu'« on ne peut pas parler de succès des "métropoles", mais bien plutôt de celui de systèmes métropolitains au sens non plus hiérarchique, mais purement fonctionnel[2] ».

Finalement, le terme de « métropolisation » lui-même doit être reconsidéré. Car, à mettre en lumière la métropole seule, il néglige son indispensable environnement rural.

On quitte Les Herbiers et Albi avec une certitude : non seulement, sur le plan de la production, les métropoles ne vont pas tout rafler, mais les territoires ruraux disposent d'atouts considérables, même s'ils n'en ont pas toujours conscience. Le mot de la fin, aux Herbiers, est pour Laurent Soullard, de Pôle emploi. À la question « Y a-t-il des territoires condamnés ? », sa réponse, en forme de comparaison avec son cœur de métier, sonne comme une évidence : « La réussite d'un territoire, c'est comme un CV. Il y a un certain nombre de règles à respecter et de choses à éviter. Mais, tous les jours, il y a des gens qui trouvent un emploi avec un mauvais CV, et inversement. » Les territoires avec des handicaps peuvent s'en sortir, alors que d'autres bien dotés gâchent leur potentiel. Alors, quelle est la « bonne » recette du développement ?

1. Pierre Veltz cité dans Sandra Moatti, « Les métropoles sont-elles vraiment les locomotives qui tirent le pays ? », *op. cit.*

2. Laurent Davezies et Philippe Estèbe, « Les nouveaux territoires de la croissance », *op. cit.*, p. 64.

Chapitre 5

Aux six coins de l'Hexagone, les recettes pour réussir

Pourquoi certains territoires vont-ils bien et d'autres pas ? Les chapitres précédents ont permis de balayer les grandes tendances socio-économiques plus ou moins favorables. Mais ils ont aussi été l'occasion d'évoquer l'élément le plus passionnant des dynamiques territoriales : le rôle des acteurs locaux dans leur propre développement. À partir d'une même ressource, certains territoires vont croître, d'autres vont la gâcher. Comment, dès lors, faire en sorte que tous les territoires maximisent leurs chances et parviennent à se développer, même dans les campagnes données pour perdues ?

Les ingrédients du développement économique

Aux yeux de certains, Jean-Pierre Gorges est un homme courageux. Pour d'autres, il est fou à lier. Le maire de Chartres et président de Chartres Métropole (Eure-et-Loir) assure avoir rejeté au printemps 2018 l'offre d'implantation d'une plateforme logistique, avec 2 000 emplois à la clé. Il ne voulait pas de ces 2 000 « emplois non qualifiés, faiblement payés et travaillant en 3×8 ». « Nous avons connu ce type de situation dans le département, explique Jean-Pierre Gorges. Dreux a profité pendant longtemps de créations importantes de ce type d'emplois dans l'automobile, puis par Philips. Aujourd'hui, les entreprises se sont toutes retirées. Et Dreux, qui était en avance, vit maintenant une crise de l'emploi[1]. » Le projet du maire ? « J'ai envie de vivre dans une ville où il y a une vraie mixité sociale [...], et je veux stimuler un développement endogène. À Chartres, on s'occupe d'abord des entreprises qui sont en place et qui se développent. »

Les réflexions du maire de Chartres ont longtemps été partagées par les économistes, qui regardaient avec scepticisme les grandes entreprises ouvrir des usines dans l'Ouest français, à l'époque surtout attractif pour ses faibles salaires. Ils craignaient que l'Ouest ne connaisse un faux développement fondé sur des « cathédrales dans le désert », comme le dit joliment Laurent Davezies. Des cathédrales qui n'auraient pas d'effet d'entraînement sur le reste du territoire, à l'image des maquiladoras au Mexique, proches de la frontière états-unienne et qui se contentent d'assembler pour pas cher des produits venus d'ailleurs et partant directement aux États-Unis. « Pourtant, avec quelques décennies de recul, il faut constater qu'aussi bien dans ces régions de l'Ouest qu'au nord du Mexique, ces apports d'activité [...] [ont] souvent permis le fort développement actuel de ces territoires[2] », souligne Laurent Davezies. Il faut donc éviter la caricature : l'installation d'Amazon dans un territoire peut créer des emplois utiles et lancer un processus de dynamisation.

Il serait en revanche dangereux, voire suicidaire, de fonder une stratégie sur l'attractivité auprès de ce genre de grosses

1. Jean-Pierre Gorges cité dans Malik Laïdi, « Quand le maire de Chartres refuse 2 000 emplois », *Le Monde*, 9 novembre 2018.

2. Laurent Davezies et Philippe Estèbe, « Les nouveaux territoires de la croissance », *op. cit.*, p. 23.

entreprises, dont le poids est parfois bien supérieur aux territoires sur lesquels elles s'installent. Il est ainsi paradoxal que l'ex-ministre du Redressement productif chantre du *made in* France, Arnaud Montebourg, ait déroulé le tapis rouge à Amazon lorsque le géant du commerce en ligne a ouvert un centre à Chalon-sur-Saône. Interrogé sur les aides publiques à l'installation (1,1 million d'euros), pour une entreprise qui ne paie presque pas d'impôts en France et qui propose de nombreux contrats précaires, Arnaud Montebourg répondait : « Il y aura des emplois saisonniers, oui, comme il en a toujours existé, avec les vendanges par exemple. En cette période d'urgence, un emploi gagné a beaucoup de valeur[1]. » Cette réaction révèle la fébrilité du monde politique sur la question des emplois. Pourtant, l'attitude du maire de Chartres dit bien qu'un autre développement est possible. Quels seraient alors les ingrédients d'un bon développement local ?

Avant tout, une gouvernance de qualité semble essentielle, c'est-à-dire un « principe de gestion territoriale qui soustrait l'action publique au monopole des institutions et de l'administration pour la confier à des groupes d'acteurs d'origines et de compétences diverses[2] », expliquent Guillaume Lacquement et Pascal Chevalier. Cette gouvernance se base donc sur « la capacité des sociétés locales à organiser la gestion du territoire [...] en autonomie par rapport au pouvoir public central », poursuivent-ils. Si l'État n'est plus le maître du jeu, qui alors ? Tout dépend des territoires, et des filières. La gouvernance peut être sectorielle : tous les acteurs d'une

1. Propos prononcés en juin 2012 lors de l'ouverture du site Amazon de Chalon-sur-Saône.

2. Guillaume Lacquement et Pascal Chevalier, « Quels modèles de développement pour les ruralités ? », *in* Yves Jean et Laurent Rieutort (dir.), *Les Espaces ruraux en France, op. cit.*, p. 185.

filière s'organisent entre eux, à l'image de la filière comté. La gouvernance peut aussi être intersectorielle : toutes les filières se retrouvent autour de la table pour proposer une offre complète, comme cela se passe en Drôme provençale, dans les Baronnies ; les producteurs de lavande dialoguent avec les viticulteurs, les producteurs d'huile et les professionnels du tourisme. Le troisième type de gouvernance est territorial : c'est le plus abouti, parce qu'il rassemble les acteurs économiques, mais aussi les acteurs politiques, sociaux, culturels, sportifs, etc. ; l'idée est dans ce cas de favoriser ensemble un développement territorial complet.

Ces groupes d'action locale ont tous leur fonctionnement propre, et des résultats très variés. Les chercheurs Bernard Pecqueur, Emmanuel Roux et Dominique Vollet ont étudié quatre groupes locaux (les filières olive et abricot dans les Baronnies [Drôme], les filières fromage et couteau dans l'Aubrac [Lozère])[1]. Ils montrent qu'il ne suffit pas de se mettre autour d'une table pour développer une filière (ou un territoire). La réussite « tient essentiellement à la capacité des acteurs à se coordonner et à opter pour une spécification de leur produit ».

Guillaume Lacquement et Pascal Chevalier le confirment : la réussite du groupe d'action locale dépend beaucoup de « la capacité des individus, conscients de leur interdépendance, mais aussi de leurs divergences d'intérêts, à construire des dispositifs d'action susceptibles de rendre cohérentes et efficaces leurs actions individuelles[2] ». Bref, à avoir assez d'intelligence collective pour tirer tous ensemble vers le haut. Du fait de la diversité

1. Emmanuel Roux, Dominique Vollet et Bernard Pecqueur, « Coordinations d'acteurs et valorisation des ressources territoriales », *op. cit.*

2. Guillaume Lacquement et Pascal Chevalier, « Quels modèles de développement pour les ruralités ? », *op. cit.*, p. 187.

des acteurs, ce n'est pas toujours aisé. L'échéance d'un homme politique n'est pas celle d'un chef d'entreprise. L'agriculteur veut pomper l'eau de la rivière quand le loueur de kayak entend y faire naviguer ses bateaux. Les populations les plus aisées privilégient leur tranquillité, les ménages pauvres, le logement social. Une gouvernance locale qui fonctionne est donc un miracle permanent, constamment chahuté, qui nécessite intelligence, temps et dialogue.

Une fois bien structuré, un groupe local peut s'appuyer sur le deuxième ingrédient du développement local : le repérage des ressources du territoire. Sur le papier, chaque territoire a devant lui une infinité de développements possibles. À partir du moment où il reste des habitants, il existe des ressources à exploiter, qu'elles soient immédiatement accessibles (matières premières, paysages, ressources naturelles) ou cachées (compétences anciennes réutilisables, invention...). Parfois, ces ressources sont simplement le fruit d'une histoire habilement mise en valeur. Bernard Pecqueur raconte ainsi celle de Dinant, en Belgique : « Les 12 000 habitants de cette ville ont longtemps vécu de la dinanderie (travail du cuivre). Puis est né dans leur ville Sax, l'inventeur du saxophone. Il n'y a pas grandi, mais les gens ont compris qu'ils avaient intérêt à jouer là-dessus. Beaucoup d'emplois ont été créés autour de la musique. » La ville a notamment mis sur pied une visite touristique astucieusement intitulée « Sax and the City[1] ». Comme l'avait repéré il y a longtemps l'économiste Albert Otto Hirschman : « Il importe moins, pour promouvoir le développement économique, de trouver des combinaisons optimales de ressources et de facteurs de production données que de faire apparaître et de mobiliser à son service

1. Référence à la série télévisée américaine *Sex and the City*.

des ressources et des capacités cachées, éparpillées ou mal utilisées[1]. »

Les ressources sont dans ce cadre « un construit social, et il y a la nécessité de ressources "humaines" pour "activer" ces ressources [...] Par conséquent, les ressources ne sont un véritable potentiel pour le territoire que si elles sont révélées[2] », souligne Gwénaël Doré. « Contrairement aux ressources naturelles dont l'exploitation est dépendante des stocks disponibles, les ressources territoriales sont illimitées et renouvelables[3] », confirment Guillaume Lacquement et Pascal Chevalier.

Le lait est une ressource agricole. Sa transformation en comté, ce produit spécifique au goût spécifique et aux méthodes de fabrication spécifiques élaboré par des acteurs spécifiques, n'a lieu que dans le Jura et en Franche-Comté. « Comme le blé, le lait n'a quasiment plus aucun intérêt seul. C'est sa transformation qui le transforme en véritable ressource pour un territoire », explique Daniel Ricard. Dès lors, chaque ressource, au lieu d'être « banale » et de se retrouver dans une compétition où seul le prix joue le rôle d'arbitre entre les compétiteurs (et la France est souvent perdante dans cette bataille, comme le montrent les multiples crises du lait), devient « spécifique », c'est-à-dire assez rare pour se vendre cher et créer de la valeur tout en s'inscrivant dans une économie globale. La spécification permet de constituer une « rente de qualité territoriale[4] », comme dans les Baronnies autour de l'huile d'olive. Cette rente rapporte d'autant plus que

1. Albert Otto Hirschman cité dans Gwénaël Doré, *Hors des métropoles, point de salut ?*, *op. cit.*, p. 187.

2. *Ibid.*

3. Guillaume Lacquement et Pascal Chevalier, « Quels modèles de développement pour les ruralités ? », *op. cit.*, p. 188.

4. Expression souvent utilisée par Bernard Pecqueur, comme celle de « panier de biens et de services ».

les acteurs l'élargissent avec un vaste « panier de biens et de services », englobant d'autres productions (agriculture, artisanat, tourisme...).

Une fois la rente territoriale trouvée, l'enjeu est donc d'en faire profiter tous les secteurs. En Isère, plusieurs décideurs s'inquiètent de la neige qui commence à manquer dans les stations de l'Oisans. Comment se réinventer ? La réponse réside dans les ressources du territoire. Ici, des pentes montagneuses parmi les plus raides du pays et un site bien particulier : le mythique col de l'Alpe d'Huez, où le Tour de France passe presque chaque année et qui rassemble à cette occasion entre 700 000 et 1 million de spectateurs le long de ses 21 lacets. Désormais diffusé dans 190 pays, le Tour bénéficie d'une notoriété internationale, comme en témoigne le virage 7 de la montée de l'Alpe d'Huez, où des centaines de Hollandais se massent à chaque passage de la course. Les acteurs locaux ont donc lancé un Cycling Lab Oisans visant à faire de la région la capitale mondiale du vélo de montagne. L'idée consiste à valoriser les parcours, mais aussi à développer une filière d'innovation en matière de vélo (avec des espoirs industriels) et à mettre en avant le territoire (avec des retombées pour la production agricole locale).

En matière de rente territoriale, la loi classique de l'offre et de la demande ne joue pas. Une hausse des prix n'empêche pas une hausse des ventes, alors qu'une baisse des prix pour vendre de gros volumes risque de mener à une baisse de la qualité et donc des ventes. Il s'agit donc de sortir des modèles économiques standard qui expliquent les clés du développement à partir d'agrégats tels que la disponibilité des ressources naturelles, le niveau d'infrastructures ou le coût du travail. Tous ces éléments comptent, évidemment. La Lozère ne va pas, demain, se substituer à l'Algérie pour l'exploitation du pétrole. Mais elle va pouvoir produire des jeans *made in* France haut de gamme (les ateliers Tuffery ont survécu à la crise et emploient une quinzaine de personnes à Florac), une production que les grandes lois économiques promettent plutôt à la Chine aujourd'hui, à l'Afrique demain.

Les acteurs doivent donc prendre conscience de leur potentiel. Celui-ci réside parfois simplement dans leur passé. L'économiste Marie Ferru-Clément a montré comment certains territoires avaient su reconvertir des savoir-faire déclinants dans des activités émergentes[1]. C'est le cas par exemple de la région de Pau, qui a surfé sur ses compétences en matière de gaz pour développer la chimie verte, ou de celle de Châtellerault, avec l'armurerie, utile aujourd'hui dans l'aéronautique et l'automobile. « Les territoires qui fonctionnent tentent de jouer avec leurs forces historiques pour les adapter au contexte moderne, commente la chercheuse. Malheureusement, d'autres ont tendance à faire table rase de cette histoire-là et à miser sur les services lambda. »

Mais cette recherche de spécificité et de rente à travers une production particulière ne peut être l'alpha et l'oméga d'une politique de développement économique. D'ailleurs, le modèle des SPL (systèmes productifs locaux) est passé de mode, chaque spécialisation portant en elle le risque de mettre trop d'œufs dans le même panier. Et les paniers sont rarement éternels : quand la chaussure a souffert à Romans (Drôme) ou Cholet (Maine-et-Loire), l'avantage pris par ces territoires a été perdu. « La différenciation hors prix ne saurait suffire par rapport à la concurrence par les coûts, sauf à considérer qu'il y aurait une

1. Marie Ferru-Clément, « La trajectoire cognitive des territoires : le cas du bassin industriel de Châtellerault », *Revue d'économie régionale et urbaine*, n° 5, 2009, p. 935-955.

incapacité congénitale d'autres régions et États de s'inscrire dans une dynamique d'innovation et de montée en gamme[1] », écrit fort justement Gwénaël Doré. L'enjeu est de parvenir à une spécialisation « fonctionnelle », c'est-à-dire une capacité à développer des compétences transversales ou transférer des compétences historiques.

Le marché du travail évolue déjà dans ce sens. Pôle emploi, par exemple, raisonne de plus en plus en termes de compétences, non de diplômes. Ce sont elles que les demandeurs d'emploi sont invités à mettre en avant, tandis que les employeurs indiquent les huit attendues pour un poste à pourvoir. L'algorithme de Pôle emploi travaille ensuite, et si un demandeur d'emploi possède six compétences sur les huit nécessaires, le poste lui est proposé. De quoi orienter les demandeurs d'emploi vers des domaines qu'ils ignoraient dans leurs recherches. Cette expérimentation, menée notamment dans la région Rhône-Alpes, apporte des résultats « très encourageants », selon Pascal Blain, directeur régional.

Venons-en au troisième ingrédient du développement local : l'accompagnement public. La gouvernance locale, nous l'avons vu, n'est pas le fait seulement des pouvoirs publics, mais d'un gouvernement plus large, impliquant les entreprises et les citoyens. Et l'impulsion économique, dans les territoires ruraux, vient souvent d'entrepreneurs qui installent leur entreprise là où ils ont envie de vivre. Mais rien n'est possible, ou presque, sans l'intelligence des élus, lorsqu'ils acceptent la position d'intermédiaire dans le dialogue et la coopération entre acteurs privés et publics.

La théorie dominante, avec notamment Joseph Schumpeter, a longtemps retenu que le moteur essentiel de l'économie était

1. Gwénaël Doré, *Hors des métropoles, point de salut ?*, *op. cit.*, p. 297.

l'individu privé. Celui-ci, en prenant le risque de l'innovation, bouleverse la situation économique et crée un déséquilibre qui entraîne le reste de l'économie avec lui. Dès le milieu du XXe siècle, François Perroux note les limites de cette théorie, et reproche à Joseph Schumpeter de se focaliser sur les entrepreneurs privés, notamment les plus importants d'entre eux. Il observe que les pouvoirs publics sont décisifs dans la réussite économique, tout comme les petites innovations d'adaptation faites par des acteurs économiques anonymes.

Plus récemment, les chercheurs Éric Grasset et Jean-François Mamdy ont mis en évidence un triptyque de la création d'activité[1]. Les trois acteurs nécessaires sont le créateur d'activité et ses réseaux ; les structures publiques ou associatives ayant pour but de favoriser la création d'activités (chambre de commerce et d'industrie, etc.) ; un territoire d'implantation particulier. Souvent, le troisième point pèche, notent les chercheurs : « [Les territoires] apparaissent le plus souvent [...] hors-jeu de la problématique d'appui à la création, considérant que d'autres s'en chargent (chambres consulaires notamment) et qu'elle ne les concerne pas. » À l'inverse, quand les pouvoirs publics se mettent au diapason des projets portés par la population, comme ce fut le cas dans la vallée de la Drôme, les résultats sont spectaculaires. Le rôle des élus est ici assez ingrat puisqu'il consiste moins à être à l'initiative qu'à accompagner des projets qui ne sont pas forcément les leurs.

Ce modèle de développement « par le bas » n'est pas un doux rêve. Il est même globalement privilégié en France et en Europe depuis bientôt cinquante ans, et a permis les initiatives les plus intéressantes observées dans ce livre.

1. Éric Grasset et Jean-François Mamdy, « Création d'activités nouvelles et d'emplois, facteurs d'émergence et de gouvernance », Projet CreActE, 2011.

Un développement local bien installé

Dans un pays jacobin comme la France, l'aménagement du territoire a sans surprise longtemps été décidé à Paris, notamment, à partir de 1963, dans les bureaux de la Délégation interministérielle à l'aménagement du territoire et à l'attractivité régionale (Datar). L'État imagine alors une France hiérarchisée, avec Paris au sommet, des métropoles d'équilibre en dessous, des villes moyennes en relais, puis les petites villes et les campagnes. L'aménagement prend une tournure industrielle : l'État lance de gigantesques chantiers, comme celui du tourisme balnéaire de masse. Dans le Languedoc, après une opération de démoustication, La Grande-Motte, le Cap d'Agde et leurs accès sortent de terre en une quinzaine d'années. En matière agricole, « les politiques publiques se réfèrent alors au modèle productiviste [...]. La planification agricole pense la modernité agricole comme facteur de développement économique du pays, en compétition avec les autres puissances[1] », notent les géographes Guillaume Lacquement et Pascal Chevalier. En clair, l'État veut une agriculture industrielle puissante pilotée depuis Paris et, en toute logique, favorise « l'organisation du secteur agricole et agroalimentaire en filières d'activités compétitives qui structurent l'espace de production en bassins spécialisés[2] ». À chaque région sa production, chacune devant, en se spécialisant, devenir compétitive pour exporter (tout en assurant la souveraineté alimentaire du pays).

1. Guillaume Lacquement et Pascal Chevalier, « Quels modèles de développement pour les ruralités ? », *op. cit.*, p. 182.
2. *Ibid.*

Face à ce modèle dominant dirigé depuis Paris, certains territoires adoptent une démarche différente. « La notion de développement territorial apparaît dans un contexte où les institutions internationales commencent à parler de “pays sous-développés” et où nombre de coopérants, notamment en Afrique, sont rentrés en France et à même de transposer leurs expériences en matière de stratégies et de méthodes de développement[1] », rappelle Hélène Bustos, responsable de la rédaction de *Transrural initiatives*. « Des stratégies de valorisation des ressources locales par la mobilisation sociale, dans un esprit de “vivre et travailler au pays” voient le jour », poursuit-elle. C'est la naissance du développement local, qu'on peut définir comme le développement d'un territoire par et pour ses habitants, à travers la valorisation de ses ressources.

Ces démarches de développement « par le bas » se multiplient pendant la décennie 1960-1970. « Nourries d'utopie, souvent d'inspiration chrétienne et portées par des individus de nouvelles couches sociales émergentes hors du système notabilitaire traditionnel [...], ces expériences se veulent porteuses de “changement social”[2] », explique Gwénaël Doré. Mai 68 vient encourager ce fourmillement. « Au départ, principalement initié dans des territoires ruraux peu denses, selon des démarches militantes, “bottom-up”, et se voulant en rupture avec le modèle dominant, le développement local a été très vite encouragé par l'État[3] », rappelle-t-il. Parcs naturels régionaux en 1965, plans d'aménagement rural en 1970... : de nouveaux outils gérés localement sont lancés par l'État. Plus globalement, Paris prend en 1982 des mesures de décentralisation. En 1992, les

1. Hélène Bustos, « Aménagement et développement : du territoire aux territoires », *Transrural initiatives*, 1er juillet 2018.

2. Gwénaël Doré, *Hors des métropoles, point de salut ? op. cit.*, p. 191.

3. *Ibid.*, p. 189.

communautés de communes voient le jour. Puis c'est au tour des pays, en 1995.

Au total, on peut tirer de ces multiples réformes administratives et territoriales quatre observations principales. D'abord, malgré les lois de décentralisation, l'État reste le maître du jeu, vers qui se tournent tous les acteurs en dernier ressort : une vraie différence avec beaucoup de nos voisins européens. Ensuite, dans le processus de décentralisation, 13 grandes régions sont privilégiées, plutôt que la centaine de départements qui structurent la France depuis la Révolution française. L'État cherche aussi à limiter le nombre de communes et leurs pouvoirs : les désormais 34 970 communes françaises (au 1er janvier 2019) – ne dites plus 36 000 ! – sont poussées à se regrouper et forment aujourd'hui 1 258 communautés de communes. Enfin, l'État encourage timidement les partenariats entre les acteurs publics et les organisations de la société civile.

Derrière ces tendances fortes, le développement local s'est répandu dans le monde rural. L'État l'a accepté dès les années 1970 : il « se cantonne de plus en plus dans des missions de compensation et de solidarité et concède aux territoires le développement, via la contractualisation[1] », note Hélène Bustos. La forme la plus aboutie de cette contractualisation correspond aux pays, nous y reviendrons. Le deuxième moteur du développement local est l'Europe. À la fin des années 1980, « l'Union européenne (UE) observe également l'inefficacité des politiques publiques fondées sur une conception sectorielle et sur une approche descendante du développement des territoires[2] », expliquent Guillaume Lacquement et Pascal Chevalier. Le domaine

1. Hélène Bustos, « Aménagement et développement : du territoire aux territoires », *op. cit.*

2. Guillaume Lacquement et Pascal Chevalier, « Quels modèles de développement pour les ruralités ? », *op. cit.*, p. 177.

d'intervention principal de l'UE est l'agriculture, avec 37,6 % de son budget consacré aujourd'hui à la Politique agricole commune (PAC). Mais, depuis le début des années 2000, la PAC est une politique plus largement rurale, reposant sur deux piliers : un pilier purement agricole, dont le budget est consacré aux aides directes aux agriculteurs, et un pilier dédié au développement rural (doté, en France, de 11,4 milliards d'euros pour la période 2014-2020). Il s'agit, dans le cadre de ce second volet, de soutenir la compétitivité des filières d'activités, de financer des mesures agroenvironnementales et des conversions à l'agriculture bio, d'améliorer la qualité de vie dans les zones rurales et d'aider à la diversification des activités économiques en encourageant les stratégies locales.

Oubliée la spécialisation agricole et économique pensée à Paris ou Bruxelles. À partir des années 1990, l'heure est aux solutions territoriales, notamment à travers le programme Leader, mis en œuvre sur le terrain par environ 350 groupes d'action locaux (GAL) en France (2 400 en Europe) qui regroupent acteurs publics et privés.

Vers un retour en arrière ?

Mais la France semble aujourd'hui faire marche arrière sur ces questions. « Au début des années 2000, avec le retour de la droite au pouvoir et le débat sur le "déclin français", le coût de l'égalité républicaine est mis en cause et la logique redistributive devient un handicap dans le cadre de la compétition internationale[1] », note Hélène Bustos. L'État entend faire des économies et se méfie des coûts occasionnés par le développement

1. Hélène Bustos, « Aménagement et développement : du territoire aux territoires », *op. cit.*

local (réunions entre acteurs, etc.). La priorité est à l'efficacité : investissements directs dans des projets tangibles (infrastructures notamment) et encouragement de pôles déjà performants (pôles de compétitivité, pôles d'excellence rurale), dans une logique de projets. Paris lance des appels d'offre et finance les collectivités qui, à ses yeux, y répondront le mieux (ou au prix le moins élevé).

Le retour de la mode des investissements est discutable, dans la mesure où le territoire français est déjà très équipé (avec par exemple le réseau routier le plus dense d'Europe). Pourtant, « dans les territoires ruraux mais aussi dans les agglomérations et les villes moyennes, il y a une peur du sous-équipement qui renvoie à une idée du territoire relégué[1] », estime Jean-Yves Pineau, ancien directeur du collectif Villes-campagnes. « L'investissement dans des équipements apparaît peut-être aussi comme plus noble, moins informel[2] », analyse Brigitte Bienassis, maire de Saint-Pierre-d'Entremont (Isère). Et tant pis si ces investissements sont surdimensionnés, comme les parcs d'activité économique finalement à moitié vides, les centres commerciaux où la vacance commerciale augmente ou les deux fois deux voies pour des routes peu fréquentées.

Cette tendance s'accélère à partir de 2015 avec l'arrivée de la droite à la tête de nombreuses régions[3]. Si certains exécutifs maintiennent le soutien au développement local immatériel (comme en Pays-de-la-Loire), d'autres, comme Laurent Wauquiez, en Auvergne-Rhône-Alpes, enterrent de nombreux « contrats de territoire » qui visaient à faire asseoir les acteurs autour d'une table pour définir les enjeux prioritaires sur un

1. Jean-Yves Pineau cité dans *ibid.*

2. Brigitte Bienassis citée dans *ibid.*

3. Voir « Enquête sur la droite au pouvoir », *Alternatives économiques,* novembre 2016.

espace donné. « À la place, on va financer un projet à un endroit, puis un autre, concurrent, juste à côté, et on va saupoudrer des aides entre des structures qui auraient eu intérêt à partager le même projet[1] », dénonce Philippe Genty, président du syndicat mixte Rhône Pluriel, qui faisait dialoguer cinq communautés de communes à cheval sur trois départements. « Ce n'est pas très visible, mais c'est une perte de savoirs et de savoir-faire très dommageable pour les territoires[2] », regrettent d'autres acteurs du développement rural en Auvergne-Rhône-Alpes. À une époque où la critique des dépenses publiques est à la mode, le développement local apparaît comme une cible idéale. D'autant qu'il ne bénéficie pas, pour se défendre, du « soutien d'organisations politiques ou professionnelles susceptibles d'agir en lobbies[3] », rappellent Guillaume Lacquement et Pascal Chevalier.

Il n'existe pas de modèle de développement qui pourrait s'appliquer à tous les territoires. La stratégie consistant à grossir et se concentrer pour peser dans le jeu économique, préconisée longtemps par de nombreux chercheurs, est à oublier. Le seul modèle qui vaille est méthodologique, et il est appliqué depuis longtemps : un développement local, dans lequel les acteurs du territoire décident collectivement de la meilleure manière de valoriser leurs ressources. Gwénaël Doré confirme qu'« il n'y a pas lieu de préconiser pour les territoires hors métropoles des méthodes différentes de développement[4] ». Cela étant, les campagnes sont confrontées à des enjeux particuliers, qu'il ne faut pas négliger.

1. Philippe Genty cité dans *ibid.*

2. *Ibid.*

3. Guillaume Lacquement et Pascal Chevalier, « Quels modèles de développement pour les ruralités ? », *op. cit.*, p. 190.

4. Gwénaël Doré, *Hors des métropoles, point de salut ? op. cit.*, p. 290.

Des défis socio-économiques à surmonter

Même les campagnes qui suivraient la meilleure politique de développement local ont besoin de la présence de l'État. Comme le souligne Magali Talandier : « Le renouveau rural auquel on assiste actuellement est possible parce que l'État est toujours resté présent sur ces territoires. Il y a toujours autant de routes. Il y a des écoles où on accepte aujourd'hui de rouvrir des classes. La présence de l'État dans les territoires en difficulté est indispensable pour compenser les difficultés sociales, mais elle l'est aussi pour rendre un éventuel rebond économique possible. » Le nord-est de la France va mal ? Il doit être soutenu, car l'histoire nous enseigne qu'aucun territoire n'est condamné pour peu qu'il y demeure de la vie. « J'ai construit une base de données depuis 1806, poursuit Magali Talandier. On voit que, pour chaque territoire, il y a des cycles, avec des crises, puis des rebonds. Certains territoires aujourd'hui "condamnés" s'en sortiront », assure-t-elle. Comme le remarque Christian Haessig, patron de la Laiterie du Climont, à Saales, « je suis fasciné par le nombre d'endroits en France où je n'aimerais pas du tout habiter, mais où les gens qui y vivent n'en partiraient pour rien au monde ». L'historique diagonale du vide est probablement en train de laisser la place à une ligne Cherbourg-Genève. Hier, la moitié sud-ouest était à la traîne ; elle est aujourd'hui en pointe, reléguant le bon élève d'hier (le Nord-Est) au rang de cancre. Qui peut prédire que l'inverse ne sera pas vrai demain ? Que le changement climatique ne rendra pas invivables les régions situées au sud de Clermont-Ferrand, ou même d'Orléans ?

C'est pourquoi, les services publics et collectifs doivent cesser de reculer, au risque de fragiliser encore les populations précaires et de compromettre le dynamisme économique. Pour qu'actifs et entreprises aient envie de s'installer, il faut que l'État offre une gamme de services étendue. « À titre d'exemple, l'absence de collège dans le bassin de vie a un effet marqué sur les entrées migratoires[1] », notent Francis Aubert et Bertrand Schmitt. « Les territoires "qui gagnent" sont surtout ceux qui offrent à la fois un cadre naturel remarquable et une large gamme de services de qualité, non seulement pour les entreprises mais également pour les ménages[2] », insiste Gwénaël Doré. « Le maillage de services publics coûte cher, mais c'est aussi un élément d'attractivité[3] », confirme encore Philippe Estèbe.

Achever le désenclavement

La France a beaucoup fait pour désenclaver les territoires. À part quelques zones très isolées du Massif central, des Alpes ou des Pyrénées, tous les territoires sont dotés d'autoroutes, de routes secondaires et de petites routes bien maillées, mais aussi de gares ferroviaires (notamment TGV). Même une zone isolée comme Aurillac, dans le Cantal, bénéficie d'une ligne aérienne subventionnée par l'État. Ce maillage pourrait bien sûr être encore plus dense, notamment par un réinvestissement sur les petites lignes de train (le réseau exploité a été divisé par deux entre 1930 et 1970[4]). Mais, globalement, l'essentiel est là. En revanche, le désenclavement numérique n'est pas terminé, avec la persistance

1. Francis Aubert et Bertrand Schmitt, « De l'économie rurale agricole à l'économie spatiale et régionale, trente ans d'analyse des espaces ruraux », *in* Philippe Jeanneaux et Philippe Perrier-Cornet (dir.), *Repenser l'économie rurale,* Versailles, Quae, 2014, p. 40.

2. Gwénaël Doré, *Hors des métropoles, point de salut ? op. cit.*, p. 184.

3. Philippe Estèbe cité dans *ibid.,* p. 289.

4. Vincent Grimault, « Faut-il enterrer le train ? », *op. cit.*

de zones blanches, à la fois pour le réseau de base (2G) et pour les données mobiles (3G et 4G). Concernant les connexions fixes, le très haut débit et la fibre ne sont pas une réalité partout : dans les communes de moins de 1 000 habitants, plus d'un tiers de la population n'a pas accès à un Internet de qualité, rappelle le Défenseur des droits[1]. Or c'est une condition du développement économique et, désormais, pour l'accès à de nombreux services publics. Mais le déploiement avance rapidement.

Un autre aspect, majeur, du désenclavement consiste à permettre aux habitants des campagnes de sortir de leur dépendance vis-à-vis de la voiture individuelle. Car la hausse des prix de celle-ci est inévitable dans les prochaines années, et pèsera sur les faibles revenus des ruraux – la mobilisation des « gilets jaunes » l'a rappelé.

Comment en est-on arrivé à une telle dépendance ? La situation a probablement été subie pour un certain nombre de travailleurs, en raison de la recomposition économique liée à la mondialisation et à la désindustrialisation, qui ont détruit des emplois dans certains territoires et en ont fait émerger d'autres ailleurs. L'éloignement de certains services publics (ou la tendance à les regrouper) a également augmenté les déplacements contraints. Mais la dépendance à la voiture résulte aussi de choix de vie, avec la volonté de beaucoup, en particulier chez les ménages aisés, de posséder un pavillon et un jardin, même si cela implique l'allongement des trajets quotidiens. Comme le souligne Louis Maurin, directeur de l'Observatoire des inégalités, c'est le prix que certains ruraux « consentent à payer pour avoir de la tranquillité et une bonne qualité de vie[2]. » Logique : la voiture n'a

1. Défenseur des droits, « Dématérialisation et inégalités d'accès aux services publics », 2019.

2. Louis Maurin, « La pauvreté du rural est surestimée », *op. cit.*

jamais coûté aussi peu cher. « Une heure de travail payée au smic permet aujourd'hui de faire environ quatre fois plus de kilomètres qu'au début des années 1970[1] », calcule l'économiste Yves Crozet.

La facilité d'usage et la baisse du coût conduisent à utiliser la voiture pour tout et rien. L'Insee rappelle ainsi que 58 % des actifs qui travaillent à moins d'un kilomètre de leur lieu de résidence s'y rendent en voiture[2]. Par ailleurs, la majorité des ruraux travaillent à proximité de leur domicile. Les chiffres sont certes un peu anciens, mais en 2004, sur les 2,7 millions de ruraux qui se déplaçaient pour le travail, près des deux tiers couvraient une distance médiane de 3,5 kilomètres. Entre 1994 et 2008 dans l'espace à dominante rurale, la part de la marche à pied dans les déplacements a reculé de 4,1 %, et celle du vélo de 2,4 %[3]. On le voit, les marges de manœuvre pour réduire la place de la voiture existent.

On peut prendre un peu moins la voiture tout seul, mais on peut aussi l'utiliser avec d'autres. « Il est illusoire et absurde de vouloir casser le système automobile, estime Yves Crozet. Un changement culturel profond est déjà en cours : la vision ultra-individualiste de la voiture est en recul. Il faut donc encourager ce changement et partager les automobiles. Utilisons le million de kilomètres de routes françaises dont nous disposons, mais autrement[4]. » Cela est particulièrement vrai pour les trajets domicile-travail : alors que le taux d'occupation moyen

1. Yves Crozet cité dans Vincent Grimault, « Increvable voiture », *Alternatives économiques*, n° 374, décembre 2017.

2. « Partir de bon matin, à bicyclette… », *Insee Première*, n° 1629, 2017.

3. « La mobilité des Français. Panorama issu de l'enquête nationale transports et déplacements 2008 », Commissariat général au développement durable, 2010.

4. Yves Crozet cité dans Vincent Grimault, « La voiture, reine du rural et du périurbain », alternatives-economiques.fr, mai 2016.

des véhicules se situe entre 1,2 et 1,3 personne par véhicule, il est de 1,08 seulement pour ce type de déplacement, et le covoiturage ne représente en France que 3 % des déplacements domicile-travail[1]. Bonne nouvelle : la loi d'orientation des mobilités (LOM), votée en décembre 2019, offrira à toutes les communautés de communes des outils permettant de favoriser (et financer) des plate-formes de covoiturage. Les employeurs pourront aussi récompenser leurs salariés qui covoiturent grâce au « forfait mobilité durable » (à hauteur de 400 euros par an).

Et les transports en commun ? L'enjeu, en la matière, n'est pas tant de faire rouler des bus que de les remplir. Car une voiture pleine est moins polluante qu'un bus mal rempli, lui-même moins polluant qu'un train quasi vide. Dans ce sens, on peut restructurer les réseaux de transports en commun sur le modèle berlinois, en supprimant les lignes à très faible fréquentation et en renforçant les lignes principales, avec des pôles d'échange le long de ces lignes structurantes, d'où partent covoiturages et voies vertes (pistes cyclables, sentiers…). Autre modalité prometteuse : les dispositifs de transport à la demande (TAD), à l'image de celui mis en place dans le Pays de Langres (Haute-Marne). Un coup de téléphone à une centrale de réservation, sur un numéro gratuit, et un véhicule de 8 places vient devant la porte des habitants, à un horaire communiqué à l'avance ; le trajet est gratuit pour les moins de quatre ans ou les accompagnants de personnes à mobilité réduite, et coûte 3 euros, quelle que soit la distance, pour les autres. Cette solution hybride entre le taxi et les transports en commun a permis à 7 800 usagers de se déplacer à travers les 172 petits villages du territoire[2]. Le TAD coûte cher et ne

1. « Étude nationale sur le covoiturage de courte distance », Ademe, 2015.

2. Anne Fairise, « Le Pays de Langres en pleine révolution transport », *Alternatives économiques*, 1er décembre 2018.

constitue pas à lui-seul une réponse satisfaisante aux problèmes de mobilité, mais c'est une mesure à la portée des territoires les plus enclavés.

Néoruraux et cohésion sociale

Parmi les défis qui attendent les campagnes, il en est un *a priori* sans enjeux, mais pourtant parfois problématique : l'arrivée des néoruraux ; 4,5 millions de personnes ont migré des villes vers les campagnes depuis les années 1970. Qui sont-elles ? Nous l'avons dit, essentiellement des populations aisées à la recherche d'un cadre de vie agréable. Parallèlement, une autre migration existe : celle de populations en grande difficulté sociale qui quittent les villes en quête d'une vie moins chère. Ces deux mouvements cohabitent. Comme l'écrivent Pierre Pistre et Frédéric Richard : « Qu'elles soient de travail ou d'agrément, choisies ou plus subies, ces migrations sont le fait de populations dont les profils socioculturels et professionnels contribuent à une forme de recomplexification sociale[1]. » Mais cette complexification sociale s'accompagne de tensions. Car il faut gérer le double processus à l'œuvre de paupérisation et de gentrification des campagnes.

Comme nous l'avons vu, les territoires ruraux comptent en proportion beaucoup de pauvres, même si la grande pauvreté est présente surtout au cœur des grandes agglomérations et en banlieue des métropoles. À cette pauvreté « historique » s'ajoutent donc de nouvelles populations précaires. Pierre Pistre et Frédéric Richard observent « des ménages récemment installés, d'origine urbaine et notamment venus des grandes agglomérations.

1. Pierre Pistre et Frédéric Richard, « Dynamiques démographiques et recompositions sociales dans les espaces ruraux », *op. cit.*, p. 132.

Ces derniers ont parfois saisi l'opportunité d'un logement peu cher, d'un emploi même mal rémunéré[1] ». Parfois, les populations précaires migrent à la campagne avant même d'y avoir la garantie d'un emploi et d'un logement, persuadées de trouver là une vie qu'elles imaginent meilleure. Ces situations sont par exemple nombreuses à Saales, dans le massif vosgien, ou dans le Diois.

Ces déplacés « par défaut » arrivent parallèlement à des nouveaux ruraux décroissants. « Pour ces "alternatifs du quotidien", se mettre en marge du système de consommation de masse et adopter un mode de vie plus écologique en privilégiant l'autoconstruction, l'autoproduction, la "récup"", l'achat d'occasion [...] constitue un enrichissement inestimable[2] », écrit la sociologue Geneviève Pruvost.

Quant au phénomène de gentrification, il est ainsi décrit par la géographe Greta Tommasi : « Un processus sociospatial lié à l'arrivée sur un territoire de populations mieux dotées en capital (économique, culturel, social) que les populations précédemment installées[3]. » Ces nouvelles populations déstabilisent la sociologie classique des campagnes, globalement plutôt modestes. L'histoire apparemment anecdotique du coq Maurice raconte bien ce qui se joue ici[4]. Parce qu'il chante trop fort sur l'île d'Oléron et incommode ses voisins arrivés de Haute-Vienne, Maurice fait l'objet de procédures judiciaires

1. *Ibid.*, p. 134. Cette situation a été bien décrite dans les campagnes autour de Montpellier par trois journalistes pour *Le Monde diplomatique* : Gatien Elie, Allan Popelard et Paul Vannier, « Des pauvres relégués à la campagne. Exode urbain, exil rural », août 2010.

2. Geneviève Pruvost, « Dépenser moins pour vivre mieux », *op. cit.*

3. Greta Tommasi, « La gentrification rurale, un regard critique sur les évolutions des campagnes françaises », *Géoconfluences*, 2018.

4. Claire Mayer, « Maurice, le coq chanteur devenu le symbole d'une ruralité menacée », *Le Monde*, 7 juin 2019.

lancées par des « néo ». Il devient alors la star de l'île : une pétition de soutien reçoit 100 000 signatures. Le maire de la commune de Saint-Pierre-d'Oléron prend un arrêté pour préserver « les modes de vie liés à la campagne, notamment pour ce qui concerne la présence des animaux de la ferme ». Le 5 septembre 2019, la justice donne raison à Maurice, qui aura donc le droit de continuer de chanter. À la sortie du tribunal, la propriétaire du coq suggère aux journalistes : « Pourquoi pas une loi Maurice pour protéger tous les bruits ruraux ? » L'histoire n'est pas isolée : le maire de la commune de Le Biot, en Haute-Savoie, a pour sa part reçu un courrier lui enjoignant d'intervenir contre les nuisances sonores liées aux cloches des vaches[1]... Après enquête, les plaignants sont, à une exception près, tous propriétaires de résidences secondaires dans la commune.

Dans les campagnes, les agriculteurs et, dans une moindre mesure, les ouvriers sont proportionnellement de moins en moins nombreux, à l'inverse des cadres. Plus globalement, le nombre de ruraux titulaires du bac ou plus a été multiplié par quatre depuis 1982, et même par six dans les espaces moins denses. « Si l'accès des populations rurales aux études supérieures s'est amélioré en général, une partie significative de cette croissance tient à l'installation de migrants qualifiés[2] », écrivent Pierre Pistre et Frédéric Richard.

Ces gentrificateurs sont de natures différentes. Certains cherchent surtout un coin de jardin et un beau paysage à proximité. D'autres souhaitent profiter, à l'extérieur des villes, d'un îlot de tranquillité entre « gens bien », dans des sortes

1. « Haute-Savoie : des résidents lancent une pétition contre les cloches des vaches », France 3 Rhône-Alpes-Auvergne, 1er septembre 2017.

2. Pierre Pistre et Frédéric Richard, « Dynamiques démographiques et recompositions sociales dans les espaces ruraux », *op. cit.*, p. 135.

de « clubs » huppés. D'autres encore sont des « altergentrificateurs » qui aspirent à un mode de vie alternatif : ils sont nombreux dans les campagnes du Massif central ou, plus encore, dans la vallée de la Drôme. Une anecdote racontée par l'historien Patrick Cabanel, dans une étude sur la géographie électorale dans les Cévennes, résume bien ce mouvement[1]. Un maire téléphone à la préfecture de Mende pour livrer les résultats d'une élection :

– Commune de X. Parti communiste : 40 %.
– Ah, vous êtes dans les Cévennes !
– Verts : 18 %.
– Ah, vous avez des néos.

Contrairement aux campagnes anglaises, « ce processus ne concerne pas l'ensemble des espaces ruraux français [...] et se manifeste souvent à des échelles très fines[2] », note Greta Tommasi. Ces « gentrificateurs » ont tendance à modifier l'habitat (rénovation des maisons, embellissement des jardins), faire évoluer les commerces, et plus encore les paysages, notamment en s'opposant à la construction de nouveaux logements. Ainsi, à côté de Sarlat (Dordogne), des néoruraux aisés ont su « mobiliser leur capital social et culturel » pour bloquer la construction d'un nouveau lotissement sous prétexte de sauvegarder une fleur protégée, repérée « par un biologiste sollicité par les habitants », raconte Greta Tommasi. Comme l'explique l'urbaniste Éric Charmes, dans certains villages, « l'un des changements les plus marquants est le passage de la communauté politique (où

1. Patrick Cabanel, « Une nouvelle géographie électorale », *in* Patrick Cabanel (dir.), *Les Cévennes au XXIe siècle, une renaissance*, Nîmes, Alcide, 2014, p. 157.

2. Greta Tommasi, « La gentrification rurale, un regard critique sur les évolutions des campagnes françaises », *op. cit.*

des gens qui n'ont pas choisi de vivre ensemble s'interrogent sur ce qu'ils ont en commun) au club résidentiel (où des gens qui ont choisi de vivre ensemble sont unis derrière la défense de leur cadre de vie)[1] ».

Éric Charmes décrit par exemple le village de Châteaufort (Yvelines), où les habitants ont publié des règles d'urbanisme très restrictives. Résultat : la population se réduit légèrement depuis les années 1990, alors que la commune est située dans une zone très attractive. De façon plus générale, dans de nombreuses campagnes périurbaines, « l'achat d'une maison individuelle ressemble à l'acquisition d'un ticket d'entrée dans un club[2] », écrit Éric Charmes. Dans cette configuration, la mairie se charge de contrôler l'évolution de la population et des constructions, mais aussi de « préserver l'attractivité de la commune et la valeur de ses logements, puisque celles-ci dépendent de sa "bonne" fréquentation[3] ».

Dans une étude portant sur une Amap installée dans un territoire rural du Maine-et-Loire, Jean-Baptiste Paranthoën, chercheur en sociologie, a observé comment « être amapien consiste à se créer un entre-soi distinctif[4] ». Dans cette Amap en particulier, seuls 18 % des membres sont des ouvriers, des retraités ou des inactifs, alors que ceux-ci représentent 68 % de la population locale.

Cet entre-soi trouve des débouchés politiques. Ayant enquêté sur le renouvellement des élus dans un territoire très peu dense de Bourgogne, les sociologues Ivan Bruneau et Nicolas Renahy

1. Éric Charmes, *La Revanche des villages, op. cit.*, p. 27.
2. *Ibid.*, p. 28.
3. *Ibid.*
4. Jean-Baptiste Paranthoën, « Processus de distinction d'une petite bourgeoisie rurale. Le cas d'une "association pour le maintien de l'agriculture paysanne" (AMAP) », *Agone*, n° 51, 2013, p. 117-130.

constatent que « ce ne sont plus, comme dans les années 1950-1970, les élites économiques qui occupent les lieux d'exercice du pouvoir politique local, mais bien les représentants d'une petite bourgeoisie rurale renouvelée, cadres et membres des professions intermédiaires dotés d'un capital culturel relativement important[1] ».

La composition sociologique des exécutifs locaux est un enjeu majeur. Le discrédit dont souffre la classe politique n'est plus à démontrer. Seule la figure du maire reste préservée du « dégagisme » qui touche les autres fonctions politiques. Au-delà du maire, la commune demeure l'échelon auquel les Français semblent le plus liés : 68 % des 375 000 personnes qui ont apporté une contribution sur la plate-forme en ligne du Grand Débat ont exprimé leur attachement à cet échelon, qui arrive nettement devant la région (38 %), le département (35 %, avec toutefois un résultat plus élevé en milieu rural) et l'intercommunalité (30 %).

Il sera donc difficile de faire sans la commune et son maire dans le travail sur l'avenir des territoires ruraux. Et il faudra en conséquence porter une attention particulière, à cet échelon, à la qualité de la représentation politique. Bonne nouvelle : alors que les classes populaires ont disparu de la représentation nationale, elles résistent dans les instances locales. C'est évidemment le cas pour les agriculteurs, mais également pour les ouvriers et employés, qui ne représentent que 8,8 % des maires en France mais 18,9 % de ceux des toutes petites communes[2].

1. Ivan Bruneau et Nicolas Renahy, « Une petite bourgeoisie au pouvoir. Sur le renouvellement des élus en milieu rural », *Actes de la recherche en sciences sociales,* n° 191-192, 2012, p. 48-67.

2. Jean-Baptiste Grison, « La très petite commune en France : héritage sans avenir ou modèle original ? », thèse sous la direction de Jean-Paul Diry, université

Comme le disait François Mitterrand, cité par Éric Charmes : « Il y a 36 000 communes ? C'est très utile. Cela fait 500 000 conseillers municipaux, sans compter, ne l'oubliez pas, les 500 000 autres qui auraient voulu l'être. Soit un million de citoyens qui s'intéressent aux affaires locales. Et vous voulez réduire cela à un quarteron de professionnels ? Vous êtes fou[1]. »

Dépasser le mépris urbain et l'auto-résignation

« On est les oubliés / La campagne, les paumés / Les trop loin de Paris / Le cadet d'leurs soucis. » Avec son refrain facile à retenir et ses paroles qui annoncent la couleur, la chanson « Les Oubliés », du compositeur Gauvin Sers, a touché sa cible, au début de l'année 2019. En dix semaines, l'album *Les Oubliés* s'est vendu à 50 000 exemplaires. Un signal, s'il en fallait, que beaucoup de Français, à la campagne, se sentent abandonnés et méprisés par « Paris », terme qui ne désigne évidemment pas uniquement la ville, mais aussi l'« élite » urbaine qui, au mieux, se moque de l'avenir des campagnes, au pire, s'en moque tout court.

Les discours sur l'abandon des campagnes fonctionnent particulièrement bien ces dernières années. À l'image de l'ouvrage *La France périphérique* de Christophe Guilluy, qui peut se targuer d'avoir sa page Wikipédia, ce qui n'est pas donné à tous les essais de « géographie ». Les guillemets, ici, s'imposent, tant l'essayiste ignore dans cet ouvrage la plupart des méthodes de la discipline. Mais l'intérêt du livre réside

---

Blaise-Pascal-Clermont-Ferrand-II, 2009.

1. Éric Charmes, *La Revanche des villages, op. cit.*, p. 83.

dans son succès, qui a mis en lumière le malaise lancinant qui touche les habitants de cette supposée France périphérique. Sans surprise, une large partie du personnel politique (surtout à l'extrême droite) a repris l'idée d'une relégation d'une partie de la population, repérant le carburant électoral qu'elle représente. Beaucoup de médias nationaux y ont vu un moyen de « sonner juste » auprès du lectorat de la supposée « vraie France profonde ». Et, très vite, le discours a eu son effet performatif : les élus locaux et les habitants se sont réapproprié l'expression, persuadés de vivre dans une « zone périphérique ». Il est donc nécessaire de rouvrir les yeux des campagnes sur leurs propres atouts.

Le sentiment d'abandon concerne d'abord les élus locaux. Baisse des dotations, poids des normes, critiques des lourdeurs administratives et politiques liées à l'intercommunalité... : la fonction de maire de petite commune devient moins attractive. C'est cela, estime l'urbaniste Philippe Estèbe, qui explique en partie le sentiment d'abandon : « La rhétorique de l'abandon est en fait un habillage de la rhétorique de l'impuissance face à une situation qu'on ne maîtrise pas. Alors que les néoruraux arrivent pour beaucoup avec un esprit de conquête, beaucoup de ruraux historiques, et notamment les élus, ont l'impression de subir leur situation sans pouvoir faire quoi que ce soit. » L'urbaniste Daniel Béhar ne dit pas autre chose : « Pendant longtemps, pour être un bon maire, il fallait construire une salle des fêtes, une déchetterie, une zone artisanale et un lotissement. Aujourd'hui, les élus doivent accepter de travailler en intercommunalité, penser le développement, et savoir accepter d'accompagner des dynamiques complexes plutôt que de se contenter de bâtir de nouveaux équipements. Ce n'est pas simple, et cela crée chez toute une génération d'élus locaux un douloureux sentiment d'impuissance. » Yves Jean l'a pour sa part expérimenté directement. Géographe et président de l'université de Poitiers, il a aussi longtemps été maire d'une commune rurale au nord de la ville : « La dynamique d'un territoire dépend beaucoup de ses élus. Certains ont conscience des faiblesses mais s'appuient sur leurs ressources. D'autres estiment qu'ils ne peuvent rien faire car ils sont loin de tout et qu'ils subissent des chocs exogènes sur lesquels ils n'ont aucune prise », regrette-t-il. Plutôt que d'infrastructures, les campagnes ont donc besoin d'ingénierie pour outiller les élus locaux et les accompagner dans la place nouvelle qu'ils doivent trouver.

Mais les habitants du rural, eux aussi, ont le sentiment d'être abandonnés, alors que les chiffres tendent à dire le contraire. Comment le comprendre ? « Le poids des représentations explique le déphasage qui existe entre les discours des habitants, des experts, des responsables politiques, et la réalité décrite par les géographes, économistes ou sociologues[1] », avancent Yves Jean et Laurent Rieutort. D'un côté l'idée d'un déclin et d'un abandon, de l'autre l'observation de nombreux signaux positifs. « La cohabitation de ces représentations n'est pas contradictoire, elle reflète la complexité des processus à l'œuvre dans les campagnes françaises et la nécessaire approche pluridisciplinaire des évolutions en cours[2] », poursuivent les chercheurs.

Une chose est sûre : ce déphasage entre un ressenti local et le discours « techno » doit être pris au sérieux par les autorités. Sans prendre parti dans la polémique autour de la fermeture de la maternité de Die et le décès d'un bébé (voir chapitre 2), on peut

1. Cité dans la conclusion du remarquable ouvrage qu'Yves Jean et Laurent Rieutort ont coordonné, *Les Espaces ruraux en France*, *op. cit.*, p. 486.

2. *Ibid.*

comprendre la colère des habitants du Diois lorsque des experts, généralement urbains, expliquent dans des communiqués administratifs que la situation est plus rassurante lorsque la première maternité est à une heure et demie de route que lorsqu'elle est à un quart d'heure, parce que la maternité locale n'offrait pas les garanties suffisantes.

De même, le sentiment que les urbains méprisent les campagnes est profondément ancré dans le pays. Le mot « province » suffit à donner des boutons à n'importe quel « provincial ». Et il est en effet surprenant qu'une partie infime de la population en termes de superficie occupée (l'Île-de-France) résume d'une seule expression le reste du territoire. Certaines institutions ou personnes utilisent désormais le mot « région », ce qui, plus que le résoudre, renforce probablement le problème. D'autres situations racontent la même histoire : les supporters du club de football Paris-Saint-Germain ne manquent jamais l'occasion de se moquer des « paysans » que sont à leurs yeux leurs homologues stéphanois, pourtant de parfaits citadins mais qui ont le défaut de vivre au pied de montagnes rurales (Pilat, Forez). Ce mépris est tacitement ou inconsciemment accepté à la fois par les urbains et les ruraux. Le rural est un plouc, l'urbain un branché. Nous l'avons vu dans le chapitre 1, des chercheurs associent la ville à des valeurs modernes de tolérance, d'ouverture, quand les campagnes seraient naturellement conservatrices et fermées.

« Le discours médiatique est essentiellement aux mains des hypermodernes, c'est-à-dire une certaine forme d'élite, qui vit souvent dans les métropoles, et prétend vouloir un monde moderne qui n'est en fait que le monde industriel recyclé », s'agace la géographe Valérie Jousseaume. « Les hypermodernes veulent un cadre de vie agréable (la nature), des balades en forêt et de l'agriculture urbaine, poursuit la chercheuse. Mais ils se moquent de la culture paysanne, qui fait pourtant du compost depuis dix mille ans et des balades en forêt depuis encore plus longtemps. C'est en fait un véritable problème de classe, et il faut donc retrouver la fierté d'être du rural, pas sur un registre conservateur, mais au sens de *pride*, c'est-à-dire une affirmation positive de son identité. »

Le mépris urbain et les discours sur l'existence d'une France condamnée sont loin d'être un détail : ils possèdent un effet performatif. Beaucoup d'habitants des campagnes intériorisent ces éléments et finissent par leur donner une consistance. Au contraire, des élus locaux et des acteurs de la société civile tentent de faire prendre conscience aux ruraux de leurs forces, pour les affirmer tranquillement. À l'image de l'Association nationale nouvelles ruralités qui « a pour objectif de porter un discours positif sur les territoires ruraux de nature à inspirer les politiques publiques qui leur sont destinées », ou encore la dynamique Start-up de territoire, un dispositif qui met autour de la table divers acteurs locaux pour réfléchir à des projets créateurs d'emplois, dans un registre moderne.

Le parcours scolaire des jeunes ruraux montre à quel point renverser les représentations est un enjeu majeur pour l'avenir des campagnes. Il existe peu d'études par territoire sur le sujet, mais celles à disposition laissent penser que les jeunes ruraux ont des résultats au moins aussi bons, et peut-être même meilleurs, que les urbains. Un rapport remis par l'inspection générale de l'Éducation nationale note que les résultats des élèves ruraux sont similaires à ceux des non-ruraux en primaire et à l'entrée au collège[1]. Une performance alors que les campagnes se trouvent socialement moins favorisées. Une étude du Centre d'études et de

1. « Mission ruralité. Adapter l'organisation et le pilotage du système éducatif aux évolutions et défis des territoires ruraux », Igen et Igaenr, 2018.

recherches sur les qualifications (Céreq) confirme le diagnostic : « Contrairement aux idées reçues, vivre dans un territoire rural n'est pas pénalisant pour la scolarité. [...] Le fort engagement des parents et des équipes éducatives, ainsi qu'un maillage associatif très développé, compensent l'éloignement aux ressources pédagogiques, culturelles et sportives. Le niveau des élèves des écoles rurales ne s'en ressent donc pas, tout au moins jusqu'au collège[1]. »

La situation bascule à l'adolescence. « Les élèves ruraux connaissent des difficultés d'adaptation au collège et au lycée. [...] Ensuite, ils font preuve d'aspirations plus modestes en termes de poursuite d'études et de projets de métier[2] », expliquent Yvette Grelet et Céline Vivent. Les parcours scolaires des jeunes ruraux se distinguent alors de ceux des urbains par des études moins longues, une préférence marquée pour le professionnel et des ambitions scolaires plus réduites. « Une bonne partie des jeunes ruraux n'envisage pas l'enseignement supérieur. Car, localement, les emplois qualifiés n'existent pas en nombre suffisant. Et, dans certains territoires, la mixité sociale est nulle ou presque. Or, c'est cette expérience qui rend légitimes et envisageables les études supérieures[3] », commente Benoît Coquard, sociologue au Centre d'économie et de sociologie appliquées à l'agriculture et aux espaces ruraux (Cesaer)[4].

1. Yvette Grelet et Céline Vivent, « La course d'orientation des jeunes ruraux », *op. cit.*

2. *Ibid.*

3. Benoît Coquard cité dans Anne Fairise, « Des jeunes condamnés à l'exil », *Alternatives économiques,* 1er décembre 2018.

4. Benoît Coquard vient de publier un remarquable ouvrage de sociologie de la jeunesse rurale, déjà incontournable sur le sujet : *Ceux qui restent. Faire sa vie dans les campagnes en déclin,* Paris, La Découverte, 2019.

Bien sûr, ce n'est pas le cas de tous les jeunes, détaille Benoît Coquard : « Très tôt, les enfants des élites locales se détachent de la population, en gagnant souvent l'enseignement privé, puis en rejoignant les filières d'élite de l'enseignement supérieur. Les jeunes ruraux des catégories populaires vivent un dilemme dès le collège : soit ils optent pour l'enseignement supérieur, ce qui signifie rompre avec le territoire d'origine ; soit ils choisissent l'apprentissage ou les cycles courts professionnalisants pour tenter d'intégrer le réseau local des petites entreprises jugé plus sûr car mieux connu[1]. » Un phénomène souvent rencontré dans les campagnes auvergnates par exemple : Paris, la ville et les études, c'est sûrement très bien, mais c'est loin, et ce n'est pas pour nous. Les jeunes ruraux partagent dans ce domaine la réalité des jeunes de banlieue : dans les deux cas, ceux qui franchissent le pas et intègrent la grande ville et les grandes écoles racontent souvent leur malaise dans un monde qui leur est inconnu[2].

L'influence du territoire sur la mobilité sociale de ses habitants émerge désormais comme objet de recherche, sous l'influence notamment du chercheur Clément Dherbécourt. Dans une étude originale, il note ainsi que, selon le département où l'on naît, on n'a pas les mêmes chances de devenir cadre lorsqu'on vient d'un milieu populaire[3]. Cela pourrait s'expliquer par un effet de composition (il est plus facile de devenir cadre à Paris qu'à Aurillac car il y a plus d'emplois de cadre à Paris). Mais il n'est pas suffisant, car des départements similaires, comme le Cantal et l'Aveyron, font apparaître des différences impressionnantes de

1. Anne Fairise, « Des jeunes condamnés à l'exil », *op. cit.*

2. Voir par exemple l'ouvrage de Fabien Truong, *Jeunesses françaises. Bac + 5 made in banlieue,* Paris, La Découverte, 2015.

3. Clément Dherbécourt, « La géographie de l'ascension sociale », France Stratégie, 2015.

mobilité. Quelque chose d'autre entre donc en jeu, et ce pourrait bien être l'auto-résignation qui domine dans certains territoires ruraux.

Nous l'avons vu, la renaissance de certaines campagnes (comme la Drôme) s'est accomplie en grande partie grâce à l'arrivée de nouveaux habitants, qui ont lancé leur activité sur leur nouveau territoire de vie. Probablement moins complexés que certains ruraux de longue date, ils prouvent en miroir que l'auto-résignation, le sentiment d'être méprisés et celui d'être abandonnés sont des puissants obstacles mentaux au développement des campagnes.

Sortir de la compétition entre les territoires

Enfin, pour que les territoires ruraux se développent, il faut abandonner l'opposition stérile entre villes et campagnes et, plus globalement, arrêter la compétition entre les territoires : cet enjeu est sans doute un préalable aux autres. Nous l'avons vu, les analyses territoriales au prisme de la taille (métropoles, villes moyennes, campagnes…) sont insuffisantes. On ne comprend rien à Lyon, par exemple, sans s'intéresser au reste de la région Rhône-Alpes. Pourtant, elles restent dominantes, y compris dans la mise en œuvre des politiques publiques.

De nombreuses réformes sont en effet pensées en termes de zonage. Après la loi d'affirmation des métropoles de François Hollande en 2014, Emmanuel Macron a lancé le programme Action cœur de ville à destination des villes moyennes. Les campagnes n'ont évidemment pas été oubliées, entre zones de revitalisation rurale (1995), contrats de ruralité (2016) et projet du gouvernement actuel de mettre en place un Agenda rural, comportant 200 mesures spécifiques. « Les zonages se sont multipliés, thématisés, superposés[1] », souligne François Taulelle. « Les politiques publiques sont faites sous forme exclusive de zoning, confirme Frédéric Martorell. On crée des périmètres et on fait une politique pour ces périmètres. Cela a quelque chose de rassurant pour les élus, et tant pis si cette catégorie rassemble des territoires aux dynamiques très différentes », note-t-il, désabusé. Ces politiques géographisantes sont d'autant plus inefficaces qu'elles ont parfois répondu à une logique de concentration urbaine dans les campagnes. Ainsi, « la définition sélective des "pôles d'excellence rurale" a plus été conçue comme la contrepartie des politiques de l'État en faveur des "systèmes productifs locaux" et des clusters, principalement installés dans les "grandes" villes moyennes et les métropoles, que comme une politique d'aménagement du territoire[2] », écrit le géographe Dominique Royoux.

L'économiste Olivier Bouba-Olga regrette lui aussi sur son blog la drogue aux mantras modernes en matière de développement économique, utilisant un astucieux jeu de mot : la Came, pour compétitivité, attractivité, métropolisation et excellence[3]. Le C, le M et le E de la Came peuvent être résumés simplement : la recherche géographique et économique se serait laissé abuser par l'idée, « séduisante, voire addictive », selon laquelle « l'approfondissement de la mondialisation plongerait l'ensemble des territoires face à un impératif de compétitivité, seules quelques

1. François Taulelle, « Une lecture de la politique d'aménagement du territoire à travers les zonages et les pôles », *in* Yves Jean et Laurent Rieutort (dir.), *Les Espaces ruraux en France, op. cit.*, p. 242-256.

2. Dominique Royoux, « Au cœur de la trame urbaine, en marge des politiques publiques », *op. cit.*, p. 87.

3. Le texte renvoie vers un article co-signé avec son confrère Michel Grossetti, « La mythologie CAME (Compétitivité, Attractivité, Métropolisation, Excellence) : comment s'en désintoxiquer ? », Hal, archives ouvertes, 2018.

métropoles pouvant rivaliser pour attirer les talents et les leaders de demain, métropoles qu'il conviendrait donc de soutenir en concentrant les efforts sur l'excellence ». Gwénaël Doré confirme le constat : « Alors que jusqu'aux Trente Glorieuses il s'agissait d'optimiser la croissance sur l'ensemble du territoire national, désormais l'emporte la recherche de nouveaux ressorts de compétitivité, notion de plus en plus associée à l'attractivité des lieux[1]. »

L'aspect le plus addictif de la Came – et donc le plus dangereux – est probablement en effet l'attractivité. À toutes les échelles, les territoires se livrent une guerre économique pour attirer des actifs, des entreprises et des emplois extérieurs. Olivier Bouba-Olga, dans un billet de blog, résume les effets délétères de cette compétition à travers l'exemple de la guerre que se sont livrée Poitiers et Châtellerault pour accueillir l'entreprise Forsee Power, fabricant de batteries intelligentes (l'entreprise a finalement choisi Poitiers)[2]. Inventant un cas théorique où deux villes se trouvent en compétition pour attirer une entreprise (notamment à coups d'aides financières), l'économiste décrit un jeu « particulièrement pervers : si l'un des territoires décide de sortir du jeu, il perd (toutes les entreprises vont dans l'autre territoire), s'il joue au jeu et que tous les autres jouent, il ne gagne rien ». Pourquoi ne gagne-t-il rien ? Parce que, dans le cas de Forsee Power par exemple, l'entreprise avait probablement le projet de s'installer en France, et peut-être même à Poitiers. Mais, à cause de la compétition avec Châtellerault, cette dernière a promis de l'argent public pour convaincre l'investisseur. Bien sûr, Châtellerault a fait de

1. Gwénaël Doré, *Hors des métropoles, point de salut ? op. cit.*, p. 17.

2. Olivier Bouba-Olga, « Poitiers 2020 : saison 1, épisode 2 (Forsee Power) », blog de l'auteur, université de Poitiers, 2018.

même. Pour finir, la décision a probablement correspondu aux considérations de départ (localisation, foncier et main-d'œuvre disponible, etc.). Sauf que, au total, « près de 20 % de l'investissement a été pris en charge par le public » : la communauté urbaine de Grand Poitiers et la région Nouvelle-Aquitaine ont en effet investi 10 millions d'euros sur les 55 millions du projet. « Au détriment d'autres dépenses, insiste Oliver Bouba-Olga. Car, comme on dit en économie, il n'y a pas de repas gratuit : ce que l'on investit dans un domaine, c'est de l'argent qu'on n'investit pas ailleurs. »

Ce qui est vrai pour les entreprises industrielles l'est pour toutes les autres activités humaines (y compris les personnes). L'urbaniste René-Paul Desse a par exemple travaillé sur le développement des zones commerciales : il note que « les politiques sont devenus des entrepreneurs institutionnels [...] se mettant en concurrence avec d'autres agglomérations voisines[1] ». Sortir de cette guerre est difficile, car « les dirigeants savent jouer de ces rivalités – et des menaces aux délocalisations – pour maximiser le montant des subventions[2] », souligne le journaliste Stéphane Béchaux.

Mais les territoires assez intelligents (où possédant la bonne taille) pour sortir de cette compétition sont gagnants. Laurent Beauvais a ainsi affronté Lactalis, qui réclamait des aides pour un de ses sites normands, alors que le groupe laitier réduisait la voilure ailleurs. Celui qui était alors président du conseil régional de Basse-Normandie raconte : « On s'est réunis à l'Association des régions de France avec mes homologues d'Aquitaine et des Pays-de-la-Loire, et on a tous les trois fait savoir à Emmanuel

1. René-Paul Desse, « La fin de l'urbanisme commercial à la française », *Les Annales de la recherche urbaine,* n° 108, 2013, p. 4-15.

2. Stéphane Béchaux, « Remboursement des aides publiques : pas si simple ! », *Alternatives économiques,* 26 mars 2019.

Besnier [le patron de Lactalis] qu'on ne rentrerait pas dans sa stratégie. C'était une expérience intéressante[1]. » Les territoires doivent donc éviter toute stratégie localiste. Le « gagnant » d'aujourd'hui (Poitiers avec une entreprise X par exemple) peut être le perdant de demain : soit parce que Châtellerault aura profité de la non-venue de X pour faire, avec l'argent économisé, des investissements plus pertinents, soit parce que X pourra dans quelques années jouer du chantage à l'emploi avec Poitiers afin de faire passer la collectivité à la caisse[2]. Les spécialistes de la concurrence fiscale internationale et des paradis fiscaux connaissent ce dilemme par cœur : il a par exemple mené l'Europe dans une course au moins-disant fiscal et social délétère, dans laquelle les gros pays ont perdu beaucoup au profit de quelques mini-États qui jouent les passagers clandestins et siphonnent la base fiscale des principaux pays.

Les politiques centrées sur l'attractivité posent par ailleurs deux problèmes. D'abord, elles négligent les habitants qui vivent déjà là, et qui constituent pourtant, de loin, la principale richesse d'un territoire. Ensuite, elles surestiment la mobilité des Français. Les taux de mobilité résidentielle dépassent à peine aujourd'hui ceux des années 1970 (7,5 % en 2011 contre 6,7 % au début des années 1970). « Ces taux sont restés stables annuellement depuis les années 1970 pour les changements de région (autour de 2 %), et de départements (un peu plus de 1 %)[3] », explique Gwénaël Doré. Avant de préciser que, hors Île-de-France, 70 % des actifs travaillent dans leur département de naissance ! Aimeraient-ils se déplacer

1. Laurent Beauvais cité dans *ibid.*

2. Il s'agit de suggestions purement théoriques pour poursuivre la démonstration, aucunement de procès d'intention à l'encontre de l'entreprise citée dans l'exemple.

3. Gwénaël Doré, *Hors des métropoles, point de salut ? op. cit.*, p. 269.

davantage ? *A priori* non : 56 % des salariés et 55 % des chômeurs déclarent ne pas vouloir déménager pour trouver un emploi ailleurs, et les chômeurs sont même prêts à accepter un temps partiel (43 %) ou un emploi moins bien rémunéré (33 %) pour rester dans leur région, selon un sondage réalisé en octobre 2015 par le CSA pour le Conseil d'orientation pour l'emploi. Laurent Davezies note par ailleurs que les actifs qui quittent des zones en difficulté vont davantage vers des zones limitrophes à peine moins pénalisées que vers les zones dynamiques. Dernier chiffre pour confirmer ces éléments : « 65 % des demandeurs d'emploi vivent dans la commune où ils sont nés ou habitent sur le même territoire depuis plus de dix ans », souligne Stéphane Ducatez, le directeur études et performance de Pôle emploi.

De même, le rêve de nombreux maires ruraux de faire venir les *creative classes* relève largement du vœu pieu. Dans une enquête sur 13 grandes villes européennes, des chercheurs ont sélectionné, dans chacune d'elles, au moins 150 personnes appartenant aux catégories professionnelles considérées comme faisant partie de la classe créative[1]. Résultat, résumé par Denis Eckert, Michel Grossetti et Hélène Martin-Brelot : « Plus de la moitié (53,3 %) des enquêtés sont nés dans l'agglomération où ils vivent actuellement, ou dans ses environnements immédiats. » Plus intéressant encore, « 63,6 % ont effectué leurs études dans l'agglomération où ils vivent actuellement, ou dans son environnement immédiat ». Bref, même les classes créatives, supposées les plus mobiles et les plus aptes à modifier un territoire, sont plutôt sédentaires. Elles bougent certes davantage que les ménages précaires : 11 % des famille de cadres ont changé de

1. Michel Grossetti, Denis Eckert et Hélène Martin-Brelot, « La classe créative au secours des villes ? », *Métropolitiques*, 28 février 2012.

département de résidence dans les cinq ans précédant le recensement de 2006, contre seulement 4 % de familles d'ouvriers, note Laurent Davezies[1]. Mais cette proportion reste faible. Tout miser sur l'accueil des cadres ne peut constituer une politique de développement.

Par ailleurs, bouger ne veut pas dire réussir à s'installer. Pour les personnes qui tentent leur chance ailleurs, la greffe est difficile à prendre, notamment pour les plus précaires. Le sociologue Thomas Sigaud a observé quarante ans de mobilité des chômeurs ; conclusion : « Les moins qualifiés qui sont mobiles ont deux fois moins de chances de retrouver un emploi que ceux qui n'ont pas bougé[2] » ! Aux Herbiers, une entreprise qui connaissait des difficultés de recrutement a fait venir, à grand bruit médiatique, une trentaine de chômeurs du Nord-Pas-de-Calais. « À ma connaissance, il n'en reste qu'un ou deux », souffle en *off* un acteur du territoire.

Comme le résume le sociologue Michel Grossetti, spécialiste de ces questions : « L'erreur de beaucoup est de surestimer la mobilité géographique durable, celle qui amène une famille à s'installer dans une ville pour plusieurs années, ou une entreprise à créer un établissement important dans une agglomération où elle n'était pas présente auparavant. Il est indéniable que la mobilité de courte durée des personnes s'est accrue considérablement avec le développement des transports rapides (aériens ou ferroviaires), mais la mobilité durable a connu une progression bien moindre[3]. »

1. Laurent Davezies, *La Crise qui vient. La nouvelle fracture territoriale*, Paris, Le Seuil, 2012.

2. Thomas Sigaud, « La mobilité géographique : ressource ou fragilité pour l'emploi ? », Centre d'études de l'emploi, 2015.

3. Michel Grossetti, « Le culte de l'attractivité », *Mondes sociaux,* 2 septembre 2014.

Peut-être parce qu'ils dressent le même constat, des territoires sortent de ce modèle « à l'ancienne » consistant à vouloir attirer les entreprises et les habitants des autres, et misent désormais sur « la valorisation de la seule chose qui ne soit pas délocalisable, c'est-à-dire le territoire rural lui-même », note Laurent Rieutort. Cela ne signifie pas miser sur l'autarcie, qui n'est ni possible ni souhaitable. Mais se développer par soi-même pour s'inscrire dans une relation équilibrée avec les voisins.

Travailler ensemble

Vouloir travailler ensemble est une chose, le pouvoir en est une autre, surtout avec l'organisation institutionnelle française. L'Hexagone est en effet un pays beaucoup plus morcelé que ses voisins. Malgré l'existence de plus de 1 000 communautés de communes, il reste encore près de 35 000 communes. Comment, dès lors, mettre en place un développement économique et social cohérent avec le quotidien des habitants ? Il faut des territoires qui correspondent au mieux à leur vie. La commune est nettement trop petite ; la communauté de communes aussi ; le département est tantôt trop vaste, tantôt trop étroit… Guilherand-Granges est une petite ville située en Ardèche, à cinq cent vingt-deux mètres de la préfecture de la Drôme, Valence. Les relations entre Guilherand-Granges et Les Vans, au sud de l'Ardèche ? Quasi inexistantes. En revanche, les Guilherandais-Grangeois échangent avec les Valentinois beaucoup plus que ces derniers avec les Nyonsais, qui vivent pourtant également dans la Drôme. Le schéma vaut pour les régions. Aurillac et Le Puy-en-Velay sont deux villes de la région Auvergne-Rhône-Alpes. Mais Aurillac regarde Toulouse quand Le Puy se tourne vers Saint-Étienne et Lyon.

Peut-on alors trouver un territoire pertinent ? La tâche est difficile, car le rapport à l'espace dépend des individus. L'Insee retient une frontière statistique : le « bassin de vie », défini comme « le plus petit territoire sur lequel les habitants ont accès aux équipements et services les plus courants ». Une autre tentative, institutionnelle celle-là, concerne les « territoires de projets ». Leur forme la plus aboutie fut, entre 1995 et 2010, les « pays ». Ceux-ci regroupaient « plusieurs communautés autour de projets de développement, selon une formule souple de coopération. [...] Les pays se centrent sur des missions de planification stratégique du développement du territoire dans une perspective globale et transversale et d'animation du territoire par les acteurs publics, économiques et associatifs locaux, tandis que les communautés se positionnent généralement sur la gestion de services et d'équipement[1] », décrypte Gwénaël Doré.

Le déploiement des pays a été inégal sur les territoires, mais beaucoup de campagnes s'en sont saisies, avant que les villes s'y mettent à leur tour, avec des complémentarités ville-campagne. L'existence des pays a par exemple été utile dans la gestion du programme européen Leader. Autre aspect intéressant : l'ingénierie locale. Au sein des pays, entre deux et cinq emplois (équivalent temps plein) l'avaient en charge, souvent financés par les régions : une aide réelle pour les campagnes. « La clé du développement, c'est la compréhension fine du territoire et l'anticipation, explique l'économiste Marie Ferru-Clément. Cela suppose d'avoir des personnes disponibles pour aider et accompagner les entreprises à anticiper. Il faut passer du temps sur le territoire pour le comprendre sur le plan qualitatif. Les grands outils quantitatifs ne suffisent pas. » En la matière, les campagnes

1. Gwénaël Doré, *Hors des métropoles, point de salut ?*, *op. cit.*, p. 227.

sont défavorisées, estime Yves Jean, économiste et président de l'université de Poitiers : « Les grandes collectivités (villes, régions…) ont plus de moyens et peuvent donc s'offrir de l'ingénierie territoriale de qualité : les techniciens sont très compétents et ont le temps de se construire un réseau. Les campagnes sont moins équipées. En mutualisant l'ingénierie territoriale, on ferait un beau pas en avant. » D'autant que, nous l'avons vu, les élus des territoires ruraux ont des profils plus populaires que les élus des grandes collectivités : il faut qu'ils puissent être accompagnés.

Depuis 2013, les pays sont pour la plupart devenus des pôles d'équilibre territorial et rural (PETR). Ceux-ci sont plutôt délaissés par les nouveaux exécutifs régionaux, qui les jugent souvent inutiles et coûteux, et préfèrent les communautés de communes et les communes. Heureusement, d'autres structures administratives tentent de faire dialoguer les territoires trop enfermés dans le rigide découpage administratif français. C'est le cas des parcs naturels régionaux, des syndicats mixtes ou encore d'un outil neuf et prometteur : les contrats de réciprocité villes-campagnes. Depuis 2017, le Pays Portes de Gascogne, qui couvre un tiers du Gers, est par exemple lié à Toulouse Métropole. « Nous ne demandons pas à partager la richesse entre Toulouse Métropole et le Pays Portes de Gascogne, mais à la faire fructifier en y apportant notre contribution. Les coopérations qui s'engagent sont aussi des réponses aux problématiques rencontrées par la métropole[1] », explique le sénateur du Gers Raymond Vall, président du Pays Portes de Gascogne. La métropole veut par exemple développer les circuits alimentaires courts pour nourrir sa population ; le Gers

1. Raymond Vall cité dans Anne Fairise, « Quand la campagne coopère avec la ville », *Alternatives économiques*, 1er décembre 2018.

dispose de produits de qualité : avec le contrat de réciprocité, les deux territoires espèrent favoriser l'approvisionnement en bons produits, en structurant des filières de proximité. Autre volet du contrat : le développement d'espaces de coworking pour permettre aux salariés qui travaillent à Toulouse mais habitent au Pays Portes de Gascogne de télétravailler. « Pour Toulouse Métropole, c'est un des moyens de diminuer le trafic routier. Pour le territoire gersois, il s'agit de conserver des postes qualifiés sur son territoire[1] », précise la journaliste Anne Fairise.

« Après la phase de quasi-séparation des villes et des campagnes, celle de la consommation des campagnes par les villes qui a atteint son apogée avec la périurbanisation, on entre dans un temps de transaction[2] », note la géographe Monique Poulot. Dans ce cadre, il est possible pour les campagnes de s'affirmer comme des partenaires à part entière. Ces territoires attractifs, productifs, modernes (et même à la mode !) peuvent s'engager dans des dynamiques de coopération avec les villes ou les métropoles les plus proches, dans une relation d'égalité. Monique Poulot le confirme : « Les campagnes présentent un certain nombre d'atouts pour ce nouveau dialogue avec des ressources propres fortement convoitées, et nécessaires pour les villes. Surtout, loin de donner à voir une ruralité autarcique et repliée sur elle-même, elles révèlent des signes d'innovation et de dynamisme[3]. »

Ce nouveau rapport ville-campagne passe par un affranchissement des catégories, y compris pour les services publics.

1. *Ibid.*

2. Monique Poulot, « Les relations villes-campagnes : quelles recompositions ? » *in* Yves Jean et Laurent Rieutort (dir.), *Les Espaces ruraux en France*, *op. cit.*, p. 69.

3. *Ibid.*

Selon l'urbaniste François Taulelle, il est pertinent d'« envisager les cartes de la présence des services non plus avec l'idée de les répartir au mieux selon des mailles assez uniformes dans la logique du maillage administratif mais bien plus dans un souci de centralité dans le cadre d'une étude fine des réseaux avec une double logique : d'abord celle dessinée par les pratiques et les usages (pérégrinations des individus) et ensuite celle du fonctionnement propre des services concernés[1] ». Une telle approche permet de réfléchir aux services publics différemment. Par exemple, lorsqu'un cinéma devient mobile et se déplace dans les villages d'une même zone, le service public s'améliore. De même lorsque des villages se regroupent pour installer une maison médicale dans la petite ville voisine et qu'ils parviennent ainsi à accueillir un nouveau médecin et un kinésithérapeute.

La dernière barrière est mentale, car les représentations de l'urbain et du rural oublient que l'on est de plus en plus les deux à la fois. Observant le bistrot Chez Maryse situé à Monceaux-sur-Dordogne[2], le géographe Pascal Desmichel note que « Chez Maryse se succèdent dans une même journée des habitués du petit café du matin, des pêcheurs à la mouche venus de loin en raison de la notoriété de la rivière, des gens de passage, s'arrêtant un bref instant pour acheter du tabac, des motards en terrasse circulant entre Beaulieu-sur-Dordogne et la cité médiévale d'Argentat, des personnes âgées venant s'achalander à l'épicerie contiguë à la salle du bistrot. Chacun, à sa vitesse, dans un périmètre de déplacement plus ou moins vaste, résident d'un jour, occasionnel, alternant ou d'une vie, d'Angleterre, de Brive ou du village de

1. François Taulelle, « Services publics et territoires ruraux », *op. cit.*, p. 163.

2. L'observation se base notamment sur le travail de l'association Ipamac, qui regroupe les parcs naturels du Massif central, et qui a publié une étude (« Tournée générale ! », 2014) sur l'avenir des bistrots dans la région.

Monceau, se côtoie dans un même lieu selon des motivations et des stratégies temporelles diverses[1] ». Et de conclure : « C'est sans doute cela, le monde rural du XXIe siècle. »

1. Pascal Desmichel, « Les défis du tourisme rural », *op. cit.*, p. 303.

Conclusion

L'aube d'une nouvelle civilisation rurale ?

Paris, 27 juin 2019. Les températures approchent les 40 °C à l'ombre. Des vagues d'air brûlant assomment les habitants lorsqu'ils sortent du métro. Et, pour pimenter le cocktail, la pollution frappe la capitale depuis plusieurs jours. Certains ne la ressentent pas, d'autres ont la gorge qui gratte, les plus sensibles sont saisis de quintes de toux. Tous sont invités à ne pas faire de sport et à ne pas ouvrir les fenêtres, y compris la nuit, car les murs et le béton recrachent dans les rues la chaleur accumulée en journée. Le phénomène d'îlot de chaleur urbaine joue à plein : parce qu'il y a plus d'activité humaine (dont la climatisation) et moins d'espaces verts (moins d'un mètre carré d'espace vert par habitant dans le quart nord-est de Paris), la température peut monter en ville, selon les arrondissements, entre 4°C et 7 °C plus haut que dans les campagnes environnantes. Quelques semaines plus tard, le record absolu est battu : il fait à Paris 42,6 °C à l'ombre, une température jamais atteinte dans la capitale depuis que celle-ci est relevée. Avec le changement climatique, ces épisodes vont se multiplier, assurent les experts : ils seront à la fois plus précoces et plus tardifs dans la saison, plus longs en durée et plus intenses. Rendant Paris, et les autres grandes villes, invivables une grande partie de l'année.

Entre changement climatique, pollution, embouteillages, prix du logement, stress et tensions, les villes sont confrontées à de multiples crises. Bien sûr, elles continueront à créer des emplois, attirer des jeunes ; elles resteront des lieux d'innovation, de culture et de loisirs. Mais beaucoup de facteurs leur sont désormais défavorables. La qualité de vie prend le pas sur les carrières. Le besoin d'espace (et de fraîcheur) sur la satisfaction de résider au cœur d'une capitale. D'autant que les campagnes se réveillent, et comprennent qu'elles ont de quoi attirer les urbains hésitants.

Faut-il alors sonner le glas des villes et annoncer la grande revanche des campagnes ? Dans cet ouvrage, nous avons découvert des campagnes en crise, des campagnes heureuses, des campagnes à la fois en difficulté et en renaissance, des campagnes en même temps rurales et urbaines. « La cohabitation de ces images et positions orthogonales n'est en rien contradictoire[1] », rassurent Pierre Pistre et Frédéric Richard. « Elle est l'expression des multiples processus à l'œuvre aujourd'hui dans les espaces ruraux, qui sont aussi complexes et pluriels que dans les entités urbaines. » Faut-il alors se contenter d'une conclusion tiède, mi-figue mi-raisin ?

Cet ouvrage, dans toutes ses nuances, penche nettement du côté de l'optimisme concernant l'avenir des campagnes, pour toutes les raisons évoquées : attractivité démographique, montée en gamme économique, stabilité des entreprises, etc. Les campagnes ont le vent en poupe, même si la crise économique de 2008 a un peu ralenti la tendance. Alors, effet de mode ou changement de modèle ? La géographe Valérie Jousseaume tranche en faveur de la seconde option. Pour elle, l'humanité a connu

1. Pierre Pistre et Frédéric Richard, « Dynamiques démographiques et recompositions sociales dans les espaces ruraux », *op. cit.*, p. 121.

quatre ères principales. Il y a d'abord eu l'ère nomade. Puis, pendant dix mille ans, l'ère paysanne. La Révolution industrielle de la fin du XVIIIe siècle nous a fait entrer dans l'ère industrielle, c'est-à-dire l'ère « de la concentration dans les villes, de la standardisation de la production et de la consommation de masse. On a alors rejeté et méprisé une culture qui nous avait façonnés pendant dix mille ans ». Mais nous entrons dans une quatrième ère, assure-t-elle, « plus sobre, plus durable et, donc, plus rurale, au sens plein du terme, qui se réapproprie les héritages positifs de l'ère paysanne ».

Pour Magali Talandier, face aux différentes crises qui nous menacent, et notamment celle environnementale, deux grands types de réponse sont possibles. La première, technologique, consiste à mettre la recherche scientifique au service d'une vie plus durable. La seconde, plutôt décroissante, privilégie un mode de vie plus sobre et plus résilient. « En fait, ces deux réponses cohabitent, estime Magali Talandier, comme par exemple à Grenoble. Il est fascinant d'y voir des technopoles de recherche de pointe coexister avec des mobilisations citoyennes alternatives. » Avant d'imaginer des perspectives positives pour le rural : « Le nouveau modèle, c'est le résidentialo-productif, c'est-à-dire un développement économique productif très éclaté, beaucoup plus individuel, depuis le lieu où les gens ont décidé de vivre. Ce n'est pas seulement le télétravail, c'est aussi une montée en gamme d'ensemble comme on le voit pour l'agriculture aujourd'hui, et demain pour des micro-fabriques, c'est-à-dire des lieux de petite production où on cherchera des solutions locales, comme des matériaux biosourcés pour le bâtiment. » À côté des usines Amazon 4.0, au bord des autoroutes, résiderait donc là, pour le rural, un avenir artisano-industriel intéressant.

Les villes sont un symbole du monde pressé dans lequel nous vivons, « accéléré[1] », hyperconcurrentiel, où tout bouge vite. En miroir, les campagnes apparaissent comme un refuge, où l'on peut prendre son temps, réduire la place du travail, consommer moins mais mieux, se rapprocher de la terre et du rythme des saisons. Une forme de sobriété heureuse, de décroissance volontaire, qui ne signifie pas revenir au XIXe siècle, mais tenter de donner du sens au XXIe. Dans cette perspective, les campagnes sont en train de devenir, aux yeux des classes sociales aisées, les espaces les plus modernes, volant aux villes l'image positive qu'elles avaient captée pendant cent cinquante ans. « Nous sommes déjà en décroissance, même si le mot fait peur », juge Frédéric Vasse, directeur du cabinet Auxilia, qui accompagne des collectivités locales dans leur développement. « Notre modèle urbain hyperconcentré, et capitaliste jusqu'à l'obsession de la compétition et de l'attractivité, a atteint ses limites, entre violences, congestion et dégradation de la qualité de vie. Les campagnes ont conservé un cadre de vie préservé et, à partir de cela, elles ont plein d'options de développement. Un jour, dans la Creuse, un gars me dit : "On a un truc génial ici, on a un retard d'avance." »

1. Hartmut Rosa, *Accélération. Une critique sociale du temps,* Paris, La Découverte, « Poche », 2013.

Remerciements

Ce livre n'aurait pas vu le jour sans la coopérative Alternatives économiques, et toutes celles et ceux qui la font vivre. Merci à Thierry Pech, Guillaume Duval et Philippe Frémeaux de m'y avoir accueilli et formé (bien que l'apprentissage y fut parfois rude !). Merci à Laurent Jeanneau, Marc Chevallier et Sandrine Foulon pour la confiance accordée et la bienveillance dont ils font preuve au quotidien. Merci à Camille Dorival et Jérémy Dousson pour m'avoir offert une flexibilité précieuse pour pouvoir écrire. Un remerciement particulier à Christian Chavagneux pour avoir cru en ce projet et l'avoir patiemment supervisé. Si vous avez apprécié ce livre, *Alternatives économiques* est fait pour vous.

Merci à celles et ceux qui ont accepté de prendre sur leur temps pour m'accueillir dans leurs villages, leurs entreprises ou leurs bureaux de recherche, et tout particulièrement à Josselin Tallec, à Albi, et Jean Vogel, à Saales. Parce que avoir trois vies en même temps ne lui suffisait pas, ce dernier vient de publier un passionnant livre pour les raconter[1].

1. Jean Vogel, *L'Appel de Saâles. Le combat d'un maire pour réveiller la France rurale*, Paris, Place des Victoires-Nuée Bleue, 2019.

Ce livre ne serait peut-être pas arrivé à son terme sans un entourage particulièrement bienveillant. Cela vaut pour mes deux formidables collègues de bureau, une famille qui m'a constamment soutenu dans mes projets, et Maude, relectrice attentive, patiente et compréhensive quand les campagnes ont envahi soirées, week-ends et vacances.

Listes des personnes interrogées dans le cadre de cet ouvrage

Chercheurs

– Daniel Béhar, professeur à l'École d'urbanisme de Paris et consultant à la coopérative Acadie

– Hugo Bevort, directeur des stratégies territoires au Commissariat général à l'égalité des territoires (CGET)

– Olivier Bouba-Olga, économiste à l'université de Poitiers

– Boris Chabanel, géographe, consultant auprès de collectivités locales

– Philippe Estèbe, docteur en sciences politiques et en géographie, spécialiste de l'aménagement du territoire

– Marie Ferru-Clément, économiste à l'université de Poitiers

– Yves Jean, professeur de géographie, président de l'université de Poitiers

– Valérie Jousseaume, maîtresse de conférences en géographie à l'université de Nantes

– Louis Maurin, directeur de l'Observatoire des inégalités

– Bernard Pecqueur, professeur à l'Institut de géographie alpine à l'université Grenoble-Alpes

– Daniel Ricard, géographe au Centre d'études et de recherches appliquées au Massif central, à la moyenne montagne et aux espaces fragiles

– Laurent Rieutort, géographe, professeur à l'université Clermont-Auvergne

– Magali Talandier, professeure des universités à l'Institut d'urbanisme et de géographie alpine de l'université Grenoble-Alpes

– Martin Vanier, géographe, professeur à l'Institut de géographie alpine de l'université Grenoble-Alpes

– Frédéric Vasse, directeur innovation et territoires chez Auxilia (cabinet de conseil auprès des collectivités locales)

À Saales

– Jean-Baptiste Gass, éleveur laitier bio

– Marie-Rose et Philippe Gaudin, télétravailleurs pour une centrale d'achat en circuits courts

– Patrick Gillman, administrateur de la maison de retraite de Saales

– Christian Haessig, directeur de l'entreprise la Laiterie du Climont

– Perrine Krencker-Hilberer, directrice de l'entreprise les Confitures du Climont

– Éric Muziotti, chargé du développement économique à la communauté de communes de la Vallée de la Bruche

– Luc Reuiller, directeur de Turlupain, boulangerie artisanale à Saales

– Jean-Louis Simonin, gérant de ReSys AlterEco, cabinet d'études en énergie et en isolation thermique

– Jean Vogel, maire de Saales

– Lionel Yongbloutt, artisan

À Saint-Flour

– Pierre-François Bernard, ancien directeur de la coopérative laitière de Valuéjols (Cantal) et ancien directeur des fédérations départementales des coopératives laitières du Doubs et du Jura

– Vincent Descœur, député (LR) et ancien président du conseil départemental du Cantal (2001-2017)

– Pierre Jarlier, maire de Saint-Flour, président de la communauté de communes de Saint-Flour, membre de la mission « agenda rural »

– Michel Lacoste, président du Comité interprofessionnel des fromages (CIF), l'organisation qui gère les AOP cantal et salers

– Marc Pradeilles, ancien directeur de la coopérative laitière de Valuéjols (Cantal), désormais consultant en stratégie d'entreprise

Dans la Drôme

– David Desmars, brasseur à Lus-la-Croix-Haute

– Céline Ferry et Éléonore Guillemaud, compagnie Transe Express

– Baptiste François, cofondateur de l'entreprise les Malteurs Échos

– François Sausse, agriculteur bio à Chabeuil

– Jean Serret, président de la communauté de communes du Val de Drôme et pilier du projet Biovallée

– Tijlbert Vink, directeur de l'entreprise l'Herbier du Diois

Aux Herbiers

– Yoann Arrivé, président-directeur général de l'entreprise Concept Alu

– Véronique Besse, maire des Herbiers et présidente du Pays des Herbiers

– Jean-François Giraud, directeur du façonnier textile Chic & Style

– Éric Grignon, directeur du site Les Herbiers de l'entreprise Le Roy Logistique, et ex-président de l'association Les Herbiers Entreprise

– Fabien Moreau, directeur de l'entreprise Cosika

– Hugues Pasquier, directeur de l'entreprise Sachot Usinage
– Sébastien et Olivier Royer, directeurs de l'entreprise Maison Royer
– Laurent Soullard, directeur de l'agence Pôle emploi des Herbiers

À Albi

– Elian Coment, directeur de l'entreprise Neotim
– Stéphanie Guiraud-Chaumeil, maire d'Albi et présidente de la communauté d'agglomération de l'Albigeois
– Vincent Lemaire, directeur de l'entreprise Safra
– Frédéric Martorell, chargé de cours à l'université d'Albi
– Fabien Nazaret, directeur de l'entreprise Aurock
– Jocelyne Sanchez, directrice de la pépinière d'entreprise Albisia

Table

Dans la même série

Thomas Coutrot
Libérer le travail
Pourquoi la gauche s'en moque
et pourquoi ça doit changer
(2018)

Gilles Raveaud
Économie : on n'a pas tout essayé !
(2018)

Pierre-Alain Muet
Un impôt juste, c'est possible !
(2018)

RÉALISATION : NORD COMPO À VILLENEUVE-D'ASCQ
IMPRESSION : CPI FRANCE
DÉPÔT LÉGAL : AVRIL 2020. N° 144225 (157728)
Imprimé en France